一部土地與人民顛簸前行的百年獨立史

蒙古國

MONGOLIA

A Political History of the Land and its People

Michael Dillon
邁克・迪倫 著
苑默文 譯

110
120
羅斯
50
索洛夫耶夫茨克
楚倫霍魯特
巴托省
色楞格省
達爾汗
歐諾姆
肯特省
喬巴山
土拉河
克魯倫河
蘭巴托
塔姆薩格布勒格
東方省
央省
宗莫德
溫都爾汗
西烏爾特
曼達勒戈壁
蘇赫巴托爾省
東戈壁省
中戈壁省
賽音山達
扎德嘎德
40
120
110

90
100
庫蘇古爾省
庫蘇古爾湖
哈塔格爾
烏布蘇湖
烏蘭固木
科布多河
烏布蘇省
烏列蓋
巴彥烏列蓋省
木倫
額金河
伊德爾河
額爾登特
布爾干
哈達三
札布汗省
科布多
烏里雅蘇臺城
後杭愛省
扎布汗河
車車爾勒格
科布多省
阿爾泰
戈壁阿爾泰省
巴彥洪戈爾
阿爾拜赫雷
前杭愛省
巴彥洪戈爾省
蒙古國
國境線
省境線
首都
省會
達爾汗、額爾登特和烏蘭巴托為
省級自治市（hotuud）
0 100 200 公里
0 100 200 英里
90
中國
100

〔推薦序〕

從神權統治、民族革命、社會主義到多黨民主

——蒙古民族追求獨立自主的道路

深圳大學人文學院歷史系助理教授／蔡偉傑

一九九〇年三月十六日至三月二十二日，臺北爆發了中華民國遷臺以來第一次的學生抗議活動，抗議的大學生群聚在中正紀念堂的廣場上，並提出解散國民大會，廢除《動員戡亂時期臨時條款》，召開國是會議等訴求。才有後來政府順應民意，召開國是會議，隨後於一九九一年廢除《動員戡亂時期臨時條款》，並全面改選國民大會及立法院的舉措，這也使臺灣民主化進入全新的階段。而這場學運後來被稱為野百合學運，其中的野百合意象與羅大佑於一九八二年所創作的著名情歌《野百合也有春天》亦有互通之處。

無獨有偶，在當時世界各國脫離威權統治與社會主義的第三波民主浪潮下，在臺灣的北方，地處內亞的蒙古人民共和國（即今蒙古國前身），在比野百合學運稍早的一九八九年十二月十日（也是國際人權日），也有一群追求自由民主的蒙古改革者成立了蒙古民主聯盟。在當天首都烏蘭巴托的市中心蘇赫巴托廣場上的示威中，這些年輕的改革者們高唱著激昂人心的代表性歌曲〈鐘聲〉。這首歌開頭部分的歌詞是這樣的：

我的發言被限制，
我的眼睛被遮住，
我們命運的信號，鐘聲，將我們從昏沉中叫醒，
鐘聲喚醒我們，就讓它永遠讓我們保持清醒吧！

可以說在幾乎同一個時代中，臺灣與蒙古國都經歷著追求民主自由的過程，各自傳唱著自己的歌曲，並分享著類似的激情。不過，對於蒙古國的人民而言，這只是他們近八十年來追求獨立自主的道路中的另一個里程碑而已。而各位讀者手上所捧讀的這本著作《蒙古國》，就是英文學界中探索這段歷史道路的最新成果。

本書作者邁克．迪倫為英國倫敦國王學院歷史學教授與劉氏中國研究院的成員，並於二〇〇九年任北京清華大學訪問教授。他也是英國皇家歷史學會與皇家亞洲學會的會員，創立了杜倫大學當代中國研究中心，並擔任首任中心主任。他的主要研究領域為中國現代史、當代中國政治和社會、中國邊疆與少數民族（特別是新疆地區與回族），以及中國與中亞的關係與邊界問題。他也曾經在中國新疆、甘肅與寧夏等地，以及哈薩克斯坦與蒙古國等地開展實地調查。

正如本書的英文副標題所言，這本著作著眼的是近現代蒙古國的政治史，旁及中國內蒙古自治區的部分歷史。這當中我們會看到蒙古國被夾在中俄兩強之間如何維持自身獨立地位的努力，以及這種努力的失敗與成功。首先作者簡介了蒙古的土地、人民與傳統，然後從二十世紀初的蒙古獨立革命開始，講述蒙古人脫離清朝的統治，建立起哲布尊丹巴呼圖克圖為首的神權政治，但後來被迫取消獨立，改稱自治，以及中間一度因為中國北洋政府軍隊進入首都庫倫而取消自治的過程。接著本書簡述了在一九二四年蒙古人民革命黨建立蒙古人民共和國後，過往歷史書寫中對其國父蘇赫巴托和後繼的強人領袖喬巴山在蒙古國獨立過程中的貢獻，以及現今對他們歷史地位的重新評價。而二次大戰後的蒙古國則在中蘇交惡之後，必須在兩強之間做一個抉擇，以及一九九〇年代蘇聯勢力垮台後蒙古國追求民主自由的努力，還有如何從經濟崩潰中恢復過來的過程。並且探討了在蒙古國如何融入新的東亞秩序以及與內蒙古和北京之間的關係，並探索成吉思汗的光榮歷史對於當代蒙古國人民認同的意義。

在過往的英文學界中，比較經典的近代蒙古通史，大概要以英國倫敦大學亞非學院蒙古學教授鮑登（Charles R. Bawden, 1924-2016）於一九六八年出版的《現代蒙古史》最具代表性。該書取材廣泛，鮑登主要運用了俄文與蒙文材料，包括了報紙、官方報告、旅遊書寫和演講稿，以及大量的英文、法文與德文的二手研究與翻譯。書中所描述的時代從十七世紀初期到二次大戰結束。然而可惜之處在於作者未能運用中文材料，因此較缺乏來自中國一方的視角。

然而與前書相較之下，本書的取材其實更加受限，主要運用的是過往英文學界的研究成果，點綴著少數蒙文與俄文材料，因此在內容的深度與廣度上，其實無法與前書相比。且由於本書主要關注政治史，因此關於社會經濟的部分較少觸及。對這部分議題有興趣的讀者可以參閱羅沙比（Morris Rossabi，中文名或譯羅茂銳）於二〇〇五年出版的《近代蒙古國：從可汗到人民委員到資本家》。

即便本書存在一些限制與缺憾，但是不可諱言的是，這本書仍舊填補了英語學界在近現代蒙古通史著作上的空白。這個情況也反映了這個議題在英語學界中的邊緣性。而在中文學界中，則又更加邊緣。可以說目前中文學界尚缺乏類似的入門通論性讀物，僅有專論著作。因此筆者十分樂見時報文化將本書引介給中文讀者。希望未來以這本書作為基礎，能夠幫助中文讀者一窺近現代蒙古國人民追求獨立自主的歷史，並且吸引更多讀者來關注近現代蒙古國的歷史。

〔導讀〕

蒙古其實離我們很近

政治大學民族學系副教授／藍美華

如果您對蒙古有興趣，這是一本很實用的書，可以全面了解蒙古的現代政治史，從一九一一年的獨立運動到一九九〇年代的民主化，再到之後的政經發展與民族認同等等。書中的第一章詳細地描述了蒙古的土地、人民與傳統，後續二至六章按照時間順序介紹了蒙古各階段的政治發展，第七章談民主化之後蒙古經濟的轉變、崩潰與恢復，第八章談蒙古與鄰國的關係，第九章討論了內蒙古，最後一章則是以烏蘭巴托這個城市的歷史發展與變遷，來看蒙古如何面對未來。作者在前言中寫道：「作為一個夾在俄羅斯熊和中國龍之間的小國，在和兩個強大鄰國的交手過程中，蒙古為了自己的國家和獨立所作出的奮鬥凸顯出許多地緣政治帶來的壓力和妥協。」這段話應該也是作者寫作這本書的核心思想，期待讓讀者了解蒙古在持續不停的壓力中如何奮鬥求取平衡，為自己找到一條邁向光榮的生存之路。

個人長期研究蒙古近現代史，對於一九一一年的蒙古獨立運動以及澤登巴爾執政時期（一九五二－一九八四）蒙古與中共的關係有所涉獵，也關心蒙古民主化的發展，對這本書的重要內容還算理解，對作者的看法也大致贊同，但本書對於一些事情與人物的細部描寫，個人仍然受益良多，也很願意將這本書推薦給中文世界的讀者。這樣的一本書可以完成，除了必須廣讀昔日蒙古研究相關文獻外，也有賴於蒙古民主化以來許多檔案材料得以公開，以及蒙古學者對其本身歷史展開重新詮釋。近年來，臺灣翻譯了多本重要的蒙古研究著作，尤其是日本重量級學者的作品，引發了更多人對蒙古與蒙古研究的興趣。雖然這本書並非針對蒙古政經或社會文化相關主題而寫的學術專著，但其內容不僅具有學術價值，更具有普遍可讀的重要性。坦白說，要寫出這樣一本完整客觀的蒙古現代史，是不容易的。

筆者在個人所著《澤登巴爾時期外蒙與中共的關係（一九五二－一九八四）》一書中特別強調，即便在社會主義時期，蒙古受到蘇聯很大的控制，但是蒙古的領導人和知識分子一直是想尋求真正的獨立，奈何大環境條件不足，沒有辦法達成目標。儘管如此，蒙古在處理其本身與蘇聯、中共的關係方面，並非全然被動，也有其主動性。蒙古的主動性在於它能認清事實，做出對其本身發展最有利的決定。具體而言，當中共政權與蘇聯處於蜜月時期，蒙古配合中共有心增強彼此關係的心態，讓中共勢力進入蒙古，利用其金錢、勞力建設蒙古，並藉此促使蘇聯加強對蒙古的援助。當中蘇共交惡之後，蒙古並不立即表明支持蘇聯，想利用最後機會，從中共手中再獲取部分利益，中共一九六〇年提供的貸款與一九六二年簽訂的「邊界條約」便屬於這部分利益。蒙古直到迫不得已，才決定表態支持蘇聯，但這也是深思熟慮後的結果：因為當時蘇聯在國際上的聲勢比中共強，對蒙古的幫助較大，再加上中國的龐大人口素來令蒙古畏懼。

上述這些做法都展現了蒙古的主動性。蒙古雖然在中蘇共交惡時選擇支持蘇聯，但其內部長期存有反蘇力量，在適當時機就會表現出來；蒙古支持蘇聯的做法只是「兩害相權，取其輕」，是迫於現實的無奈選擇。本書作者的核心思想和筆者強調的「蒙古主動性」有不謀而合之處，只是作者的表達不如筆者清楚。但書中提及，布爾什維克分子怕中國報復，最初不願意支持蒙古一九二一年再度尋求獨立，是蒙古革命者和新生的軍事力量主動開展了此次的革命運動。（頁一二八）在一九一一年的泛蒙古獨立運動失敗後，蒙古人鍥而不捨地追尋再次獨立的可能，終於在一九二一年獲得初步結果。雖然受制於蘇聯，但這個新建的國家持續存活，並在一九六一年正式成為聯合國的一員，後來隨著蘇聯的瓦解，有機會將國家的命運主動握在自己手中。

本書作者通過一些傑出和有影響力的人物來審視蒙古國家的發展，這是筆者相當喜歡的部分。這些人物包括札那巴札爾、博格多汗、馬格撒爾扎布、蘇赫巴托、喬巴山、澤登巴爾、巴特蒙赫、卓力格等人。札那巴札爾是第一輩哲布尊丹巴呼圖克圖，是天才藝術家，也擁有巨大政治和宗教影響力。他在蒙古、西藏和滿洲征服者之間的權力博弈中，以及在喀爾喀蒙古和衛拉特蒙古間的內部爭霸中，都扮演了決定性的角色。博格多汗原是蒙古宗教領袖，即第八世哲布尊丹巴呼圖克圖，在一九一一年和一九二一年獨立運動中被擁戴為帝，在其一九二四年過世後，蒙古轉為社會主義國家。馬格撒爾扎布是蒙古重要的軍事領袖，在一九一一年的獨立運動中將西部科布多的滿清官員趕走，在之後蒙古對烏梁海、內蒙古、俄國保皇派恩琴軍隊的戰鬥中無役不與，後來也當了戰爭部長。蘇赫巴托是民族主義分子，在一九二一年獨立運動中有其角色，後來被尊為蒙古的國父。喬巴山、澤登巴爾、巴特蒙赫是社會主義時期的政治領導人，關於他們的作為，在書中有很多描述。作者認為，蘇赫巴托和喬巴山有其革命師徒關係；喬巴山參與一九三〇年代政治暴力的程度不高，因為在鎮壓最嚴重的時期，他有大部分的時間都不在蒙古境內，（頁一四〇）這個觀點挑戰了以往的看法。作者也提及喬巴山和澤登巴爾是史達林唯二信賴的蒙古人，兩者的師徒關係，以及澤登巴爾在位時致力於計畫經濟的發展。巴特蒙赫則在蒙古向民主制度過渡的過程中發揮作用，堅決反對動用武力來維護政權。卓力格是一九八九年民主運動的英雄和蒙古民主聯盟背後的精神推動者，一九九八年就在他接任總理之前遭到謀殺，紀念他的雕像現在矗立在烏蘭巴托的市中心。作者還寫了二十世紀初在蒙古避難的第十三世達賴喇嘛、民主化後多次訪問蒙古但後來不再受邀的第十四世達賴喇嘛，並在描寫內蒙古的第九章簡短地介紹了德王、烏蘭夫和墨爾色（郭道甫）。

除了人物之外，本書對於蒙古首都也進行了深入的描述，從其歷史發展、建築的變遷、名稱的改變以及城裡的重要建築如甘丹寺、吹仲喇嘛廟、蘇赫巴托廣場甚至二〇〇九年才竣工的藍天大廈等。烏蘭巴托既有古老的中國因素、社會主義時期的蘇聯因素、民主化之後的西方因素以及仍舊維持的蒙古因素，因此是一個文化互動的產物。除了建築外，烏蘭巴托的飲食與餐館呈現了更多元的內容，還包括了土耳其、印度、日本、韓國等各國料理。國際美食的味道是否正統並不重要，為了滿足新的資本主義市場的需要，餐廳老闆會盡力調整菜餚的口味以吸引更多顧客；重要的是，這表明了全球化的影響和蒙古對世界一廂情願的開放。隨著民主化之後和中國政經關係的日益密切，中餐館的數量迅速增長；但因為偏見、歷史原因或是對中國經濟力量的擔憂，蒙古民族主義部分是以反中情緒的形式出現，有一陣子反中活動增加，中餐館減少，甚至不敢使用中文招牌。雖然書中有相當多的篇幅討論了蒙古與中國的關係，也提及競選文宣中汙衊對手有中國血統的事件（頁二三五），但這本書畢竟是政治史，對於飲食或普通人的生活這種軟性的事物，很少提及。補充一點，臺灣流行的蒙古烤肉並非蒙古傳統飲食，而是臺灣人的發明，但近年也被引入蒙古，現在烏蘭巴托也有了相當豪華的蒙古烤肉餐館。

最後想說的是，儘管這本書部分章節有些跳躍，但若將其看成對主要論述的補充，則不影響讀者的閱讀，反而讓它更加完整。今年是蒙古國獨立一百週年的紀念，過去這一百多年來蒙古無論在政治、經濟、社會、文化方面均有極大變化，但不變的是它在地理上仍夾在中俄兩大國之間，蒙古人的民族認同依然強烈，他們追求獨立自主的努力也不會停歇。這本書可以讓您對現代蒙古的政治經濟有全面的理解，希望能引發您對蒙古更大的興趣，繼續關注蒙古未來的發展。也許您會發現，蒙古真的離我們很近。

目次

自序與致謝

在僅僅一百年多一點的時間裡，蒙古國經歷了一九一一年和一九二一年的革命；還經歷了作為蘇聯附屬國的七十年時間；以及作為一個完全獨立國家的將近三十年。儘管在國內和國際上都發生了巨大的變化，但是有一點是持久不變的——利用其領導力來平衡地緣政治壓力的需求，蒙古國所面對的這種壓力在根本上是一直沒有改變的。到目前為止，我認為還沒有其他的哪一本書曾試圖討論這一段時期。*

蒙古國的經驗很重要，它是一個開發中亞洲社會的社會與政治革命的案例研究，而且這個國家是一個以游牧生活而非定居農業為主要生活方式的社會。蒙古國曾是新生的蘇維埃社會主義共和國聯盟（簡稱蘇聯）的「衛星國」，作為一個夾在俄羅斯熊和中國龍之間的小國，在和

*這裡只針對英語世界而言，其他語文作者未參考。

兩個強大鄰國的交手過程中，蒙古為了自己的國家和獨立所做出的奮鬥凸顯出許多地緣政治帶來的壓力和妥協。

我對於蒙古國的興趣源自一九六三年，當時歐文・拉鐵摩爾（Owen Lattimore, 1900-1989）在里茲大學（University of Leeds）開設了許多關於中國歷史的課程。在美國現代史最黑暗的時期之一——麥卡錫聽證會之後，拉鐵摩爾在約翰霍普金斯大學的合約被撤除了，他隨後搬到了英國。作為他那一代人裡的傑出西方蒙古學家，加上寫出開創性的大作——《中國的內亞邊疆》（*Inner Asian Frontiers of China*）*，他自然而然地在里茲大學開始了對蒙古和蒙古語的研究，中國和蒙古關係在他的中國教學中占有重要的地位。歐文・拉鐵摩爾關於蒙古的著作是經典作品，他將對蒙古和蒙古語言文化的深刻認識與對蒙古人民的同情結合在一起。他反對當時簡單化的反共主義，但是對於蒙古的政治，以及與之緊密相連的蘇聯保持著懷疑的態度。雖然自從他去世後，由於學術界對蒙古的更多研究和接觸，我們其實有需要對他的分析進行一些修正，但是他的研究方法仍然很有價值。[1]我在里茲大學的另一位漢語老師是他的同事烏爾貢格・鄂嫩（Urgunge Onon），他是來自滿洲的蒙古人，曾經擔任德穆楚克棟魯普親王（Prince Demchukdongrob，簡稱德王）的保鏢，後來成為了蒙古事務的著名作家，也是《蒙古祕史》的英譯者。

身為一名中國事務的專門研究者，我的研究興趣和工作重點是中國北方和西北的非漢族人，主要是寧夏和甘肅的回族穆斯林和新疆的維吾爾人，但也包括內蒙古的蒙古人在內。

我第一次訪問蒙古國是在一九九〇年十月，當時蘇聯共產黨及其東歐各國的代理人政權正在土崩瓦解，而蒙古人建設現代民主和發展經濟的努力才剛剛起步。在那次對蒙古國的訪問中，我有幸參加了蒙古漢學家協會（Mongolian Association of Sinologists）的成立大會，並入住在烏蘭巴托以南土拉河（Tuul River）岸邊的國賓館。在和政界領導人和政府官員們進行了學術交流和會談後，大會代表團——主要成員都來自中國——遊覽了大草原。對於這次訪問的邀請和組織工作，以及伊赫騰格爾國賓館（Ikh Tengger State Guest House）熱情接待和對蒙中關係的討論，我十分感激阿尤爾（H. Ayurzana）和他在外交部及蒙古漢學家協會的同事們。在政府層面，當時蒙古國的第一副總理鋼寶勒德（Ganbold）和副總理普熱夫道爾吉（Purevdorj）給會議提供了支持。而且這次會議沒有邀請其他西方人參加，我是作為中國代表團的榮譽成員參加的。這給我提供了一個非同尋常的機會，讓我能觀察中國人對於蒙古的態度和中國人和蒙古人之間的關係。

＊簡體中文版譯為《中國的亞洲內陸邊疆》，江蘇人民出版社，二〇〇八年。

我最近一次訪問蒙古國是在二〇一六年九月，這讓我能夠熟悉當前的發展狀況，並收集近期關於蒙古歷史的出版物。我非常感謝烏蘭巴托吹仲喇嘛廟、博格多汗冬宮和蒙古國家博物館等當地工作人員的幫助。

在九〇年代，我還進行了與蒙古國相鄰的中國境內蒙古族人口的調查，無論是在內蒙古，還是在新疆維吾爾自治區的博爾塔拉蒙古自治州（靠近伊犁），那些地方的蒙古人口都遠多於住在蒙古國的人口，不過由於漢人的遷移，當地蒙古族的比例已經大為降低了。另外，我也要感謝銀川寧夏社會科學院的馬平，為我在內蒙古的研究提供諸多協助，並幫助我順利完成到阿拉善地區的考察。

我曾經在《中國：一部現代歷史》（*China: A Modern History*）中寫過關於蒙古和蒙中關係的內容；在《中國的宗教少數族群》（*Religious Minorities in China*）中，為歐盟對外事務部寫了一篇題為「二〇一一年五月的內蒙古動盪」的簡報；也曾出版過一本關於中國少數族群的書《次等的中國人：中國的少數民族》（*Lesser Dragons: Minority Peoples of China*）。

我很幸運能夠在下薩克森州立大學圖書館（Niedersächsiche Staats-und Universitätsbibliothek）於二〇一五年主辦的會議上參考到由蒙古學者發表的關於當代和歷史的蒙古文化的論文，這場會議的主辦者是圖書館的館長約翰內斯・雷克爾博士（Dr Johannes Reckel），他本人就是一位出色的蒙古事務專家。我也參考了許多蒙古研究專家的作品；除了歐文・拉鐵摩爾的書以外，磯野富士子（Fujiko Isono）、湯姆・尤因（Tom Ewing）、查爾斯・鮑登（Charles Bawden）、莫瑞斯・羅薩比（Morris Rossabi）和阿倫・桑德斯（Alan Sanders）的著作也極富價值。

我要特別感謝 I. B. Tauris 出版社湯瑪斯・哈斯琴斯（Tomasz Hoskins）和奈儀禮・肯迪勒（Nayiri Kendir）的支持和幫助。另外，我從許多未具名讀者的詳盡和建設性意見中獲益匪淺，並盡可能地採納了他們的意見和建議，非常感謝。

雪伍德森林／二〇一九年八月

導論

以歐洲人來說，雖然對曾造成中世紀基督教世界強大威脅的「蒙古」大軍印象深刻，但是當代的蒙古很少有機會出現在西方媒體中，甚至在大多數西方人的意識中也很少出現。成吉思汗的名字——通常是以這個名字的波斯語或突厥語的變音「Genghis」出現——經常被提到，但這名字多數時候已成為「暴力和偏狹統治者」的縮影。在過去幾十年來書寫的許多關於亞洲歷史和文化的著作中，蒙古人是作為一個外來的古老民族出現的，幾乎沒有跡象表明他們可能和今天蒙古國的人有任何的關聯。比如，古典學者菲利普斯（E. D. Phillips）在一九六九年出版的《蒙古人》（*The Mongols*），這本書主要是整理歸納關於成吉思汗和他的繼承者們統治時期的內容，被列入「古代民族和地方」（Ancient Peoples and Places）的系列叢書中，雖然在這本書的結尾，作者努力地讓內容可以跟上最新進展，但是書中並沒有任何提到蒙古在清王朝於一九一一年崩潰後的內容。即使是大衛．摩根（David Morgan）於一九八六年出版，因使用波斯編年史而大受讚譽的《蒙古人》（*The Mongols*），也只用了一章中僅僅八頁的篇幅論述「蒙古人後來怎樣了？」的內容，而且只有最後的一頁半討論到二十世紀。[1]

在蒙古國之外，人們對蒙古人可信歷史的了解和人們對當今蒙古人現狀的了解一樣少，但是蒙古歷史，以及人們講述蒙古歷史方式的轉變，已經給蒙古國當代社會、經濟、政治的發展以及外界對蒙古國的看法產生了深遠的影響。烏蘭巴托大學的包勒德巴特爾（J. Boldbaatar）曾在二〇一五年為國際亞洲學會（International Institute for Asian Studies）撰寫一篇短文，反映了蒙古人對於自己歷史的態度變化。他認為，在一九九〇年以前，蒙古歷史學家一直受制於蘇聯人認可的學術標準——粗糙的馬克思主義歷史時代畫分的版本。近年來，在蘇聯勢力崩潰後，他們已改採更為審慎的方法，並開始轉向一種類似於西方研究者使用的模式。在這種較新的表述中，從已知最早的人類居住地到十二世紀這段巨大的時間跨度被定義為古代和中古時期早期（ancient and early mediaeval period）。隨後的中古時期和後中古時期包括了獨特的蒙古國家的出現和衰亡。這段時期通常被分成十三和十四世紀的帝國時代、從十四世紀末成吉思汗帝國解體到十七世紀初，以及清帝國時期——蒙古人正式成為統治中國的滿洲帝國的屬民（vassal people）。現代蒙古國的歷史一直到二十世紀才開始。這種更能為大家所廣泛接受的歷史分期已經初步成形，而且在他們決心放棄傳統的蘇聯史觀時，一些產自史達林主義史學的觀點也一起被拋棄了。蒙古的歷史學家仍然在奮力地尋找關於歷史變化令人滿意的解釋，特別是一九一一到一九二四年革命的根本原因；以及一九三〇年代專制殘暴政權的出現和它在一九九〇年崩潰的原因。[2]對這段歷史進行獨立的新敘述，對於該國從蒙古人民共和國（Mongolian People's Republic，MPR）轉變為蒙古國產生了重要的影響。

當西方提及蒙古時，總是將之輕視為一個被強大鄰國（中國和俄羅斯）主導的又小又不重要的國家。不可否認，蒙古的確是個小國，但這只是就其人口數量而言，而且這個國家的人口目前也在迅速增長中。二〇一九年，蒙古國公民的人數剛剛超過三百二十四萬人，其中有一百四十萬居住在首都烏蘭巴托，這幾乎是全國人口的一半。蒙古國在傳統上是一個鄉村國家，但是這已經不是現今的情況了，因為現在有大量的人口都集中在首都，而且全國有百分之七十以上的人生活在城鎮地區。[3]二〇一五年一月二十四日，一位出生在蒙古國南部的南戈壁省的女孩被認定為第三百萬個蒙古國民，當年度這個國家的人口數正式突破了三百萬的關口。應她父母的要求，當時的總統額勒貝格道爾吉（Tsakhiagiin Elbegdorj）賦予了她「蒙古勒津（Mongoljin）」這個名字，並向她以及同一天出生的一百八十一個嬰兒贈送了禮金和其他的禮物。還在一月二十八日發行了特別款的紀念郵票。「蒙古勒津」是一個有著悠久歷史淵源的名字，它在《蒙古祕史》的一開始就曾出現在成吉思汗的族譜中。蒙古勒津的意思被烏爾貢格．鄂嫩譯為「最美麗的蒙古人」，這個名字的字面意思也被翻譯成「蒙古女子」和「蒙古女王」。和幾十年來推行限制人口增長——一胎化政策——的南方鄰居中國不同，增加國民人口一直是蒙古國政府的高度優先關切的事務。[4]

俄羅斯和中國之間

蒙古國目前的人口也許很少，但它是一個幅員遼闊的國家。蒙古郊野的壯麗景色，連綿不絕的草原、山脈、沙漠和半沙漠，其蒼茫和孤絕會給訪客留下深刻的印象。蒙古國的面積僅比伊朗略小，比土耳其和法國都大得多。然而，蒙古國在現代世界是什麼角色的關鍵點並不是它的國土面積，而是這個國家的「戰略位置」。

蒙古是一個完全的內陸國，因此它的歷史無可避免地和中國及俄羅斯（一九一七年以前是俄羅斯帝國，一九二二至一九九一年是蘇聯，此後是俄羅斯聯邦）這兩個與蒙古接壤的國家歷史連結在一起，甚至是被這兩個國家的歷史決定。雖然這兩大國在幾個世紀以來一直讓蒙古黯然失色，但是它在亞洲的作用並非無關緊要。許多個世紀以來，蒙古人的命運幾乎完全取決於其領導人和中國歷代王朝的關係。到十九世紀時，蒙古也不得不和沙俄的東向擴張相抗衡：在中國和俄羅斯的壓力下保持平衡狀態是一項重中之重的任務。到了二十世紀初，日本帝國的西擴讓這種關係變得更加複雜。這種擴張在一九四五年軍國主義日本政府於二次大戰失敗而結束，此時蘇聯成了亞洲的主導力量。儘管蘇聯由於戰爭的蹂躪而實力有所削弱，但是它扮演的角色和一九一七年以前沙俄帝國所扮演的角色是類似的。一九四九年，中國共產黨的軍隊在內戰中擊敗了國民黨，中華人民共和國正式成立。在一九五〇年代，蒙古尋求和中國保持良好關係，兩個國家的共產黨政府最初在經濟上和政治上都緊緊地和蘇聯連繫著。但在一九五〇年代末，隨著毛澤東引導中國脫離蘇聯的計畫並發起激進的、毀滅性的大躍進和文化大革命，蒙古和北京的關係也逐漸惡化。

蒙古和俄羅斯、中國的互動從來都不是在平等的基礎上進行，而且因為這兩個國家都擁有為數不少的蒙古族社群，特別是在俄羅斯的布里亞特和中國的內蒙古，這種互動也變得更為複雜。傳統上，中國被認為是蒙古人自治的最大威脅，但俄羅斯雖較弱，卻是有用的抗衡力量。當蘇聯在二十世紀成了世界兩大強權之一以後，這種平衡亦隨之改變。在那個時期裡，蒙古政治史的最大特點是意識形態和內部陣營之間的衝突，為創立名義上獨立的現代國家而衝突，這一命運無可避免地也終將和蘇聯的命運連繫在一起。

一九九一年蘇聯解體之後，這樣的連繫紐帶突然切斷了，蒙古必須和蘇聯的後繼國家和其他的鄰國建立新的關係。雖然從這次解體後出現的俄羅斯聯邦在經濟上慢慢強大起來，但是至今尚不及中國。北京成了蒙古國財政支持的重要來源，但即便如此，蒙古人對中國仍抱持著相當警戒的態度：北京政權不僅是一個新的、無可爭議的地區超級大國，其對於蒙古國的土地也有長期未解決的領土主張。蒙古和中國之間的政治關係逐漸恢復，但是烏蘭巴托不得不接受的現實是，它新近強大起來的鄰國在經濟實力和政治影響力上遠超過新崛起的俄羅斯。蒙古還不得不跟近鄰——日本、北韓和南韓——談判建立外交和商貿關係。面對這些來自不同鄰國的衝突壓力，蒙古自蘇聯解體以來的政治歷史就不可避免地被保留和維護自己身分認同的奮鬥所主導。

從游牧民和政委到區域勢力中間人

在一九二一年的革命和一九二四年蒙古人民共和國宣布成立後，蒙古國確保了自己獨立於中國的地位，並經歷了顯著、時而令人困惑的經濟、政治和社會變化。歐文·拉鐵摩爾曾在一九三〇年代騎著駱駝、乘車穿越過內蒙古和滿洲里，他對這些地區的蒙古人和他們的語言十分熟悉，並曾於一九六一年在蒙古人民共和國進行了一次長期訪問。一九四四年時，他陪同美國副總統亨利・華萊士（Henry A. Wallace）進行戰時訪問。他們在烏蘭巴托待了三天，但正如他指出的，「三天時間並不足以獲得第一手的資料。」但這次訪問給了他和總理喬巴山短暫會面的機會，並且用蒙語和他打了招呼。他們是在一個亭子大小的「蒙古包」（ger）裡見面的，他們的代表團在這裡得到接待和住宿。[5]雖然當時在臺灣的國民黨政權仍然認為蒙古是中國的一部分並做出強烈的反對，但是這個時候的蒙古已經是一個由蒙古人民革命黨（Mongolian People's Revolutionary Party，MPRP）所控制的健全的一黨專政國家了。在拉鐵摩爾從蒙古訪問歸來後所寫成的重要研究作品《游牧民和政委：再訪蒙古》（*Nomads and Commissars: Mongolia Revisited*）中，他比對了他在一九三〇年代穿越戈壁沙漠時了解的游牧社會和蒙古人民革命黨及他們的政委介入後蒙古的變化。拉鐵摩爾在書中描述了蒙古和蘇聯保持的「衛星」關係；這也許是「衛星」這個術語第一次這樣使用。[6]

那種改變了的社會，經過一些人事變動和內部改革，反映出史達林時代和之後蘇聯政治文化的變化，並一直持續到一九九一年。在蘇聯解體之後，幾乎完全仰賴莫斯科支持的蒙古人民革命黨在一場如今被稱為民主革命的動盪中失去了對政治權力的壟斷，但實際上，這場革命是一次反向革命，因為它推翻了在一九二〇年代建立起來的國家結構。在一九九〇年代，蒙古經歷了一段不確定、不穩定的時期，在這段年月裡，大多數的人民都歷經過赤貧和匱乏。漸漸地，一種雖然有缺陷，但是可行的經濟浮現出來，同樣浮現出來的還有一個繁榮但混亂的議會制結構和選舉制度，還有一個被深深撕裂的社會。

蒙古政府始終沒有將它的經濟從上世紀九〇年代初的危機中完全解脫出來。二〇一五年，外交部長普熱夫蘇倫（Purevsuren Lundeg）在倫敦外交智庫漆咸樓（Chatham House）發表演說的時候還曾承認，儘管蒙古最近經濟繁榮，但是仍然面臨嚴峻的經濟和金融挑戰。他闡述了政府為克服這些困難所做的努力，認為蒙古現在和將來都是一個對投資人有吸引力的國家。他還強調，烏蘭巴托政府打算在國際事務中發揮積極和長期的作用，並堅持認為其唯一適當的立場就是永久中立。他指出，蒙古將相應地處於一個堅定地位，以其軟實力作為東亞各國之間的關係中間人。[7]

現代蒙古認同的求索

現代經濟和社會正在蒙古國浮現出來，蒙古越來越希望其在東北亞地區能發揮重要（但是在很大程度上尚未得到考驗）的樞紐或中介作用。與此同時，蒙古也決心保存，或是恢復，其傳統蒙古認同的核心特徵。在烏蘭巴托和其他的許多城市，數百個游牧傳統的蒙古包和現代的高樓並存。這在某一個層面也反映了許多蒙古人的貧困，他們通常是被從郊野地區遷移安置的游牧民家庭的成員，他們生活在城市邊緣地帶的蒙古包社群裡，缺少可以安頓他們的房舍資源。然而，在烏蘭巴托和其他大城市，許多現代建築在屋頂和附屬建物上都有一個蒙古包，這是一種延續性和尊重蒙古傳統的象徵。多年來，蒙古國的國賓館驕傲地在一個平屋頂上展示著一個蒙古包。

數不勝數的建築物仍然有著蘇聯影響的時代印記（從六〇年代一直到八〇年代末）。對於這一段蒙古人的歷史時期，公眾和政府都有一種矛盾的情感；這段時期是無可否認的現代，但是同樣無可否認的，它代表了蘇維埃現代性的表達，或者是偶爾出現的蘇聯以前的俄羅斯人的靈感，而不是蒙古人的。對很多蒙古政治人物而言，復興或是重新創造現代性的蒙古形式已經成為重要的優先事項。烏蘭巴托的一些街道曾經是以革命英雄命名的，或許是太過明顯地反映了蒙古和蘇聯的緊密連繫，這些街道現在已經被重新命名了，它們反映了新的標準，以及對共產過往的排斥。在一般情況下，這些舊有的名字仍然會被普通大眾繼續使用，而且不確定新的名字會持續多久。那楚克道爾吉街，這條街是以社會主義時期被官方推崇的一位作家名字命名的，現在這條街改名叫首爾街，這顯示出南韓商貿在蒙古低調卻不斷增長的影響力。這種試圖找回蘇聯之前歷史的最驚人例子是對烏蘭巴托主要廣場的更名。以一九二一年革命中的英雄蘇赫巴托的名字命名的廣場在一九九一年的革命後更名為成吉思汗廣場*。在二〇一六年，廣場又被改回了最初的名字——也就是首都裡的多數人本來就一直沿用的名字。

建立一個現代蒙古認同的糾葛與商業化的推進共同存在著，這種商業化驚人地增加了不平等的狀況。這一點在首都可以一目了然，在城市裡，來自富裕家庭的孩子們在國際學校就讀，穿著英式制服，與衣著簡陋的街頭兒童、乞丐、小販和扒手共享人行道，儘管後面這些人的人數已經比十年前或二十年前減少了。在住房方面存在著非常明顯的社會分化：市中心的豪華開發計畫迎合了富有的專業人士階層和外國公司管理者們的需要，而就像是前面指出的，城市郊區不斷擴大的蒙古包社區本來只是一種暫時現象，但是卻為較貧窮的人口提供了唯一負擔得起的住房；這其中甚至包括許多收入微薄的公務員。

現代蒙古是一件正在進行中的工作和一幅平衡的藝術。蒙古人決心成為現代世界的一部分。他們篩掉了許多現在已經落伍的蘇聯文化，這些東西曾經被強加在他們身上，但是他們也傾向於保留這種文化中的一些部分，例如芭蕾舞和歌劇，但在可能的地方進行民族形式的修改。他們願意把從西方借來的經濟和社會模式拿來試驗，但是也決心保留和鞏固他們的傳統文化遺產，探索和再發明他們歷史中的一些在過去幾十年間被隱藏或理解過的領域。

＊具體時間是二〇一三年。

第一章

蒙古和蒙古人

土地、人民與傳統

蒙古和蒙古人

蒙古是什麼？誰是蒙古人？這些問題的答案並不像乍看起來那麼簡單或明顯。許多不同的族群都自稱是蒙古人；他們大多都生活在今天蒙古國境內或附近，但是也有一些人長期定居在今天蒙古的國境線以外的土地上，他們主要是生活在俄羅斯和中國。

今天的蒙古國（現代蒙語稱為 Mongol Uls）是前蒙古人民共和國（Bügd Nairamdakh Mongol Ard Uls，一九二四－一九九二）的繼承者。在一九二一年革命之前，它是中國的一個半自治地區，由於離北京很遠，所以被稱為外蒙古。多數的蒙古族人都住在內蒙古，內蒙古離北京較近，現在是中華人民共和國的一部分。傳統內蒙古的大部分地區主要被劃為內蒙古自治區，一小部分地區另外被編入了相鄰的省分。這個區域住著大量蒙古族人口，二〇一〇年中國人口普查時是四百二十萬人。這比獨立的蒙古國人口還要更多，後者直到二〇一五年才達到三百萬的人口數字。雖然內蒙古的蒙古族人口要遠遠多於蒙古國，但還是遠遠不如兩千萬漢族人口，在內蒙總人口數中蒙古族占不到二十%，因此在當地仍算是少數族群。相較之下，蒙古國的三百萬人則認為自己國家絕大部分都是蒙古人，是真正的蒙古，儘管有許多家庭是與布里亞特蒙古人、俄羅斯人或是中國人通婚而形成的混血家庭。

在中國的其他地區，例如新疆維吾爾自治區和青海省，也有相當多的蒙古族社群，另外在甘肅和中國東北，也就是以前的滿洲（Manchuria），也有少量的蒙古族人。

布里亞特共和國（Buryatia）是俄羅斯聯邦內的一個共和國，該地位於蒙古國以北。雖然這裡的人絕大部分是俄羅斯人，但是布里亞特蒙古人也占總人口的約三十%，今天俄羅斯聯邦的這個共和國及其蘇聯前身布里亞特蒙古自治蘇維埃社會主義共和國都是以布里亞特的名字命名的。雖然布里亞特人的語言屬於蒙古語族，其中一些方言也與蒙古的喀爾喀蒙古（Khalkh Mongol）語言很接近，但是他們並不被當作「純正的」蒙古人，往往都被視為一個獨特群體。[1]這些區別很重要，因為布里亞特人在一九二〇年代的蒙古革命以及蒙古人民革命黨的發展中都扮演了關鍵且具有爭議性的與俄羅斯相連繫的角色。

在一九六〇年代，歐文．拉鐵摩爾評論了布里亞特蒙古人和主要屬於喀爾喀次群體的蒙古人之間的緊張關係。他的結論是，布里亞特人向西伯利亞的遷徙以及他們與俄羅斯人更緊密的關係使得他們在蒙古人的眼裡「不太像蒙古人」。因此，「布里亞特蒙古自治共和國」的原名被「布里亞特共和國」的名稱所取代：

當布里亞特人使用「蒙古」這個專有名詞時，它在他們口中的意思是「同根發展出的一個更大家族」；但是對蒙古國的蒙古人來說，即便是他們真的說出布里亞特人是「蒙古人」，他們也會有些懷疑。對他們而言，「布里亞特」這個名字非常確定的意思是「和我們蒙古人不一樣的那些人」。[2]

蒙古國人、蒙古人和蒙古

甚至連「Mongolian」和「Mongol」這樣的名稱也很棘手。「Mongolian」指的是認為自己是「Mongol」而且語言是蒙古的喀爾喀蒙古人標準的蒙古語，但是這個專有名詞十分複雜，因為實際上在西方，至少有一百年了，「Mongol」和「Mongolism」被用來描述現在幾乎被普遍稱為唐氏症或唐氏綜合症的基因異常。這種用法起源於十九世紀中葉，它不僅反映出對這種病症患者的不準確研究，也呈現出當時流行的對族群的粗糙分類法。亞洲東部的大部分人口都被聚集在「蒙古人」或「蒙古利亞人種」這個沒有差異性的類別下。西方人認為，唐氏症患者的面孔和東亞人相似，於是就把這個名字套用在他們身上。

到一九六〇年代的時候，人們已經意識到使用這樣的術語對於唐氏綜合症患者和蒙古人都是一種冒犯，因為蒙古人沒有呈現出這種病症，他們認為這是一種種族誹謗。隨著亞裔專業人士越來越頻繁參與國際社會的活動，這種尷尬感也越來越大。一九六一年十月二十七日加入聯合國後，蒙古人民共和國成為世界衛生組織的成員國；一九六五年，該國政府正式向世界衛生組織的祕書長發函要求不再使用這種冒犯性術語。一九七〇年代，這一用法在世衛組織的文件中徹底消失，在專業交流中也不再有人使用，但是在英語世界裡，這種用法一直持續到一九八〇年代，而且在日常口語中並沒有完全消失。[3]

「Mongolian」和「Mongol」可以互換使用，但是一般來說，「Mongolian」的使用限於指獨立蒙古國的公民；而「Mongol」可以更廣泛地用於描述那些說蒙語（*Mongol xel*）或是說相關的某一蒙古語族語言的人們，或者是自認為是蒙古人的人。「Mongolian」的複數形「*Mongolchuud*」，即「Mongols」，有的時候被用於表述更概括的意思，指「那些蒙古人們」，其中也包括那些呈現出「蒙古性質（Mongolness）」的人們。

歷史上的蒙古土地

習於游牧生活、善於騎射和擁有高超軍事才能的特質，在蒙古人漫長而又時常動盪的歷史中，讓不同的蒙古群體得以居住並控制從滿洲一直到俄羅斯西南部伏爾加河流域一帶整個歐亞大陸上各個分離的領土。不過，這並不意味著他們控制了他們尋找牧場和權力的整個地區，事實上，在現代之前並沒有一個所謂「蒙古國家」（Mongol state）的概念。就像是著名的英國蒙古學家查爾斯．鮑登指出的那樣，「即使以最為寬泛的估計，說一九一一年底之前存在一個現代意義上的蒙古國家也是有時代錯誤的。」[4]

本書關注的主要重點是一九一一年建立的那個國家的當代繼承者，也就是今天的蒙古國領土，即以前的蒙古人民共和國，現在也仍然常常被人們稱作外蒙古。作為唯一的一個由蒙古人完全控制的國家，我們有站得住腳的理由將它視為蒙古文化的中心，尤其是政治文化的中心，無論是在歷史上還是今天都是如此。這裡有古代的都城哈剌和林（Karakorum）和今天的首都烏蘭巴托。蒙古是一個在二〇一九年初估計人口為三百二十萬人的小國家，這個數字正在以年增一．四四％的速度增長。這個國家有九十五％的人口是蒙古族，他們大多數信仰藏傳佛教。然而薩滿信仰（shamanism）——一種在佛教傳入很久以前就被蒙古人和其他東北亞民族信奉的複雜信仰系統——也一直扮演著蒙古文化的一個中心角色，並補充和經常影響蒙古國的藏傳佛教分支。雖然絕大多數蒙古人在傳統上（如果不是在生活實踐上）是佛教徒，但是蒙古國的西部還有一個小規模的穆斯林社群，其中大多數人在民族上是哈薩克人，但有些人認同自己是蒙古人。

另外已經提及的兩個蒙古地區將不在此做詳細的介紹。相鄰的內蒙古生活著四百萬蒙古人，自從一九四七年以來，這裡就是中華人民共和國的內蒙古自治區。如前文所言，內蒙古的蒙古人口比獨立的蒙古國更多，即便他們在這個兩千五百萬總人口的自治區裡只占總人口的二十%左右。內蒙古的絕大多數人口是漢族，而蒙古人在他們的故土上被正式認定的少數民族地位已經讓人開始擔憂蒙古人的語言、文化和傳統游牧生活方式正面臨著威脅。蘇聯人雖然曾經將俄語和俄羅斯文化帶到蒙古人民共和國中，但全國人口幾乎都是蒙古人的蒙古國本身並無這樣的文化威脅，尤其是在蘇聯解體以後。現在只使用蒙古國作為國名的國家可以理所當然地將自己視為現代蒙古文化的倡導者。另一個重要蒙古人社群位於布里亞特共和國，這個共和國目前是俄羅斯聯邦境內的一個共和國，它的首都是烏蘭烏德（*Ulaan Üde*）。布里亞特共和國位於蒙古的北邊，和貝加爾湖東岸和北岸相接，目前人口中有約三十%的蒙古人，七十%的俄羅斯人。

蒙古人和他們的語言

生活在蒙古和其他蒙古地區的人被簡稱為「Mongols」或「Mongolians」，實際上他們各屬於許多不同的部落聯盟，主要的部落包括喀爾喀（Khalkh）、衛拉特（Oirats，瓦剌）、布里亞特（Buryats）和卡爾梅克（Kalmyks）、巴爾虎（Barga）和察哈爾（Chahar，包括其他南方蒙古人在內）。喀爾喀蒙古是蒙古國的多數，他們的語言——喀爾喀蒙語——被採納為該國的國家標準語言。其他不同種類的蒙語被視為方言，但是有一些語言，比如布里亞特語、衛拉特語、卡爾梅克語則主張擁有獨立的語言地位。在中國境內的內蒙古，官方的標準蒙語被稱為南方蒙古語（Southern Mongolian，亦稱內蒙古方言）。這樣的分類是根據它是一組南方蒙古語的集合，包括察哈爾、鄂爾多斯（Ordos）、巴林（Baarin）、科爾沁（Khorchin）、喀喇沁（Kharchin）和阿拉善（Alasha, Alxa）。正如人們預料之中的，這些不同蒙語口語形式之間存在著可以互相理解的連貫性，內蒙古的蒙語標準發音是以南方方言為基礎，但這種方言和烏蘭巴托的蒙語發音沒有太大的區別。

蒙古國的蒙語和內蒙古的蒙語之間的差異是由於使用的文字不同而凸顯出來的，這些文字和漢字沒有任何關聯或相似之處。內蒙古的蒙古族生活在以漢語為主的環境中，出於實用目的，他們需要使用雙語，保留了傳統的豎寫式的文字，這種文字的歷史可以追溯到十三世紀，和轉九十度的阿拉伯文字母略為相似。這種相似性提供了一個線索，說明了它和古敘利亞字母（ancient Syriac script）的遙遠起源連結。敘利亞文是一種在古代中東地區使用的文字，曾用來書寫一種閃語族（Semitic languages）中的語言——阿拉姆語（Aramaic）。蒙古國使用的則是西里爾字母，這是該國與蘇聯的長久連繫期間由俄羅斯人引入的。自一九九一年以來，蒙古正式承諾將恢復蒙古傳統字母，儘管它已經被重新放到了學校課程中，但除了作為裝飾外，很少被使用。[5]

從世界的征服者到被邊緣化的游牧部落

所有的蒙古人都清楚地了解成吉思汗的偉大影響，而且大多數人也都對此感到自豪。成吉思汗是一位「世界征服者」，西方人更熟悉他名字的波斯語或突厥語版本——「Genghis」。他在十三世紀時開始了蒙古世界的擴張，當時他成功地統一了互不相干、相互交戰的蒙古部落，並為建立一個向西延伸至歐洲的帝國奠定了基礎。雖然今天的蒙古國承認這一事業所造成的殘暴和屠殺，但是人們明白，在蒙古的國家現代化和發展工程背後，有必要恢復成吉思汗時代的一些昔日光輝。

蒙古人對於成吉思汗及其繼承者們的軍事和外交成就感到自豪，但是作為大軍征服目標的人們就不一定有同感了。蒙古帝國在成吉思汗的繼承者們手中繼續擴張，在他的大汗繼承人窩闊臺汗（Ögödei Khan）的統治時期尤其如此；拖雷汗（Tolui Khan）控制了蒙古故地；察合臺汗（Chagatai Khan）控制了中亞和今天伊朗的部分地區，他的名字也在突厥察合臺語（Turkic Chagatai language）中得以延續，這門語言一直到十九世紀時仍然是草原地區的通用語；還有拔都汗（Batu Khan）和斡兒答汗（Orda Khan），他們的領土是蒙古帝國的最西邊疆，已經到了歐洲的邊境。真正參與這些地區軍事征服行動的蒙古人數量相對是較少的，因此這些勝利者們必須要從當地的菁英中招募官員來管理他們的新領土。所以，在這些偏遠地區，蒙古語從來沒有像其下屬行政人員的地方語言那麼重要。波斯語不僅是我們今天所熟知的波斯或伊朗領土上的語言，也是中亞大部分地區的語言，印度北部和阿富汗也使用波斯語，當地的波斯語版本被稱為達里語（Dari）。波斯語也是這個地區最為重要的書面語，波斯語史料也對人們了解蒙古人的統治提供了寶貴的見解；相較於波斯語文獻，現存的蒙古語文獻很少有能夠與之媲美的。就像是名字中所體現的那樣，印度次大陸上的蒙兀兒（Mughal，即「蒙古」）皇帝們都是蒙古後代；他們是蒙古皇帝帖木兒（Timur）的後人。[6]

幾乎整個亞洲都或多或少受到蒙古人的影響。他們對於歐亞大陸的征服殘酷而無情，生命的損失是巨大的。傳統的生活方式，特別是那些有文化的都市社會生活遭到了破壞，在某些情況下甚至被剷除了。蒙古西征大軍造成破壞的最著名例子就是一二五八年旭烈兀的軍隊和一四〇一年帖木兒的軍隊對巴格達的洗劫。作為阿巴斯哈里發的首都，巴格達也是穆斯林文化的象徵中心，蒙古人對它的破壞等同是給伊斯蘭在其中心地帶的權威造成沉重的打擊。該城的建築遺產被摧毀，被稱為智慧宮的大圖書館也被破壞，裡面的收藏被扔進了底格里斯河。

蒙古人是游牧民族和戰士，似乎對於保存或重建被他們洗劫的城市文明毫無興趣。但是，他們所征服之地的優秀建築師和建設者被運送到蒙古人的中心地帶，在那裡被奴役，為征服者建造新的城市。儘管在被征服的過程中遭到了損毀，但是以前存在的伊斯蘭城市文化仍有足夠的保留；勝利者在入侵後建立的汗國並非原來蒙古人草原社會的複製品，而是融合了中亞傳統和穆斯林元素的混合文化。[7]

在中國，元朝是一二七一至一三六八年的官方統治家族。蒙古人忽必烈汗在上都（Xanadu）建立了元朝，這裡位於今天內蒙古錫林郭勒盟的多倫附近。忽必烈汗在位於今天北京的汗八里（Khanbalig，中文稱大都）重建了都城，他以大汗的身分，聲稱要在這裡對整個蒙古帝國行使主權，儘管長期的分裂過程此時已經開始了。雖然他們聲稱自己是一個中國王朝，而且和中國人有各種商業和其他方面的接觸，但是蒙古統治菁英從未完全漢化。他們和中國的本土居民保持距離，在行政管理、建築和許多其他服務都仰賴引進的中亞官員，這些中亞官員之中大部分是穆斯林。中國人對元朝的看法往往是負面的，他們認為元朝是一個「野蠻人」的征服政權。蒙古人在一三六八年被以漢人為主的明朝趕出了中國，在這次嚴重的軍事挫敗後，他們撤到了相對安全的草原故土上。他們加強了傳統的蒙古社會和政治結構，並不時地對明朝的軍事力量予以騷擾。防禦蒙古人進一步重新征服中國的企圖是明朝重中之重的任務，這一戰略的重要組成部分就是加固已有的長城網絡，用兼具士兵和農民作用的社區駐紮在邊境上。蒙古軍隊此後從未再對中國王權產生嚴重的威脅。[8]

即使在明朝作為一個「中國」王朝掌權後，之前統治者的影響力並沒有完全消除。蒙古人行政管理的許多方面依然存在，包括對穆斯林中間人的任用，他們因為專業的天文學知識而在朝廷中受到特別的重視。在內部派系紛爭和農民叛亂後，明朝統治家族最終崩潰了。一支滿洲人的軍隊，也就是歷史上蒙古人在草原上的主要對手，於一六四四年「入關」，向北京進軍，建立了一個新的王朝——清朝；對中國人而言，這又是一個「野蠻人」的征服政權。成吉思汗的繼承人曾經以亞洲征服者的身分出現，但是現在卻被邊緣化，被限制在中國的邊疆。

成吉思汗的傳奇遺產

對於成吉思汗的紀念仍然是蒙古意識中的核心部分，並經常被重新喚起，為民族情感注入新的活力。在一九三〇年代，歐文·拉鐵摩爾從中國前往位於黃河河套上的內蒙古鄂爾多斯地區，尋找傳說中成吉思汗的「聖所」——Ezen Khoroo（伊金霍洛，意思是主公的營帳或園地）。在拉鐵摩爾的《蒙古遊記》中，他講述了幾個版本的關於成吉思汗之死的傳說。雖然在細節上有所不同，但是這些情節中都包括他不顧一個女人的意願而強行接近她的內容，或者至少是違反她的丈夫或父親的意願，然後被這名女子抽出藏在衣服下的匕首閹割和殺死的情節。然而，成吉思汗並不會永遠死去，而是隱遁起來療傷，以便在危難的時刻重新現身，成為蒙古人民的救星。這些故事和伊斯蘭教的十二伊瑪目派傳統中的隱遁伊瑪目，或是中世紀文學《亞瑟王傳奇》（*Matter of Britain*）中的亞瑟王有著相似之處。除了這些傳說之外，沒有確鑿證據可以證實他是以上述方式死去的故事，但是他的那部分傳說是一個有力的隱喻，說明了十四世紀以後繼承成吉思汗血脈的帝國（Chinggisid Empire）衰落後的蒙古人狀況。而在中國最後一個王朝——清朝（一六四四－一九一一年）建立之後，他們在中國人的手中被閹割，淪為滿洲人的附庸。

關於 Ezen Khoroo（伊金霍洛）是否真的是成吉思汗的衣冠塚存在著巨大疑問，但是這裡成為成吉思汗崇拜的中心地點，並且一直保持著這樣的地位。人類學家在報告中告訴我們，在第二次世界大戰結束以後不久，蒙古的愛國者就在這裡為「世界的征服者」舉行了宗教儀式並且宣示效忠，他是蒙古人身分認同的象徵。拉鐵摩爾參與並詳細描述了複雜的操作和錯綜複雜的儀式，其特徵如同一場政治儀式，一場宮廷接見，或是歡樂的造勢活動一般，是一場精神性的儀式。我們無法確定這些儀式是不是源於傳說，或者說，這些傳說是否是為了解釋這些儀式而被建構出來的。

對獨立的蒙古國統治者來說，成吉思汗的主要崇拜中心並不在他們的國境之內，而是在中國的境內，這在政治上是不利的。然而，另一個宣稱是這位偉大戰士長眠之地的地點是烏蘭巴托東北肯特省的不兒罕合勒敦（Burkhan Khaldun），這個地點的確是在蒙古國境內。如果有考古學上的證據可以支持這一主張的話，那麼它將會給烏蘭巴托的政府帶來巨大的好處，但是到目前為止，還沒有出現任何的證據能證實這些傳說。在成吉思汗死去以前，就已認定這座山是有精神意涵的傳統地點，成吉思汗指示這裡是他祖先出生的地點，應該受到他後人的尊敬。幾個世紀以來，一直有薩滿活動的儀式在山頂上的聖塚前進行，但是這種活動在一九三〇年代的宗教迫害中被禁止了，一直到二〇〇三年才恢復，在二〇一五年時，這座山被宣布列入世界文化遺產的名單中。[9]

滿清中華帝國裡的蒙古人

雖然蒙古人為人熟知的是他們無遠弗屆的征服，但是那些成就長期看來並不是蒙古人的勝利；他們的軍事和政治力量過度地擴大，已經遠遠超越了資源的限度。「成吉思汗和他的繼任者們的帝王冒險給蒙古後人留下了過度的疲勞，他們在政治上不統一，其統治在十七世紀時相繼分崩離析，並被滿洲人主導了超過兩百年時間。」[10]

清──滿洲人征服中國所建立的王朝，先是逐步擴大自己的勢力範圍，然後又急遽開疆拓土，其統治範圍包括了中國的西部和北部領土，被他們統治的民族除了藏人和突厥系的維吾爾人以外，還有相當大的蒙古人社群。在清朝的中國民族等級裡，蒙古人的重要性僅次於滿洲統治者，作為具有喇嘛教（藏傳佛教）和薩滿宗教背景的北方游牧民和尚武民族，他們與滿洲人的信仰和文化與穆斯林和漢人相比都更為接近；但是這並不意味著蒙古人和滿洲人之間的關係是容易維繫的。一些蒙古王爺拒絕接受滿洲人的宗主制，他們排斥遵守滿洲帝國的禮節和命令。西方歷史學家常常把清朝的政治菁英分為滿洲貴族和漢人官員的「二元制」，但是由於清朝試圖處理和草原蒙古人的複雜關係，因此也看重和蒙古貴族之間的關係。「旗分」*是蒙古人和滿洲人傳統的部落單位，顧名思義，它們起源於在自己的旗幟後面集結和行進的軍事編隊稱呼。

*旗是旗分的簡稱。

蒙古和滿洲旗制度

滿洲人的軍事制度是以旗分為單位組織的，這一點也延伸到了蒙古。各獨立的蒙古旗由蒙古王爺統治（傳統上是札薩克（*jasag*），但是在現代蒙語中寫為 *zasag*——這也和蒙古法律 *jasag* 或 *yasag* 相通），滿洲朝廷的權力會下放給他們，讓他們能統治自己的封地。這些旗幟保留了蒙古部落傳統的分層社會結構，旗（現代蒙語為 *khoshuu*）的名稱被用於指一個行政單位，曾經在蒙古國和內蒙古都是縣府一級的「*aimag*」（艾馬克，盟）的下級單位，直到一九三一年被「*sum*」（蘇木）取代。

蒙古人並不喜歡滿洲人的統治，但是他們沒有任何有效或團結一致的抵抗。歷史上的蒙古人曾經分為各個軍事部落，彼此間相互攻伐。一個帝國的創立，就像成吉思汗曾經統一各個部落那樣，會將這種部落衝突臨時性地終結，但是激烈的部落對立仍然在表面之下持續存在。當明朝在一三六八年掌權時，蒙古貴族之間的戰爭重新開始了，這種衝突在滿清統治下也一直持續著。最為猛烈的爭吵是位於北方的喀爾喀蒙古和西方的衛拉特蒙古之間。當喀爾喀被衛拉特打敗後，有一些喀爾喀貴族逃到了內蒙古尋求滿洲朝廷支援，並且在中國勢力的協助下成功擊退了西邊的對手。十八世紀時，滿清帝國有效地剷除了衛拉特蒙古的勢力。喀爾喀蒙古雖然在形式上接受滿清為宗主，但是並沒有接受被征服者的身分，而是把自己視為真正「蒙古性質（Mongolness）」的核心。有一種類似於國家感（sense of nationhood）和原型民族主義（protonationalism）的情緒開始在喀爾喀人中間浮現出來。通過維持領土分隔、鼓動部落和封建主之間的衝突，滿洲人以各種努力來破壞蒙古人之間任何的團結意識。在清朝時期，喀爾喀蒙古人那種不成熟的民族情緒沒有得到充分的發展，但是它預示著蒙古人民族主義的到來，並導致二十世紀初蒙古真正建立起一個現代國家的形式。

清朝末期，蒙古人的經濟開始發生變化。在滿洲人統治的初期，除了歷史悠久的牧業之外，蒙古人幾乎沒有其他的經濟活動，這種游牧似乎是處於健康狀態的，它較少受到自然災害的影響，而中國南方農村的定居農業則要不斷地面臨自然災害的威脅。

蒙古貴族們知道滿洲宮廷官員所享受的奢華，許多人覺得他們也要效仿他們的統治者。他們鼓勵中國商人冒險進入到蒙古為他們提供昂貴的商品並僱用中國工匠建造類似清朝首都的宮殿和寺廟。這種文化互動的影響持續了好幾個世紀，從今天仍然存在的烏蘭巴托吹仲喇嘛廟（Chojjin Lama Temple）和博格多汗冬宮（Winter Palace of the Bogd Khan）等建築中，我們可以明顯看出這種互動影響。農業在蒙古的一些地區也有發展，部分的原因是為了給貴族新的支出創造收入。

在一八三九至一八四二年的鴉片戰爭之後，處於西方商業利益控制的通商口岸的壓力下，中國的經濟越來越走向商業化。這種商業主義向北蔓延到草原上，開始逐步地破壞蒙古人自給自足的經濟。從十九世紀初開始，為農業耕作而輸入的中國勞工數量越來越多，從而讓內蒙古的重要地區已經有效地被中國的農民殖民（但是這種情況在外蒙古較少發生）。十九世紀末，清政府徵召了蒙古人到軍隊中服役，這種額外的強制措施引起了人們的不滿，有時候還會導致兵變發生。心懷不滿的士兵特別容易受到煽動，並針對居住在蒙古的漢人定居者（這些人很多都是生意人）。中國人被看作是富人，而且是剝削者和干涉者。一九〇〇年時，為了防止中國的義和團作亂而駐紮在烏里雅蘇臺（Uliasutai）的兩千名蒙古軍人，因為缺乏軍餉和食品而發起兵變。烏里雅蘇臺是蒙古西部的重鎮，既是一個商業中心，也是一個駐軍重鎮；這裡有中國人的居住區，兵變者占領了中國人的市場花園並給自己人和他們的馬匹分發了食品。對這支部隊負責的高級軍官對兵丁們的處境感到同情，也不願意幫助那些中國人。他們拒絕將頭目入罪，也沒有對兵變者採取任何行動。[11]

游牧的放牧生活

幾個世紀以來，蒙古獨特的經濟和文化在其人民與充滿挑戰的地理環境的互動中不斷發展。人們通常會把蒙古和戈壁沙漠與畜牧活動連繫在一起。若是用更準確的語言來描述的話，戈壁上的大部分地區應該被描述為半沙漠，它們不是真正的沙漠，因為這樣的地方缺少類似撒哈拉沙漠的那種沙地，而這些半沙漠地區也不適合中國人種植水稻和蔬菜。在蒙語中，位於國家南方的戈壁（govi，gobi）和北方的杭蓋（khangai）是有區別的，前者是沙漠，後者是有植被的草原。在兩者之間是草原中間區，*kheer*，也就是「乾草原」或「廢地」，這平坦的平原也被稱為「*tal*」。這個草原中間地區的草地對於飼養牲畜而言至關重要，牲畜是蒙古人經濟生活的中心。由於蒙古經濟除了被統稱為「五畜」（*tavan mal*）的馬、牛、駱駝、綿羊和山羊等產品之外，幾乎沒有其他的產品，因此與外界進行貿易是必不可少的。駱駝隊的貿易路線匯聚在「Kalgan」，也就是今天中國河北省的張家口。這裡是蒙古通過長城，通往北京和中國其他地方的主要北方門戶（*khaalgan* 的蒙語意思是「門」）。

貿易

游牧生活方式的局限性使得貿易對蒙古人來說至關重要，甚至對一些人也相當有吸引力。他們可以提供馬匹，以換取茶葉、陶器和中國人能夠提供的其他精緻的日常生活用品。長途貿易是通過從中國穿越沙漠的駱駝隊進行的。然而，這些商隊主要是由中國商人管理的，他們的經濟實力往往被蒙古人所憎恨，但是許多的蒙古貴族和官員也利用了中國商人的經濟實力，貴族們非常願意向同樣是放貸者的商人們借錢。

俄羅斯商人以張家口為基地，開展了自己的中國貿易。茶葉、絲綢和其他製成品是出口至俄羅斯的主要商品；俄羅斯則是向中國出售皮草、羊毛和羊毛製品以及皮革。俄羅斯在張家口、北京和天津設立了郵局以促進通過蒙古的商業活動和通信，一九〇九年修建了一條連接張家口和北京的鐵路線。時至今日，使用中文名稱張家口的 Kalgan 仍然是重要的戰略中心和通信樞紐。它位於連接北京和烏蘭察布、內蒙古呼和浩特以及該地區最大的工業中心包頭的G6幹線上。[12]

氣候和時令

蒙古的氣候屬於大陸性氣候。它遠離海洋，四周有群山環繞，因此這裡的天氣變化十分極端，有可能是突然、不可預知的變化，而且往往易致人喪命。在漫長的冬季裡，氣溫可以低至零下四十℃，但是夏季氣溫也可以高達三十℃甚至四十℃。冬季的暴風雪和降雪的程度經常非常嚴重，這種天氣可以被歸類為「*tsagaan zud*」，即「白災」，這是一種災難性的自然災害，幾十萬的牲畜很可能會因為在雪地中吃不到草而餓死，牧民家庭也會無法給牠們供給飼料。但是完全不下雪也是不受歡迎的，因為那會破壞生態平衡，這種災害被歸類為「*khar zud*」，即「黑災」。

幾百年來，牧業經濟是蒙古的唯一經濟，它主導了所有蒙古人的生活，甚至也包括統治菁英們的生活在內。蒙古人每年的生活節奏是由羊群、牛群、馬群和氂牛群的季節需求而決定的，牠們會在牧民家庭的陪伴下從冬牧場轉移到夏牧場。

儘管現在已經有了一定程度的經濟多樣化，但是傳統的模式仍然支配著大多數鄉村人口的生活。在二月和三月，草場上通常沒有什麼可以吃的草，地面上還留著一些冬天的積雪，如果這時候再下一場春雪或是冷雨，就會讓很多的牲畜死亡。夏季會從五月持續到九月，這是享受綠草如茵、藍天白雲的時候，牲畜在這時候吃得飽飽的，新一代的幼畜也會在這時候降生。秋日裡，草原上碧空萬里、秋風送爽，在前現代的時候，這個季節也是傳統的騎在馬背上突襲——尋獲「糧食、妻子和財寶」的季節，如今這種做法已經不被容忍了。從十一月開始，蒙古的冬天就到來了；這時候是宰殺牲畜的時候，有一些肉會被晒成風乾肉以備漫長的嚴冬。晒乾的牲畜糞便叫作「*argal*」，這是草原和半沙漠地區的人們最容易取得的燃料，因為這些地方很少或沒有木材。[13]

蒙古文化中的馬

在五種牲畜中，馬匹因為其在戰爭和狩獵中的作用而始終受到高度的重視；對於那些富裕到可以擁有馬匹的人而言，牠們是主人展開長途旅行的唯一工具。蒙古的牧馬人比西藏的牧氂牛人更加有權力和威望，因為他們有更強大的機動性，因此馬在蒙古文化中占有獨特的地位，而且也是薩滿活動裡的象徵符號之一。駱駝和牛，雖然不會被推崇備至，但牠們也是馱運貨物和拉車的必備工具。家庭的居所，也就是蒙古包，被設計得簡單而高效，已經發展到了能夠定期搭建和拆卸的樣子，這些蒙古包就需要由牛車或駱駝車來運輸。綿羊和山羊是肉和毛的來源，但是最重要的則是牠們產出的乳品。乳製品是蒙古人重要的營養來源，另外，發酵的馬奶則一直是受歡迎的酒精類飲料。

馬在蒙古人傳統文化中的重要性是難以盡數的。除了蒙古人和馬的實際關係外，還有一種只能說是準宗教性的神聖連繫。這一點可以在風馬（khiimori）的崇拜中得到形象的描繪，這是一種祈禱用的旗幟，被掛在游牧家庭的蒙古包外面和更大的集體營地的外面。「風馬」在西藏亦有類似意義的形象，它是確保家族吉祥的必要條件，代表著傳統蒙古人需要一匹像風一樣快的戰馬，隨時準備好戰鬥。有的傳說會將風馬和成吉思汗拴馬的馬柱連繫起來，而蒙古包旗則是一個會被掛在馬鬃上的小型旗幟標記物。風馬旗會飄揚在蒙古包上，或者是蒙古包門外的一塊專門的平台上。蒙古家庭中的一家之主（男人）會在每天早晨奉上杜松、檀香和盛放小盒子裡的香，這件事是男人傳統角色職責的一部分。除了上面提及的幾樣物品以外，被獻上的東西還有食品和飲品，並伴隨著吹響海螺殼的聲音。雖然這些都是古老的習俗，但是鄉村中的人們仍然遵循此道，一些城市蒙古人家，他們則會在自己的公寓裡或者窗台上擺放風馬。[14]

移動的牧群

牧群的移動是有嚴格規定的。牧民只能在其所屬旗分（banner，*khoshuu*）的領域內移動；如果離開這個區域，就有可能和其他旗分的牧民發生衝突，或者受到旗政府的懲罰。在春天，隨著冬雪消融，牧民們會尋找開闊的高地作為新的牧場；在秋天裡，這些牧場的面積可能會擴大，以便有更多的青草讓牲畜變得膘肥體壯；在冬日裡，牧場的首選地點通常是低窪的地方，或是丘陵地區的南坡，這樣的地方可以讓人畜得到最大可能的保護，抵禦呼嘯的寒風。遷徙是一個持續的過程，特別會在春天或秋天裡進行。在冬天或夏天時，牧民和他們的羊群會在一個地方停留更久的時間。這些是傳統的游牧模式，雖然技術和集體化在二十世紀改變了這種模式，但是它並沒有在當代的蒙古消失。

牧業經濟的補充是依靠捕獵以獲得食物，或是獵取哺乳動物的毛皮。有一些蒙古人以個人的名義狩獵，但是狩獵活動通常是有組織的集體狩獵，蒙古人聞名於世的高超騎術會在這樣的狩獵活動中得到提高，這種活動也有利於戰爭的準備。此外，賽馬、射箭和摔跤等男子運動的訓練以有助備戰的準備。社會、政治和宗教制度都是在這種經濟現實的基礎上發展出來的，蒙古人也從這種必要性中獲得了道德觀念。在早期，即使是最富裕、受過最好教育的人，也更看重他們在草原上艱苦樸素的生活，而不是像過著定居生活的中國鄰居那般重視文雅的文化。蒙古人傾向於把文雅視為虛弱，雖然這樣的態度從沒有完全消失，但是蒙古人也確實發展出他們自己的精緻文學和教育文化。

藏傳佛教和蒙古人

佛教在過去是蒙古人生活和文化的中心；在蘇聯時期強制推行無神論之後，佛教如今正在恢復其以往的影響力。在蒙古盛行的宗派通常被稱為喇嘛教，這是以喇嘛神職人員的名字命名的，但是大多數蒙古人和藏人都更喜歡藏傳佛教這個名字。與亞洲其他信仰佛教的地區相比，藏傳佛教成為蒙古人主要宗教的時間相對較晚。雖然藏傳佛教有許多顯著特點，但是它並不是一個獨立的、獨特的信仰體系，而是盛行於亞洲北部的大乘佛教傳統的一個分支，與東南亞地區更廣泛的上座部佛教傳統（Hinayana 或 Theravada）有所區別。藏傳佛教的儀式、服飾和藝術，比起保守的佛教教派更為生動活潑、豐富多彩，而且藏傳佛教有著神祕主義或密宗的特殊傳統，這些傳統多是受到薩滿信仰的影響。

藏傳佛教的格魯派（Gelug 或 Gelugpa）也被稱為黃教（Yellow 或 Yellow Hat Sect），是達

賴喇嘛作為首領的藏傳佛教教派。格魯派在十六世紀末成為藏傳佛教的主要派別，並且由於蒙古人和藏人之間的宗教和政治聯盟而成為蒙古的主要佛教傳統。這個聯盟的重要性可以從「達賴喇嘛」的存在來理解（Dalai Lama 的字面意思是海洋或普世的喇嘛）。一五七八年時，蒙古首領俺答汗（Altan Khan）將「達賴喇嘛」這個頭銜授予西藏哲蚌寺（Drepung monastery）的格魯派僧人索南嘉措（Sonam Gyatso）。索南嘉措的兩個前輩也被追授了這一頭銜，因此雖然他是第一個獲得此頭銜的人，但是他被稱為第三世達賴喇嘛。這個頭銜是蒙古領袖而不是中國明朝的萬曆皇帝所授予的，這一事實具有重大的政治意義，因為它象徵著蒙古和西藏獨立於中華帝國權威之外的結盟。第十四世達賴喇嘛，亦即現任達賴喇嘛丹增嘉措是這一傳統的繼承者，一九九〇年蒙古佛教寺廟重新對外開放宗教儀式之後，立即就能夠看到他的畫像在蒙古佛教寺廟中醒目而無所畏懼地展示。[15]

寺院通常是由一位呼圖克圖（*khutughtu*）領導，這個詞在現代蒙語中是「*khutagt*」，相當於西藏的「*tulku*」（祖古）。呼圖克圖是被尊為聖人轉世或佛陀某方面化身的傑出喇嘛的一種精神性的頭銜，意思近似於「祝福」或「聖潔」，比較常見的用詞是「*huofo*」——來自漢字「活佛」，但很多藏傳佛教徒不喜歡這個稱呼。達賴喇嘛處於宗教權威金字塔的頂端，可以和羅馬天主教會中紅衣主教和教宗的關係相提並論，不過藏傳佛教中權威的傳承和行使更加地分散，沒有可以和梵蒂岡相提並論的中央權威，這一點與伊斯蘭世界反而有較多的相似之處。

輪迴說賦予了高級僧侶巨大的權力和權威，他們組成寺院的執行委員會，獨立於其他機構控制寺院。在一位呼圖克圖去世後，就必須尋找是其轉世的孩子（男孩），藉由一套精確的傳統測試來確認他的身分，通常包括識別屬於前一位化身所屬物品的能力。寺院在這個過程中擁有完全的自主權，雖然達賴喇嘛被尊為宗教領袖，但是他無權干預個人化身的過程。在成功地找到幼年轉世的喇嘛後，高級喇嘛會安排新的呼圖克圖按照自己的模樣加以教育和培養。[16]

除了精神上的權威之外，寺院還掌握著巨大的財富和世俗權力，曾經有估計稱，在整個蒙古地區，「寺院控制了大約一半的國家財富」，使國家或任何私人企業家無法獲得大量收入來用於發展。寺院控制的土地——在法律上它們並不擁有土地——讓它們有權向牧民索取稅收；虔誠的教徒也會贈送牲畜或其他的財產，使一些僧侶個人變得十分富有。從十六世紀末到二十世紀初，蒙古男性人口中可能有多達三分之一到二分之一的人在任何時候都是聖職者，因此他們無法從事生產勞動。這與十六世紀時亨利八世解散英格蘭的天主教修道院之前的狀況有許多相似之處：[17]

人們對禮品和祭品有巨大的需求，出現了一批制度化、非生產性的階級。蒙古的大部分財富都流向了寺廟，失去了對整個社會未來發展的再投資。除了蒙古喇嘛不事生產的拖累外，還有大量的財富外流，這些財富被虔誠地捐獻給藏傳佛教的發源地西藏。十七世紀時呼圖克圖咱雅班第達（*Zaya Pandita*）的蒙文傳記中提到，他曾兩次在蒙古收集了兩萬多匹馬並將之賣給中國商人，所得到的錢被拿來當作捐款送給了西藏。[18]

一般來說，男子在十幾歲或是剛剛成年時並不是因為強烈的個人宗教使命而成為僧侶的，在某些文化裡，包括佛教的某些教派中的情況也是如此。典型的情形是，一個蒙古新手喇嘛是在七、八歲的時候被父母介紹到寺院裡——是出於家庭的虔誠還是貧窮的緣故並不總是明確的，寺院會指派一位高僧作他的宗教導師，從而成為一名學徒。這種情況也發生在未來的蒙古領導人喬巴山的身上，當時他還是一個小男孩。在喇嘛等級制度中，升級進步的基礎是學習、紀律和宣誓。修行者的誓言是以剃髮的程度「*gesel*」為標記的，最初時會進入到格隆（*gelüng*）的狀態。在蒙語中，對任何一種轉世喇嘛的稱呼是葛根（gegeen），意思是「輝煌」或「光輝」，對更高等級的轉世喇嘛還有其他的頭銜稱呼。[19]

寺院學校的課程宗旨是讓學生在導師喇嘛的引導下完成這些階段的學習，這一學程可以持續十六至二十年的時間。正如這一信仰（藏傳佛教）的名字所暗示出來的那樣，課程的語言和寺院的儀式在過去和現在都是用藏語來完成的。對於藏文經文的理解，以及經文辯論的能力是一個僧人教學的核心，在某些情況下，這一能力是他教育水平的總和。這種專注於藏語的做法，無論是在語言上還是文字上，都和蒙語無關，這對蒙語的研究產生了負面的影響。在前現代時期，絕大多數人都是任何一種語文的文盲——這一比例可能高達八十%或九十%。對於那些有能力或有時間的人（比如僧侶）來說，他們沒有動力去研究或教授自己的語言，使其達到很高水平。

這些都是一九三〇年代蒙古人民革命黨及其政府對寺院發動激烈政治運動的許多複雜原因之一。這可以再一次和亨利八世的解散方案相提並論，但蒙古版本的解散方案則更加殘暴和血腥，導致了成千上萬的僧侶死亡。我們將在第四章更加詳盡地討論這些政治運動。

藏傳佛教對蒙古社會的影響自從共產黨政府在一九九一年垮台後已經得到了重新評價，而且出現了一場受民眾歡迎的運動來重新開放寺院並重建僧侶們的聲譽。宗教的角色仍然具有爭議，不僅是馬克思主義者，許多蒙古人和外來訪客也批評宗教是這個國家社會經濟發展和現代化建設的主要障礙。有一些人認為「普遍接受藏傳佛教形式的佛教信仰」所產生的「精神統一」是蒙古人在缺乏自己國家的幾百年裡能夠保持認同感的關鍵因素，而另一些人則對反革新的喇嘛阻礙社會和經濟發展的方式提出了批評。[20]除了少數的密宗（mystical religion）信徒之外，所有的沙俄、西方和中國旅行者都將傳統的蒙古藏傳佛教描述為「無知、衰敗、停滯不前、迷信和經濟寄生。」[21]

藏傳佛教，也就是人們常說的喇嘛教，在蒙古歷史上的重要性並非只是——甚至並非主要是——作為一種宗教。喇嘛和寺院的宗教功能和政治功能是密不可分的，在「神職人員政治」的運行中，它的作用才能被充分地感受到：

（歐文．拉鐵摩爾在一九六二年總結他在蒙古對藏傳佛教的經驗時寫道）我已經確信，這個宗教的信仰和神祕主義並不像是它作為一種教士等級體系及其等級體系那樣功能重大，它在政治上比在宗教上更加重要——對財富和權力的控制，運行一個複雜的權力機器。如果你和蒙古人聊得更多的話，或者你保持安靜，在蒙古人的交談中仔細聆聽，你就會發現有兩種關於宗教事件和宗教人物的故事和傳說（道德故事和民間傳說）。這種故事（民間傳說）的內容其實更多時候是政治性的，而不是宗教性的——它顯示的是人們對於其社會運行方式的感受。[22]

在蒙古，寺院擁有領地、徵稅權、要求人們勞動和服務，就像是中世紀的歐洲一樣，「無所事事的僧侶」、「偽善的教士」和「貪得無厭的住持」也是同樣的主要諷刺對象。我們可以完全始終如一地說，「那裡的寺院活佛是非常神聖的人，我們必須尊崇他；但同時我們也有權利討厭他的行政人員們，他們是給我們帶來悲苦的人。」[23]

上述的說法並不能暗示說在一般大眾中就不存在真心誠意的宗教驅動力。在一九三〇年代針對寺院的殘暴鬥爭和破壞運動，以及在一九九一年後對寺院的尊敬和寺院系統的重建與擴大之後，我們有理由判斷說，藏傳佛教對於蒙古社會的益處不言而喻，藏傳佛教的恢復符合全體人民的利益。自從一九九〇至一九九一年的蒙古民主革命以來，僧侶、喇嘛、寺院和呼圖克圖的傳統在蒙古毫無疑問地復興了，但是，無論蒙古人的個人對於佛教的虔誠心有多強大，也無法排除他們對於宗教機構存在有一定的矛盾情感交雜在一起的心理，甚至是有強烈的反神職人員主義（anti-clericalism）。

有一些寺院，尤其是位於烏蘭巴托西郊的甘丹寺（Gandantegchinlen），已經變得十分富有。當地信徒的捐贈非常重要，這裡面包括有敬拜活動後向僧侶們分發的食品包裹，但是寺院發展所需的資金是來自於國家和那些蒙古國內外富有恩主的支持。甘丹寺現代化、豪華的新建築和修復後的建築，與當地居民貧窮、破舊的住宅形成了鮮明的對比。[24]

薩滿信仰

對於自然、精神和天上眾主的信仰是蒙古游牧民文化的一種內在特徵。這種文化的宗教部分通常被歸類為薩滿信仰，這是一套遍布在整個亞洲的靈性習俗，在亞洲大陸的東北部，尤其是西伯利亞、蒙古、朝鮮，這種習俗尤為強烈。薩滿信仰在蒙古的出現要早於佛教，並且在一定程度上被佛教吸收了。薩滿信仰和實踐的複雜體系一直延續到佛教時代，影響了佛教的實踐方式；這種影響一直持續到了今天。儘管最初受到了佛教徒的堅決迫害，後來又受到了共產黨政府的迫害，但是薩滿作為一個獨立的信仰體系繼續在蒙古存在著。

薩滿信仰（shamanism）是一個並不能令人滿意的多意涵、多用途的術語（portmanteau term），它意味的是人類生存和自然環境連繫在一起的各種信仰和做法，有時候與之連繫在一起的是可怕的力量。薩滿行為並不僅限於蒙古，它還以不同的名義出現在許多國家。如上所述，在亞洲，薩滿行為在西伯利亞和朝鮮扮演了重要的角色，在西藏也有重要作用。在這裡，佛教之前的古老宗教是「Bön」或「Bönpo」（苯教），這個名字和西藏的藏語名字「Bö」或「Bod」有關。「我們可以非常確定地說，〔重要的義大利藏學家朱塞佩・圖齊（Giuseppe Tucci）指出〕古老的西藏宗教和薩滿信仰之間存在有確定的相似性。」[25]中國的道教和日本的神道教等傳統信仰的做法顯然也和薩滿有關，儘管它們並不使用薩滿這個名稱。在亞洲以外的地區，蒙古薩滿特別主張它們和美洲原住民的靈媒（spirit guides）有親緣關係，但是類似的做法在世界大部分地區不是一直存在就是曾經存在過。

在蒙古薩滿教的神祕主義中，主要的崇拜對象是「天」（*tengri*）和「地」（*etügen*），所有的善惡都是從這兩個可敬現象中發出的。薩滿信仰的名稱來源於他的執行人——薩滿（shaman）。這個詞不是原本的蒙語詞，它可能是發源自滿洲語言和它們的通古斯語言前身的一個詞，意思是「狂舞之人」。現代蒙語中意指薩滿的詞是「böö」，它在古典語言中的對應詞是「böge」；這些名稱加強了蒙古薩滿教和佛教前的西藏之間有密切連繫的論點。薩滿教的實踐方式叫「böölökh」，在西方，它常常被簡稱為「薩滿之道（the way of the shaman）」。[26]

薩滿們在人、靈、魔、惡靈和祖先的精神世界之間進行調解。一位薩滿必須是能受到召喚的，他將這件事當作天職，而不是職業，有多位薩滿都說他們是在生病期間受到了神祕召喚。在無意識型態，甚至是有幻覺的時候，他們會感到它們被來自靈界的媒人——通常但不總是祖先——聯繫上了。在接受治療的同時，患者有時候會感覺到神靈召喚：在這種情況下，患者在康復後，可以進入到治療者的傳統法術、歌曲和舞蹈中。雖然薩滿並不一定是要出生在有這種傳統的家庭裡，但是有些薩滿說，如果沒有祖先的靈脈，或者說靈脈已經斷了的話，就很難和靈媒合作了。

新的薩滿會配有一根用樺木雕刻的法杖或者魔杖，上面有馬頭裝飾，下面則有馬蹄裝飾。馬頭上的布條象徵著馬韁繩，這樣裝飾的法杖可以讓薩滿「靈魂飛翔」。這與歐洲民間傳說中巫師的掃帚有著明顯的相似之處，但是它也強調出蒙古人文化中對於馬的敬畏。隨著薩滿入門過程的推進，他也會有一個帶馬頭把手的鼓。薩滿的基本裝備包括一頂毛氈或是鐵的頭盔，頭盔上常常有鹿角，象徵的是速度；還有老鷹或貓頭鷹的羽毛，是象徵白天或夜間的飛行。薩滿曾經是穿盔甲的，但是這已經演化成穿比較輕便的衣服，象徵性勝於實際的保護，穿著的衣服可能色彩明亮，不過經常是破舊、扯爛了的。在這些衣物上，薩滿會加入一些實物，與之合作的靈就依附在裡面。在現代蒙語中，這些東西被稱為翁袞（*ongon*）——這個詞的意思是「神聖的」或者「守護者或祖靈」，意指物品或者是其精神。它們可以與佛教流派中流行的護身符相提並論；在其他的文化中，它們被稱為拜物（fetishes）。這些物品可能是箭頭、微型的弓、銅鏡或者鈴鐺，但也會有人的代表形象。薩滿們有他們各自的喜好。東道（Dondog）是當代蒙古的一位「宰藍（*zairan*）」——這是一個榮譽性的稱呼，用以描述高級薩滿，他尤其重視「畫在黑布背景上的外面有一個圓圈的棕狼圖案。」他也用小刀、斧頭、錘子、箭頭、三叉戟和一根樺木法杖，上面掛著九個不同大小的銅鏡，和一個人形的翁袞（*ongon*），他認為這個翁袞在「從人們身上吸取黑能量和毒素」時很靈驗。

當有異常嚴重的危機需要解決的時候，無論是疾病、天災人禍還是其他的問題，人們都會找薩滿來。薩滿有許多的儀式，但是核心的方法是精神恍惚的儀式，也許是經由菸草、藥草和酒精的有效幫助，薩滿會倒下，前往靈的世界尋求靈的幫忙，這種事被認為是有用的。當他或她從這段迷昏狀態中回來時，便可以回答問題，或是對有關問題的主題發表意見。有一些薩滿也被認為能夠將疾病轉移到一棵樹、一種動物或一些類似物體中來治病。河流、溪水和其他的水源也是重要的崇拜對象，火也是如此。對於祖先的崇拜是薩滿傳統的一個組成部分，這將蒙古人的信仰和中國人的信仰連繫在一起，中國的「祖先崇拜」要早於儒家思想，但是被融入了中國及其許多早先的朝貢國的文化和傳統世界觀裡。

所述的許多薩滿儀式都發生在患者的蒙古包裡：有一些儀式和火有關，並且在蒙古包裡崇敬地對待火，還有一些儀式適合在敖包（*ovoo*）——陵墓、神塚、墓穴或石堆——上進行。這樣的墓穴有很多類型，包括獻給家園和父親的敖包；個人可能也會有他們自己的敖包。最強大的是位於不兒罕合勒敦（Burkhan Khaldun，神山或佛山）的天塚，它和成吉思汗的掌權有關係，而且有些人認為它是成吉思汗的出生地和最後的安息地。直到這個儀式在一九三〇年被禁止為止，國家贊助的薩滿每年會在這個地方舉行年度慶典。在二十一世紀裡，蒙古國出現了試圖恢復這一儀式的努力。

薩滿祭祀儀式往往是部落軍事領袖在戰鬥之前所委託舉行的，這樣的話，薩滿就可以喚來部落特定的武力神靈護佑。這種對薩滿協助的調用至少為一些習俗提供了部分解釋，若不是這樣的話，它們就會顯得不合理又怪異。這樣的解釋還給一些更加令人厭惡的儀式提供了理由，這些儀式和戰爭有關，其中包括挖出敵人心臟的做法，有證據表明，這種做法至遲到二十世紀初還在發生。

雖然薩滿行為與西藏的薩滿行為一樣，被一些虔誠的佛教徒所拒斥，但是數個世紀以來，薩滿行為一直是蒙古文化的重要組成部分。佛教和薩滿行為之間的連繫如此密切，以致於一些社區有效地創造出一種混合宗教，尤其是在蒙古南部，薩滿的儀式和服飾與喇嘛儀式和服飾最為重疊。有一個薩滿信仰的派別——黃薩滿——與喇嘛傳統非常接近，其儀式是受格魯派或黃教寺院佛教徒的審查和許可的。[27]

薩滿舞（Tsam dances）

薩滿舞是蒙古佛教中最引人矚目、最豐富多彩的儀式之一。中國人常把這種在寺廟節慶上跳的舞蹈稱為「跳鬼」，這個叫法被蒙古人排斥並視為是冒犯。蒙古人使用原本的藏語叫法，稱之為「羌姆」（Tsam 或 Cham）；它不是一種舞蹈，而是一系列獨立的儀式，會在一年中的不同時間舉行。它也不是簡單的舞蹈，而是舞劇，其中包括讀佛經的內容，它被認為是一種宗教儀式，而不僅僅是娛樂而已。最受歡迎的「羌姆」儀式是在陰曆六月，它講述的是善良戰勝邪惡的故事，象徵古代西藏一位鎮壓佛教、恢復西藏早期苯教的「邪惡國王」朗達瑪（Langdharma）的死亡。在第二日，在寺院的巡遊中，人們會舉著一個象徵未來佛（即彌勒菩薩）的造像（statue of Maitreya）展開寺院巡遊，祂特別受到千禧年教派的崇拜。[28]

各個寺院都有自己專屬「羌姆」儀式的變種，其中最著名的在多倫淖爾（Dolonor），這個地方位於今天的內蒙古多倫，這裡有十七世紀根據清朝康熙皇帝的命令為蒙古貴族修建的寺院遺跡：

〔活佛甘珠爾瓦（Kanjurwa）呼圖克圖回憶說〕在我到了多倫淖爾後不久，就到了「羌姆」的季節，這是一個宗教舞蹈的節日，被中國誤稱為「跳鬼（t'iao-kuei, tiaogui）」。這是一個在陰曆六月舉行的重要場合，人們從周圍許多地方聚集過來，參加娛樂和祈禱，並且在興起的集市上進行商品交換，我和多倫淖爾的兩位活佛，席勒圖活佛和孟德勒活佛在一起，分別參加了彙宗寺（Köke süme）和善因寺（Shira süme）的慶祝活動。[29]

在一九二四年蒙古人民共和國成立以後，「羌姆」舞蹈的公開表演就基本上停止了，但是自一九九〇年以來，有人試圖恢復這些舞蹈。省級寺院也開始製作舞蹈中使用的特殊面具，恢復後的儀式是否會發展出真正的宗教功能還是主要是為了吸引觀光，這還有待於觀察。

蒙古的文學文化

雖然在整個蒙古人的歷史上，與滿洲和其他草原上的民族一樣，蒙古人也重視軍事上的超凡技術和陽剛之氣與武術——馬背上的精湛騎技、射箭和摔跤，認為這些要勝過精緻的文學才能和文藝天分，甚至認為文學文藝是嬌柔的，在草原上是沒有用處的。但是，蒙古人還是保留了十分受到重視的書寫傳統和物質文化。

藏傳佛教的經文是用藏語寫成的，這種語言和蒙語無關，甚至連遙遠的親緣關係都沒有，蒙古各地的佛寺、廟宇至今都還在誦讀這些經文。在過去，許多最聰慧的蒙古青年都會被引入到寺院裡，正如有人提出的那樣，我們有充分的理由得出這樣的結論：西藏人的宗教文化對於蒙古的世俗書面文化發展的緩慢負有很大責任。

對於蒙古和蒙古人的早期和中古時期的歷史，儘管保存下來的文學資料對於了解成吉思汗的崛起和蒙古人的思想至關重要，但蒙語中幾乎沒有什麼可以被視為嚴肅歷史的內容。西方的歷史學家往往是依靠波斯語的資料，認為波斯人對這些地方的記載更為全面，也更值得信賴。當然，波斯人也是被蒙古人征服過的民族之一，波斯學者對於他們的主人並不一定持有好感。但是，波斯語是中亞和南亞大部分地區的行政管理語言，波斯語的學術傳統在蒙古征服後仍然存在。[30]

對於後來的時期，儘管藏語的地位十分高，但是還是存在有重要的蒙語文學作品。和其他的游牧民族一樣，最早的文學傳統是詩歌和史詩相結合的口頭文學。蒙古人現存最早、也是最著名的文學作品是《蒙古祕史》（*Mongghol-un ni'ucha tobchiyan*），這是一部關於成吉思汗，他的祖先和他的兒子窩闊台汗等事蹟的概要歷史，是在一二四〇年後的某個時間為蒙古宮廷編寫的。它原本是根據口述的證詞，用蒙語記錄下來，但是有諷刺意味的是，這部書的蒙語文本已經亡佚了，現存的最早版本是明朝的漢文抄本。

《蒙古黃金史》（*Altan tobchi*）是一部歷史紀錄彙編，它的歷史可以追溯至十七世紀初，《蒙古源流》（薩岡徹辰著）這本書也大致是在同一時間產生，是歷史和傳說的結合。蒙語中有豐富的詩歌，其中許多是史詩的形式，這提醒了人們這一類的詩歌和口頭文學傳統對於一個識字率有限的社會相當重要。

藏傳佛教對蒙語寫作產生更積極影響的證據還可以從另一類重要的蒙古文學作品中找到（也就是藏傳佛教的佛經和其他文獻的譯本）。這些作品給大量的蒙語小說、詩歌和戲劇提供了靈感。其中最根本的作品是《甘珠爾》的翻譯本，這是十四世紀編纂的藏傳佛教典籍，是佛陀所說教法之總集；這一譯本對於幾個世紀以來的蒙古文學風格有著定義性的作用。漢語的小說作品也翻譯到了蒙語中，其中很多都是經過早期的滿文翻譯而來的。[31]

十九世紀最著名的蒙古作家是來自今天中國遼寧省土默特右旗的詩人、小說家和歷史學家尹湛納希（Injanasi）。他的父親是旗政府的官員，也是一位多產的蒙、漢、滿、藏文書籍的收藏家。尹湛納希以他的《青史演義》（*Köke sudar*）聞名，這是一部以成吉思汗的英雄事蹟為題材的史詩散文，但是他也創作了大量的小說，它們借鑑了中國的傳統白話小說。他的兩部作品，《一層樓》和《泣紅亭》，和著名的中國小說《紅樓夢》的各種續寫小說十分相似，以致於招來了他只不過是翻譯或是抄襲的指控。[32]

在整個二十世紀，蒙古人民共和國的文學寫作是由蒙古作家協會主導的，這個協會是仿照蘇聯建立的同名機構而設立的。它鼓勵大規模的普及識字率，支持眾多文學作品的產出，但是也負責嚴格監控這些作品的內容和形式。那個時期最有影響力的作家，同時也是蒙古作家協會主席的達木丁蘇倫（Tsendiin Damdinsüren）是一個受人尊敬的詩人、散文家和報紙編輯。在一九四二至一九四六年間，他主編了《真理報》，這是一個相當於蘇聯《真理報》的出版物。作為現代蒙文的倡導者，他負責放棄傳統蒙古文字，改使用西里爾字母（俄文也用此字母）的改良字母，據說他在晚年時對這件事深感後悔。[33]

另外兩位重要的文學家是賓巴・仁欽（Byambyn Rinchin）和達希道爾吉・那楚克道爾吉（Dashdorjiin Natsagdorj），兩人都是在發展蘇聯模式的「社會主義文學」中嶄露頭角的：兩個人都曾宣稱自己是成吉思汗的直系後裔。

仁欽在年輕時就曾是家鄉恰克圖（Kyakhta）的一名革命者。他是一個十分出色的語言學家，曾在一九二一年三月蒙古人民黨的第一次代表大會上擔任俄蒙翻譯和口譯。後來，他曾在列寧格勒學習，並且在布達佩斯完成了關於蒙古語言學的論文並獲得博士學位。他寫了小說和短篇故事，並翻譯了很多俄國和法國文學作品，並且編輯了和薩滿信仰以及蒙古民間故事有關的出版物。他的雕像至今仍矗立在烏蘭巴托的蒙古國立圖書館的門前。

記者和詩人那楚克道爾吉在一九二〇年代創建蒙古作家協會的過程中發揮了重要作用。他編輯了軍隊報紙《人民軍隊》（*Ardyn Tsereg*），並擔任《青年真理報》（*Zaluuchuudyn Ünen*）的文學編輯。他因為他的非正統觀點於一九三二年被捕，不久後被釋放，但是他在一九三七年時去世，年僅三十一歲，他的死亡情況至今不明。那楚克道爾吉是二十世紀初蒙古的傑出作家和知識分子，是蒙古社會科學院中有影響力的成員，除了其他的許多作品之外，他還撰寫了蘇赫巴托的傳記。他的遺產包括至今仍為蒙古人所珍視的詩歌作品，尤其是他創作的蒙古風光的讚歌《我的家鄉》（*Miniy Nutag*）和受歡迎的劇作《三座山》（*Uchirtay gurvan tolgoy*）劇本，這部作品的英語翻譯常常是來自俄語的《三座傷心山》（*Three Sad Hills*）。多年以來，這部劇作既是烏蘭巴托年度歌劇季的開場劇目，也是閉幕劇目。有一齣根據這部作品改編的芭蕾舞曾於二〇一七至二〇一八年的演出季在位於蘇赫巴托廣場東側那座粉紅色的蒙古國家古典藝術劇院中演出。[34]

戲劇和芭蕾

蘇聯人將戲劇和芭蕾舞引入蒙古；在蘇聯的援助下，蒙古建立了劇院和音樂學院，很多蒙古演員都在莫斯科和聖彼得堡留學。自一九九〇年代以來，蘇聯時代的很多政治遺產都遭到了棄絕，蘇聯對當時蒙古的許多貢獻也都受到質疑，但一些文化遺產則仍在活動，尤其是芭蕾舞。因此並不是所有受蘇聯啟發的文化都被拋棄了，這反映出「衛星國」時代產生的一部分文學和藝術表達了蒙古人的民族感情和蒙古文化，以及泛蘇聯化的理想。

更廣闊範圍的蘇聯文化遺產

除了戲劇和芭蕾舞以外，蘇聯對蒙古文化的影響有時候是極具破壞性的。一九四〇年代，當蒙古及其盟友蘇聯與納粹德國交戰時——儘管蘇聯直到一九四五年八月才正式對日宣戰——蒙古開始了一場大規模的破除和更替被認為帶有封建意識型態文物的運動。這一運動實際上是對一九三〇年代擁有主導力的寺院和貴族的政治攻勢的繼續。僧侶們製作出來用以出售給信徒的宗教物品被或多或少地清除了，然後在一九四五年，國家頒布和設立了一系列傑出牧民的獎項。銀質的牲畜雕像被授予給那些成功生產了一千、五千或一萬頭牲畜的牧民。這些雕像是由手工業合作社手工製作出來的，通常是出自那些被強行還俗的前僧侶們之手（他們不得不尋找這樣的手段來謀生）。由於許多雕像類似於傳統的宗教物品，所以被強行還俗的僧侶們很有製造這些雕像的能力。頒發給牧民的獎章上有一塊銀牌以表示獎牌級別，還有一個用銀子裝飾的木桶，但更為實際的是，這些獲獎家庭能夠得到建造蒙古包、牲畜圍欄的材料和割草機的獎勵。在一九四一年時，烏蘭巴托舉行了一場受到全國認可的英雄牧民大會以慶祝和表彰這一獎勵系統選擇出的傑出牧民。

當蒙古擺脫了第二次世界大戰和喬巴山時代時，傳統文化仍然占有主導地位，但是此時的現代化努力已經穩固了。西里爾字母已經被拿來取代了傳統的蒙古文字，國家還開展了一場運動以確保十三至四十五歲的所有蒙古公民都能用這種新的正字法進行閱讀和書寫。在這些運動之後，有人聲稱識字率大大提高了，必須要承認的是，雖然西里爾字母對蒙語來說遠不是理想的文字，而且不能充分應對蒙語中的一些複雜問題，但是它比有許多含糊地方的蒙古文字更便於閱讀。一九五〇年代，當蒙古進入到澤登巴爾的時代，一場尋求擴大識字率和引入現代衛生觀念的文化運動開始了。到一九五六年時，八年義務教育已經成為全國標準。

蒙古人的建築

一直到近代，由於所有的蒙古人都依賴游牧經濟，因此大部分人口的住所不是永久性的建築，而是蒙古包，這樣的設計目的是為了每次在家庭隨著牲畜在夏場和冬場之間轉移的時候可以隨時拆卸和組裝。本地的建築物數量十分有限，而且基本上是有統一形式的。除了蒙古北部的一些游牧民喜歡那種類似北美洲印地安人的帳篷形狀以外，其他的南方蒙古人、哈薩克人和吉爾吉斯游牧民都喜歡圓形的蒙古包。除了無處不在的小型住宅用的蒙古包以外，至少從十三世紀開始，草原上的軍事菁英和貴族發展出了一種「宮殿蒙古包」（*ordörgö*）的建築群，這樣的地方可以駐紮幾千人，被用於當作軍事指揮所或者是統治者的宮殿。這些建築起初是草原上移動建築的延伸，雖然它們的設計仍然和可移動蒙古包的普遍、簡單的技術連繫在一起，但是它們演變成了半長期性的建築結構，並最終成為了長期的建築結構，它們也增加了各種裝飾性的功能以增加其聲望，並且加建了柵欄，以便提供統一性和邊界。這種建築風格最晚一直延續到了二十世紀初，最有權勢的那些蒙古汗王們既擁有長期的住所，也擁有可移動的住所。

最重要的長久建築物是寺院和統治的宗教菁英和世俗菁英的宮殿：他們的建築物有許多都反映出薩滿信仰和藏傳佛教的影響，並且也有物質文化的所有其他方面。早期最偉大的長期定居地，也是後來許多建築物的參考典範是如今已成廢墟的哈剌和林（Karakorum）。哈剌和林是根據成吉思汗的命令興建的，它位於蒙古的中部，靠近今天的哈剌和林鎮（Kharkhorin）和額爾德尼召（Erdene Zuu monastery）的所在地。哈剌和林於一二二〇年開始建造，在一二三八年至一二四一年窩闊台汗在位時，這裡曾作為他的都城。該城有四座城門圍繞，每個城門之間有三英里長的城牆，從這一點來看，該城的規模之大就可想而知了。城市裡至少有十二座寺廟、汗王宮殿建築、軍隊駐地、商業房屋和普通人的住房。哈剌和林是在中國軍隊入侵和蒙古貴族之間爆發衝突的過程中被大火所吞噬摧毀的：城裡原有的一些建築材料被用來建起了額爾德尼召建築群。哈剌和林當初的規模和雄偉的證據主要是來自於當時旅行者們的描述，他們大部分的觀察結果已經得到考古調查的證實。蘇聯和蒙古的考古學家曾在一九三〇年代初和一九四八至一九四九年進行了聯合考察，近年又有德國和蒙古的考古小組進行了調查，發掘工作仍然在進行當中。[35]

廟堂、寺院建築在很大的程度上是仰賴蒙古包的基本建造方法。隨著時間推移，石塊和磚塊補充了木材的建材，有時候甚至取代了木材，讓更為複雜的建築形式成為了可能。例如額爾德尼召的建築群受到了西藏建築風格的強烈影響。它的周圍修建有用於防衛的城牆，這是喀爾喀蒙古最早的此種城牆，它和哈剌和林一樣，有四座城門，城牆上有一百零八座佛塔。這些原型的墳墓狀結構在傳統上是已故喇嘛遺物的安放處，也是修行冥想的重要地點。這些寺院內部有各種建築傳統的例子，包括蒙古本土的、西藏的，甚至是中國古典風格。

現代首都烏蘭巴托的起源是行政和宗教中心大庫倫（Ikh Khüree，意為「巨大的封閉式寺院」），多年以來，它的位置變換了二十一次，最後才落定在土拉河北岸的現址上。原先的建築都是蒙古包的風格，將中心區域圍繞在中間，其中包括了宮殿、主要寺院和喇嘛的住所。此外，有一座像是亭子的木製廟宇，前面有一個寬闊的廣場，可以用來舉行宗教儀式。蒙古人的住宅位於城市的南側，在東郊和西郊則是漢人貿易商的房屋和買賣場所。在大庫倫，或者是它在俄語中的叫法「Urga（烏爾嘎）」才剛剛興建起來的時候，它有許多的主要建築並非是長期性的：在一七五六年，它們遷向了西邊的一段距離，並在附近的一座山上建立了一座新的寺院——甘丹寺（Gandantegchinling）。這座寺院的簡稱是「甘丹」，如今不光是在烏蘭巴托，它在整個蒙古都是藏傳佛教崇拜活動和教育的主要中心。

從二十世紀初開始，主要是在蘇聯現代化模式的影響下，有一種新的建築風格出現了，這種風格最初是出現在外國企業的房舍和經理人的住宅，其中一些被改造成蒙古人的機構使用。來自西方的建築師——德國人和匈牙利人——分別設計了國立印刷廠和國立劇院。隨著蘇聯援助和影響力的持續增加，歐洲的，更具體而言是俄羅斯風格的建築數量也越來越多，在一九四〇年代尤其是這樣。

在當時，有越來越多的蒙古學生去蘇聯留學，接受了建築和施工技術等方面的專業和技術教育。蘇聯模式的城市規劃和基礎設施建設成為了常態，到一九五〇年代末的時候，首都烏蘭巴托中央的蘇赫巴托廣場已經被紀念性建築包圍了，這裡包括有早期共產黨領導人蘇赫巴托和喬巴山的陵墓、背後的黨政綜合大樓和烏蘭巴托飯店，所有這些建築都是以蘇聯風格建造的。在整個一九七〇和八〇年代，按照蘇聯模式建造的工程一直在繼續進行中，但是蒙古人開始對此感到不滿，因為這些建築設計裡幾乎沒有嘗試對蒙古傳統建築的風格做出一些讓步。

首都烏蘭巴托和其他城市的蒙古人開始習慣於住在公寓樓裡，但是蒙古包仍然是大多數鄉村人口的日常居所。即使是在城市裡，包括在首都，根據觀察，蒙古包仍然是常見的景物。在二十一世紀的第二個十年裡，在市中心仍然看得到孤立的蒙古包，在城市外延的廣闊場域裡，一排排的蒙古包座落在木頭圍欄的後面，成為了傳統和現代住宅及生活方式觀念之間的橋梁。36

札那巴札爾（一六三五－一七二三）和蒙古的高級宗教藝術

雖然在國立博物館和其他的博物館裡能夠找到高級藝術的例子，但是人們很少會把蒙古和藝術作品以及最精湛的藝術工藝連結起來。在寺院裡，低階喇嘛會為信徒製作一些宗教用品；這些物品通常質量平平，其中包括護身符、唐卡宗教圖像、雕塑、薩滿舞蹈和儀式中的人偶和家庭用的祭壇，這些物品通常是為了貧苦的牧民家庭在蒙古包裡使用的。由於一九三〇年代的寺院遭到毀壞，這些工藝品的生產受到了嚴重的影響。

然而，有一個人在製作最優質的藝術和工藝品方面表現得十分突出。札那巴札爾（Zanabazar）和他的學校在十七世紀創作的青銅和銅鑄造的佛像絕對配得上最高評價。札那巴札爾是一位具有非凡天才的藝術家，但同時也是一位具有巨大政治和宗教影響力的人。他在十六世紀末和十七世紀初的蒙古、西藏與中國滿洲征服者的權力博弈，以及東部喀爾喀蒙古和西部衛拉特蒙古的內部爭霸中，都發生了決定性的作用。[37]

札那巴札爾出生於一六三五年，可能於一七二三年或一七二四在北京去世。他的父親喀爾喀蒙古親王土謝圖汗袞布（Tüshet Khan Gombodorj）是阿巴岱汗（Avtai Khan，Abadai Khan）之子，阿巴岱被認為是把藏傳佛教格魯派傳入到喀爾喀蒙古的人。在滿清政府和西藏高層的支持下，札那巴札爾被認定是多羅那他的轉世。所有的這些權勢人物都試圖利用佛教作為穩定和控制蒙古的政治工具，按照現代蒙古歷史學家巴特巴雅爾（B. Batbayar，筆名「巴巴爾Baabar」）的話來說，就是用來削弱「薩滿原始儀式」的權威，從而「為蒙古打開分享印度和西藏文化財富的前景。」[38]蒙古貴族菁英支持認定札那巴札爾為轉世的呼圖克圖，他們相信「有了他被承認為呼圖克圖的事實」，蒙古就能在危險的分裂時期享受到精神和世俗政府中央化所帶來的穩定。

相互交戰的蒙古部落的領導人曾經試圖抵抗在一六四四年掌控中國的清帝國。但當時的蒙古人並非團結一致的狀態，正如前文所提及的，西邊的衛拉特和東邊的喀爾喀之間有著激烈的競爭。一六五五年，札那巴札爾在先前的繼任汗王去世後成為喀爾喀蒙古的領導人，但是他向南逃往了內蒙古，以鞏固其他部落領袖的支持來爭取一同抗清。一六八八年時，清國已經在整個中國本土鞏固了他們的勢力，札那巴札爾在其他喀爾喀貴族的支持下，終於同意接受清國的統治。一場標誌了喀爾喀蒙古被納入清朝中國的儀式於一六九一年五月二日在多倫淖爾舉行。札那巴札爾和他在喀爾喀貴族中最有影響力的支持者們在最嚴格的安保措施下受到康熙皇帝的接待。喀爾喀貴族得到了銀兩、刺繡錦緞和其他奢華服飾的賞賜，作為回報，他們不得不接受「滿洲皇帝侍衛」的新身分。

「在札那巴札爾的身上，兩種不同的蒙古遺傳觀念被匯聚到一起。」[39]作為袞布的兒子和阿巴岱汗的孫子，他可以宣稱自己擁有成吉思汗的直系血緣，這使得他在蒙古貴族中享有特權。由於身上承載著這一條譜系，札那巴札爾成為有影響力的政治人物，而他又同時擁有被確認的轉世身分，這一點對於他行使權力至少同樣重要，今天人們也更熱衷於頌揚他的這一身分。現代的蒙古人對於他的稱謂是「Öndör Gegeen」，對這個名字的最佳翻譯是「尊貴的覺者」，這是一個對於轉世化身喇嘛的尊稱。作為佛陀最初弟子之一的多羅那他第十六世化身，札那巴札爾被稱為哲布尊丹巴呼圖克圖——二十世紀初的博格多汗（Bogd Khan）繼承了這個頭銜——而且被認定為喀爾喀蒙古人的最高精神領袖。

札那巴札爾還創制了索永布字母（Soyombo characters），這個文字系統是以梵文（印度教和佛教的神聖文字）為基礎創制出來的。它主要是用於翻譯梵文和藏文的佛教典籍（它和藏文有一些相似之處），但因為它的複雜性，索永布字母無法用於日常的書寫，於是「回鶻」文字取代了它。索永布文字現在已經廢止不用了，但是札那巴札爾的創造還留下了索永布符號；這最初是用來表示文章的開頭和結尾，但是現在已經成為蒙古國無處不在的符號，並且是該國國旗圖案設計中的一部分。[40]

吹仲喇嘛廟（興仁寺）

札那巴札爾和他的學生們創作的最珍貴作品保存在阿姆嘎蘭寺（Amugalan Temple）中，該寺是首都烏蘭巴托的吹仲喇嘛廟建築群的一部分。它現在是一個博物館，位於蘇赫巴托廣場的南邊不遠處，躲在一個超現代建築風格的藍天塔的陰影下。它的建築所在地並非十分古老，它最初是在哲布尊丹巴呼圖克圖第八世轉世（博格多汗）的贊助下，於一九〇四至一九〇八年間修建的一組寺廟建築——因此至少在理論上，這個寺院是札那巴札爾在理論上的繼承者，因為他的弟弟羅卜桑海答布（Luvsankhaidav）在這裡擔任為國家降神作法的護法喇嘛（State Oracle of Mongolia）。最初的時候，這個寺廟建築群是一個專門的祭祀場所，並且因為在羅卜桑海答布的掌管下進行傳統的神諭轉世而聞名。這座寺院在殘酷的反宗教運動中於一九三七年被迫關閉，但是它的建築物倖存了下來，並且在一九三八年作為博物館開放，被拿來展現過去的封建社會裡存在不平等的證據。蒙古當局曾經列訂計畫將它拆除，有照片能夠證明它在一九三〇年代末——當許多寺院和其他屬於封建秩序的建築物遭到拆除時——這座建築物也有部分被拆毀了。但是，由於它對該政權來說具有重要的教育和政治功能，所以被保留了下來。作為一個重要的國家機構，它從外面看來似乎十分破舊，場地也沒有得到很好的維護，但是展品保存得很好，得到十分安全的陳列。

札那巴札爾本人的形象表現可以在蒙古某些博物館中的雕塑、繪畫和裝飾上看到。它們常常被描述為「自畫像」，但是因為有紀錄表明，它的弟子們曾向他詢問過要如何表現他和他手上的姿勢，這些手勢具有精細的宗教象徵意涵，因此我們可以自信地推斷，這些作品中的大多數是出自其門派的徒弟之手。吹仲喇嘛博物館陳列的札那巴札爾鍍金銅像描繪了他身穿僧袍，右手持金剛杵（vajra）或祭祀工具，左手持鈴鐺的形象。其他的塑像還包括：表現年輕而造型完美的鎏金銅質寶生佛像，頭戴著有神話中迦樓羅鳥（Garuda bird）的五點寶珠頭飾，呈現禪定的姿態；站在蓮花和月盤上的鎏金銅質彌勒佛像；以及鎏金銅質的淨土宗的主佛阿彌陀佛造像。最為引人矚目又出乎意料的傑作是鎏金銅質嘿嚕嘎（Heruka）造像，它是密宗傳統中的聖樂金剛。「雙手捧著寶瓶，抱著伴侶，一個荼吉尼（dakini），也就是一個該傳統中的『飛天』或是『女祭司』」。所用的「抱」這個詞，比慣常英文中的意思更加隱含親暱的程度。最令人印象深刻的非純粹造型藝術作品是一個菩提塔（Bodhi Stupa），紀念的是釋迦摩尼克服世間誘惑後，在菩提樹下悟道。它高三十二公分，鎏金黃銅材質，佛陀被描繪成「坐在獅子寶座上的冥想姿勢」。

在這座寺院中展出的札那巴札爾作品的最新展品圖錄是在二〇一五年出版的，為的是紀念這位雕塑大師誕辰三百八十週年，但是除了被認為是他和他的弟子們製作的文物之外，吹仲喇嘛博物館也是蒙古最重要的佛教藝術作品和文物的存放地點，不過其他的作品也可以在烏蘭巴托的札那巴札爾美術博物館和蒙古國立博物館中看到。吹仲喇嘛廟和其他博物館裡展出的札那巴札爾的作品，讓人聯想到至少從十七世紀開始，蒙古就存在著高度成熟的藝術文化，以及通過西藏從印度接受佛教傳統的深厚影響。這座建築群在二十世紀的歷史是一部佛教（和實際上的薩滿信仰）實踐的延續，記載了宗教在蒙古人民共和國時期受到的打壓，以及保存和展示（如果尚不能稱為復興的話）該宗教傳統裡最優秀作品的一部編年史。[41]

* * *

在二十世紀進入到革命變革時期的蒙古，是一個從表面上看似十分簡單的游牧民的國度，但它擁有著複雜的社會、文化和宗教傳統，其社會的基礎是人們對於從西藏繼承而來的佛教信仰的高度尊重。這個國家難以將自己建立成一個現代國家，並認定只能在和蘇聯結盟的情況下才能現實地做到這一點。它不但要跟史達林主義的政策作鬥爭，而且還要和自己的文化傳統作鬥爭，這些文化傳統雖然會阻礙現代化和發展，但是又不能被拋棄，因為它們蘊含著蒙古人之所以能成為蒙古人的精神核心。

第二章

二十世紀初革命時期的蒙古

現代蒙古國是於二十世紀初席捲整個東亞的劇烈變化中建立的。在一九〇四至一九〇五年的日俄戰爭後，滿清帝國在一九一一年崩潰，一九〇五年俄羅斯先爆發了革命，然後又經歷了一九一七年二月和十月的兩次革命，所有的這些震盪都影響到了蒙古。亞洲的舊秩序即將結束，一九一一年後蒙古的政治和社會轉型程度除了革命之外，不能說沒有其他的變化。到一九二四年的時候，一個和蘇聯緊密結盟的新國家——蒙古人民共和國（Mongolian People's Republic，MPR），以及他的唯一執政黨——蒙古人民革命黨（Mongolian People's Revolutionary Party，MPRP），從這一年的革命中誕生。這個國家和革命黨一直存在著，一直延續到一九九〇至一九九一年蒙古的民主革命。

地緣政治的角色不容忽視；它總是會影響並且常常決定例如蒙古這樣的較為羸弱的國家命運，蒙古位於兩個強國之間，特別容易受到地緣政治的影響。蒙古人一直生活在中俄兩國的邊境地帶，他們的命運一直取決於這兩個大國相對實力的消長波動和外交政策的變幻。關於規模不算大的蒙古國其地位是什麼，人們有許多種說法，有的說它是緩衝，有的說它是紐帶，還有人說是它是靠山。對於二十世紀的大部分時間來說，蒙古和俄羅斯以及後來的蘇聯曾緊密結盟，以至於它常常被稱作是蘇聯的「衛星國」。這種關係尤其具有弊端，其中存在著一些嚴重的問題，但對大多數蒙古人而言，這種關係的最大好處是能夠讓蒙古和中國保持一定的距離。[1]

蒙古對於中國的反感讓它不可避免地要尋求俄國政府的援助並且與之結盟。但是，這並不意味著一九一一年開始的革命變革只是俄國人干預和操縱的結果。正如湯瑪士．尤英（Thomas Ewing）指出的：

這場革命，它是蒙古人正在增強中的民族意識發展的合理高潮，而且是清帝國在其存活的最後十年裡對蒙古失敗管理的結果——它又在很大程度上因為蒙古王公的失敗統治和經濟惡化而變得更為劇烈。[2]

蒙古積極地奉承俄羅斯，以此來制衡更嚴重的中國威脅，這種情況在一九一一年的革命很久之後仍然繼續著。

從王公的府第到「紅色英雄」

在二十世紀初，蒙古——這片位於長城以外的所有蒙古人生活的土地——對於曾經到過中國的外交官、商人和探險家來說，都是一個巨大的磁石，這些人厭倦了帝都北京的華麗和幽閉，厭倦了北京僵化的官僚儀式禮節，厭倦了清廷及其民國繼承者們的政治陰謀和內鬥。充滿冒險精神的人們向北出發，去尋找沙漠、草原和蒙古廣闊的藍天。他們中的許多人留下了對他們所發現事物的描述。這些描述對於研究影響蒙古的變化分析具有不同的價值，其質量取決於旅行者的事業和洞察力，以及他們跟蒙古人交流的能力。大多數的描述都有一定的價值，因為他們勾勒了這片土地和上面的人民在當時的形象。

這些旅行者的主要目標都是蒙古的首都。它在歷史上有許多名字，但是到了二十世紀時，外國人一般都稱它為「烏爾嘎」（Urga，中國稱「大庫倫」），它是「*Örgöö*」的俄語形式，意思是王公的住所或蒙古包。這位王公是蒙古最後的貴族統治者，也就是古怪異常的博格多汗（Bogd Khan）。對於蒙古人而言，這座城市通常被稱為「Ikh Khüree」，意思是「大寺院」，這個叫法更準確地反映了博格多汗最初的精神權威。當一九一一年蒙古脫離了中國控制而獨立時，城市的名稱改成了「Niislel Khüree」，意思是「首都寺院」，這個名稱一直沿用到中國在一九一九年短暫地重新占領蒙古。一九二一至一九二四年的革命導致了蒙古和蘇維埃俄國的緊密結盟，革命者們決定再次給首都改一個名字，稱其為「紅色英雄」，也就是烏蘭巴托，從此之後，蒙古首都一直沿用著這個名字。[3]

博格多汗：烏爾嘎的活佛

蒙古的暫時統治者博格多汗常常被叫作是烏爾嘎活佛，因為他也是哲布尊丹巴呼圖克圖的第八世轉世，因而也是有文化的藝術家、政治家札那巴札爾的繼承者。正如前文所述，「活佛」並不是蒙古人的用法，而是蒙古人所不喜歡的漢文譯法。但是，這個詞在關於博格多汗的英文記載中，卻被頻繁地使用。

瑞典傳教士法朗士・奧古斯特・拉森（Frans August Larson）曾在北京學習蒙語並隨後在蒙古待了二十年。他在那裡結識了許多喇嘛，也包括這一位活佛。博格多汗出生在西藏，嬰孩時期就被喇嘛們帶到了烏爾嘎，喇嘛們告訴他他將會成為「蒙古的人間佛」。雖然他是在蒙古接受教育的，但是西藏的喇嘛通過他的存在，在烏爾嘎獲得了影響力和權威。拉森本以為他是一個嚴謹而且有靈性的人，但卻發現他「很愛作樂」，而且特別喜歡開玩笑。他承載著「活佛」的身分，這個身分在理論上是不能結婚的，但是他通過指定他喜愛的新娘為一個女神祇而繞過了這個習俗。拉森看到他在大多數蒙古人十分貧困的時候過著奢侈的特權生活，但是他仍把他的這位朋友描述為一個慈善家和偉大的統治者，而其他西方人或是熟悉他的蒙古人並不認同這種形象。[4]

當滿清帝國在一九一一年倒台，外蒙古宣布自己獨立，博格多汗被推上汗位的時候，他已經是一個高階喇嘛了，是公認的最高級別轉世化身——呼圖克圖（khutukhtu，現代蒙語是khutagt）。這個頭銜的字面意思是「神聖的」或是「品德高尚的」，以這樣的意涵來描述他並不算十分準確。博格多汗在蒙古擔任藏傳佛教的首領共四十九年，其中有十三年時間他還身兼國家元首。在一九二一年接管了國家的革命政府中，他被選為政府的首腦，這是一個十分離奇的選擇，但是歐文．拉鐵摩爾解釋了此舉背後的政治算計：

隨著滿洲人權威的消失，沒有任何一個大的區域貴族能夠被推為國家元首，因為這樣會造成其他貴族的嫉妒。因此，這個新的國家職務被分配給了國內最大的宗教領袖哲布尊丹巴呼圖克圖（或「烏爾嘎的活佛」），加上他是西藏出身，且和任何貴族家庭都沒有連繫。他的頭銜是可汗（Kaghan），統治的風格可謂「八面玲瓏」——這是一種歷史虛構，在古老的部落傳統中，這表明他已經得到了頭目和戰士們的認可。作為一個喇嘛，他本應該是獨身不婚的，但是在他的新世俗身分中，他的小妾也有了正式頭銜，這使她成了某種皇后。這種非正常的現象沒有給任何人帶來多少困擾，這就和美第奇教宗時期歐洲的狀況差不多。[5]

革命黨人對待烏爾嘎活佛的態度，反映出他們在處理建立新政權的任務時所持有的謹慎態度。一九二一年，他們沒有解除博格多汗國家元首的位子，而是將他留下來，順從了他們想要打敗的保守民族主義者的影響力。然而，博格多汗的行政權力被剝奪了，並被重新分配了一個由部長們組成的內閣，這個內閣大致上是受到革命黨支持的。「這樣一來，對於象徵性的服從和實際權力分配的決定性轉變就結合在一起。這樣建立起來的妥協平衡一直持續到一九二四年活佛的去世為止。」[6]

博格多汗是一個過渡性的人物，他的權威在一九一九到一九二一年的入侵和內部衝突期間崩潰了，當時中國和羅曼·馮·恩琴－史登伯格（Baron Ungern-Sternberg）率領的白俄軍隊攻打烏爾嘎，這位被稱為「瘋狂男爵」的將軍對布爾什維克黨人和任何反對者施以的暴力幾近瘋狂的程度。在一九二一年由布爾什維克人協助發動的蒙古革命期間，博格多汗被蘇赫巴托扣押；蘇赫巴托是一個革命英雄，有時候被稱為是蒙古的「列寧」，此人在叛變之前曾在博格多汗的軍隊中效力。一九二三年，蘇赫巴托在十分神祕的狀況下死亡，但是他的遺產一直流傳著。他是蒙古人民革命黨的創立者之一，這個黨到一九九〇年為止一直是蒙古唯一的執政黨，烏爾嘎被改名為烏蘭巴托（紅色英雄）就是為了紀念蘇赫巴托。博格多汗獲准繼續擔任統治者，直到他在一九二四年去世為止。但是在外國入侵之後，他手中行使的有限權力受到了更進一步的限縮。他的冬宮位於烏蘭巴托的土拉河北邊，現在是一座博物館，但是與之相應的一座位於河流南岸的夏宮則是在喬巴山時代早期被毀掉了。博格多汗是一個連續性的象徵，但在他的統治期間，蒙古政治和社會發生了一定的變化，尤其是「建立起西式政府，配備常設的專業官僚體系，而不是蒙古官員正常模式中的那種輪流服務」。[7]但是，這並非是一個有效的行政機構，只要博格多汗還活著，革命者們就不會熱衷於對抗僧侶體制的權力和財富，而且僧侶體制是博格多汗最早、最大的支持來源。

有一些傳統的博格多汗傳記對於他的宗教和世俗權威以及他作為過渡性人物的重要性做了全面而尊敬的描述，當代的一些學者也重複了這種論述，其中包括巴特賽罕·奧克諾依（Batsaikhan Ookhnoi），他們曾試圖用復興的君主制取代共產黨時期的政府。[8]歐文·拉鐵摩爾根據他與認識這位領袖的人們的聯繫，寫出了一個不那麼討好他的版本，揭示了這位烏爾嘎活佛黑暗的一面：

從十七歲起，他就開始和那些沉迷酒色的年輕人一起喝酒、狂歡、抽菸、賭博，還經常有女人陪伴。甚至在這個年齡的他也十分殘忍。他的某一次越軌行徑是用煤油燒掉了一個老侍衛的頭髮和鬍子。波茲德涅耶夫（Podzneev，一個俄國旅行家、作家和重要的蒙古學家）曾在一八九二年見過他並描述了他所表現出的幼稚和任性，但是他也指出，他所做的任何事情都不會減少人民對他癡迷的宗教信念。晚年的這位哲布尊丹巴呼圖克圖是一個糊塗的酒鬼。多年以來，大概是因為梅毒，他的雙目失明。他毫不掩飾自己墮落的性生活。當他成為自治蒙古的統治者時，他最重要的配偶得到了皇室般的禮遇。9

對拉鐵摩爾而言，這種狀況顯示「中世紀的境況」和「中世紀的心理」在二十世紀的蒙古仍舊存在。博格多汗的生活方式和中國——以及其他許多國家的皇帝們在幾個世紀以來的行為方式並無不同。另一位當代「活佛」——迪洛瓦呼圖克圖（Dilowa Khutkhtu），拉鐵摩爾形容他「一個質樸無華，甚至過著聖潔生活的人，那位哲布尊丹巴呼圖克圖有多墮落，這位呼圖克圖就有多聖潔」——在自己的傳記裡解釋說，儘管博格多汗有私人的癖好，但是他因為能夠履行令人滿意的宗教職責而享有盛名；因為他是第八個化身，所以他被認為是一個有強大精神性的人物。在清朝對中國的統治搖搖欲墜時，他給這個新創立的蒙古國家打下了自己宗教上的印記，這就是為什麼他被允許繼續作為一個領導人，統治一個獨立蒙古的政治和宗教聯盟並直到他在一九二四年去世為止。

博格多汗生平最新的詳細英文版由蒙古科學院巴特賽罕・奧克諾依所作，但他有意識地修正歷史。他的書沒有涉及，甚至完全忽略了對這位喇嘛私生活的疑慮，並試圖強調「社會主義宣傳機器中長期存在並滲入到現代的指責和錯誤判斷。」這本書充分地利用了蒙古和俄羅斯的檔案，集中介紹了博格多汗作為統治者的作用和他在外交上獲得的成功，對於現代蒙古國家的創建功勞也給予博格多汗較其他大多數的作品更高的評價。[10]

博格多汗的冬宮

和夏宮以及國家黃宮（State Yellow Palace）不同，位於烏蘭巴托南郊敦德河和土拉河之間的冬宮從一九二四年的一場大火中倖存了下來。直到今天它仍矗立在原地，對面是一座現代的購物中心，那裡面有各式商家，其中還包括一家來自韓國的咖啡店。冬宮修建於一八九三至一九〇三年間，在博格多汗死後，蒙古人民共和國的官員沒收了他的財產，這裡在一九二六年被改成了博物館。喬巴山總理成為蒙古的獨裁統治者，被賦予了公開拍賣出售博格多汗財產的責任，但這些財產後來被決定要做一部分的保留，讓它們作為封建菁英生活的反面教材供新時代的後人參觀。

作為博物館的這一建築群得到了完整保留：這裡的建築得到的照看顯然不及以前，而且建築物之間的草坪也沒有得到很好的維護，但是裡面的文物得到了精心保存。博物館經常有當地的學生和外國遊人前來參觀。實際的宮殿——博格多汗的住所——並不是很宏偉。它是一座俄羅斯建築師設計的兩層樓建築，類似於歐洲貴族的鄉間別墅。中國的滿洲皇帝光緒（或者是更有可能的那位跋扈專制的慈禧太后）曾批評這座建築是外國宗教傳統的樣式，因此又在屋頂上增加了額外的佛教裝飾並在牆上畫了蓮花圖案，使得它看起來不會那麼陌生。博格多汗和他的皇后頓多克都拉姆（Dondogdulam）把這裡當成他們的冬季居所長達二十年之久，博物館的內容反映了他們的生活以及他們時而展現出的怪異品味。

在曾經被用來讓尋求晉見的人們等候的候客室的牆上有一面絲綢旗幟，上面寫著一段「*magtaal*」，即讚詞，或者是按照博物館館長的話說，「是傳統的讚歌，描述的是博格多汗為佛教和人民帶來的繁榮和吉慶的美德。」另有一幅博格多汗在一九一二年向藝術家朱格德（Jugder）訂製的畫，上面畫的是當時仍叫作尼斯列勒庫倫（Niislel Khuree，首都寺院）的城市在意象中的俯瞰景色。畫家使用了天然顏料，描繪了冬宮、夏宮、國家黃宮、白宮、甘丹寺、買賣城（中國人的貿易區域）和曼殊室利寺（Manzushri Monastery）。這幅畫給人留下了深刻印象，反映了博格多汗在蒙古從中國獨立後第一年的活動領域。[11]

接待廳裡最主要的是博格多汗的座位，它升得很高，從而使他能在高階喇嘛和官員們面前居高臨下。他在私下裡接見這些臣屬，如果是喇嘛的話，他們會坐在他的左手邊紅黃兩色的座位上，如果是世俗貴族的話，則是坐在右手邊的藍色座位上。升高的座位是用椅墊墊高的，一共有二十五層，代表他積累的頭銜和榮譽。王座上有九條龍的花樣，這是滿清光緒皇帝送給博格多汗的。

在其他的房間裡，有博格多汗和王后小妾的畫像，這位小妾是他在蒙古獨立後於一九一一年娶的，這裡展示了兩人在執行官方和宗教職務時穿的衣服；以及在紀念性的宗教儀式上所使用的文物。一九二四年被大火燒毀的國家黃宮寶座和其他文物、文件，包括博格多汗的敕令和蒙古從中國滿洲政權中獨立出來的宣言被一同轉移到了冬宮裡，其中很多物品都被陳列在博物館中。

博格多汗對動物十分感興趣，有一位貴族在俄羅斯買了一頭大象送給他。他還收藏了一些動物標本，大多數動物都不是蒙古本地動物；這些標本是一九〇一年在漢堡為他專門製作的。今天這些動物和他的豹皮蒙古包一樣，都收藏在博物館的一個房間中，對這位西藏出身的高階喇嘛而言，豹皮蒙古包是「蒙古特質」的有力象徵。

西式皇宮建築位於主建築群的東側，與之形成鮮明對比的是由七座佛教夏日祈禱的寺廟組成的建築群，這些建築用傳統的東亞風格建造，按照南北軸線排列。在博格多汗統治時期，有兩座較小的建築，分別是宗教圖書館和來訪的政府和佛教徒官員的住處；南面的入口有三道儀仗門。傳統的佛教寺廟環境有助於強調博格多汗宗教身分的首要地位，同時也強調了他的現世職能，他的這些職能是在宗教的支持下完成的。[12]

第十三世達賴喇嘛在蒙古

數個世紀以來，西藏的佛教在蒙古人的社會中扮演了重要角色，但是這並不意味著蒙古和西藏宗教體系的關係總是友好融洽的，這在一九〇三年時就表現得十分明顯。當時的第十三世達賴喇嘛（即當今達賴喇嘛的前身）從英國遠征西藏的攻勢中逃走，跑到大庫倫（烏爾嘎）避難，這次的攻勢是英國軍隊從印度發起的，指揮官是榮赫鵬中尉爵士（Lieutenant-Colonel Sir Francis Younghusband）。此次攻勢的明確目的是研究如何對付可能威脅到印度大公之穩定的俄羅斯擴張。在英國人進攻之前，曾經受到俄國徵召以促進沙俄在西藏利益的布里亞特蒙古人阿旺·洛桑·德爾智（Ngawang Lobsang Dorjiev）造訪了西藏首都拉薩，他也是達賴喇嘛的非正式顧問。此時的榮赫鵬中尉還被賦予了另一項任務，即和故意保持孤立、封閉的拉薩政府建立外交關係。曾效力於英國駐錫金的英屬印度公務部門（Indian Civil Service），後來擔任過一九二〇年駐西藏特使，也是二十世紀初英國藏學界風雲人物的查爾斯・貝爾爵士（Sir Charles Bell）曾承認，英國對於俄國的恐懼有些誇大了，「俄國軍隊不可能越過西藏進攻印度」。但是，中國和俄國之間的外交談判傳言給英印政府敲響了警鐘，並刺激出寇松勳爵（Lord Curzon）派出一支「有武裝保護的使團」。這一使團的前進受到了西藏軍隊的阻止，隨後使團得到英軍增援，進而實際上變成了一次軍事遠征（英國向參與行動的軍隊頒發了表彰重大行動的戰爭勳章就是證明）。[13]英軍和藏軍的初次交鋒造成了三百人死亡和許多人受傷。在拉薩政府的眼裡，英國此舉無異於對西藏的侵略，隨後達賴喇嘛和他的隨員去了蒙古避難。英國人得以輕鬆地進入拉薩，此次出征的結果是達成了《英藏（拉薩）公約》（*Anglo-Tibetan (Lhasa) Convention*），西藏一方的簽字人是一位高階喇嘛順・仁波切（Tri Rimpoche），他是達賴喇嘛的攝政王，達賴喇嘛的缺席讓他本人可以和談判保持距離。雖然條約是在達賴喇嘛缺席的時候由一個藏人簽署的，但是西藏在很大程度上是受滿清政府的代表——駐藏大臣（*ambans*）主導的，而當時的駐藏大臣沒能成功地提供和英國人談判的建議。一位重要西藏史學家梅爾文・戈爾茨坦（Melvyn Goldstein）觀察到：

當時，達賴喇嘛正流亡在外，先是在外蒙古，然後是在今日青海省的藏區。他向俄國沙皇提出的提案被證明是一場徒勞，在流亡中，達賴喇嘛的地位已經岌岌可危，由於他的逃跑，中國政府已經在一九〇四年將他「罷黜」了。[14]

一九〇四年七月二十六日的凌晨兩點，達賴喇嘛在夜色的掩護下祕密離開了拉薩的布達拉宮。他乘坐著駱駝，在賽音諾顏部（Sain Noyon aimag）的阿瑪布延寺（Amarbuyant Monastery）做了短暫停留後，最終在十一月十四日抵達了烏爾嘎（大庫倫），陪同他的有五十名西藏喇嘛和僕人。他受到了一群人的熱情接待，但是並沒有得到哲布尊丹巴呼圖克圖的接待，他隨後立刻前往甘丹寺並在那裡落腳。

關於達賴喇嘛和哲布尊丹巴呼圖克圖之間的關係有著不同的說法，呼圖克圖當時尚不是臨時統治者，但是是蒙古最高的精神權威，而且他也和達賴喇嘛一樣，都是西藏出身的人。他們兩人的關係從一開始就有些緊張，甚至有人猜測，為了避免衝突，哲布尊丹巴呼圖克圖可能會有必要遠離烏爾嘎，前往鄂爾渾河谷的哈剌和林附近的額爾德尼召。達賴喇嘛是毫無疑問的高級精神性人物，而且他能夠在傳統的宗教辯論中行使他的權威，這些宗教辯論是伴隨著蒙古藏傳佛教文憑的考試進行的。由於一九〇五年的這些辯論，有一些蒙古喇嘛成為達賴喇嘛的直接弟子，哲布尊丹巴呼圖克圖認為此舉損害了他本人在蒙古的宗教權威。

關於這兩位大喇嘛個人之間冷冰冰的關係，還有兩個必須要考慮到的因素存在。首先，那些在烏爾嘎代表北京的滿清宮廷或沙皇俄國的外交官員們在爭奪政治影響力。兩位高級喇嘛之間確實有幾次碰面，但是都在夜裡，是在位於烏爾嘎郊外的塔斯干山丘（Tasgan Hill）的一個蒙古包裡進行的。這主要是為了避免他們的談話被滿洲間諜聽到。兩位高級喇嘛都對仍在滿清宮廷控制下的中國政府的意圖深感懷疑。其次，有一些之前追隨哲布尊丹巴呼圖克圖追求蒙古獨立的喀爾喀貴族領袖（在俄國的保護下）也開始培養達賴喇嘛，將他視為政治權力焦點的可能替代人選。

一九〇五年夏天，達賴喇嘛在烏爾嘎的這場不能隨心所欲的流亡結束了，他搬到了位在今天布爾干（Bulgan）的旺庫倫寺（monastery of Wang Khuree）中，布爾干這個城鎮位於蒙古北部，距離烏爾嘎有大約三百英里。從這個有利的位置，他和俄羅斯官員建立起直接聯繫，而且正當俄國人和英國人於一九〇六年八月開始就西藏的未來展開談判時，達賴喇嘛回到了他的故土，並暫時居住在西藏安多地區（Amdo）的重要寺廟塔爾寺（monastery of Kumbum）。安多在一九三五年成為第十四世達賴喇嘛的出生地，該地後來被中華人民共和國併入青海省。

一九〇八年，達賴喇嘛在一次失敗且受辱的北京訪問行程中試圖與中國政府達成協議。他在第二年回到了拉薩，但是當時的中國已經派出了一支軍隊確保清國對西藏的控制。這支軍隊在清政府官員、八旗漢軍趙爾豐的帶領下，於一九一〇年二月進入拉薩，達賴喇嘛不得不再一次逃亡，這一次是前往英屬印度的大吉嶺。當他在榮赫鵬中尉從印度發起的遠征攻勢面前屈辱落敗後，印度反而具有諷刺意味地成為了他的避難地。中國開始對西藏行使實質上的權威，但是隨著一九一一年辛亥革命造成清帝國的倒台，這種狀況又很快就結束了。十三世達賴喇嘛的苦難表明了蒙古事務和西藏事務的連繫有多麼緊密，同時也說明了在中國、俄國和英國之間的大國政治變得更加重要了。一九一三年，西藏和蒙古簽署了一份相互承認的條約以維護各自的獨立，但是這份條約卻被各大國列強忽視了。[15]

革命牧民和一九二一年的革命黨

當滿清帝國在一九一一年滅亡後，蒙古實現了以博格多汗為國家首腦的正式自行統治（formal self-rule）。然而，是一九二一年的革命行動才確保了蒙古國能夠真正地長期獨立於中國，並開始和革命的俄國緊密連繫起來。在一九二一年時，蒙古游擊隊在俄國紅軍的支持下，將恩琴－史登伯格率領的反布爾什維克的白軍徹底趕出了蒙古，並隨之成立了蒙古臨時政府。他們允許博格多汗繼續執政，但大大限縮了他的權力。雖然蒙古革命的最終結果是建立了一個與蘇聯緊密綁在一起的國家，但是毫無疑問的是，起義的主要驅動力就是反中國的蒙古民族主義。[16]

幾十年來，這一優先考量事項和革命黨人的遺產主導了蒙古人的思考。一九六一年，蒙古舉行了慶祝蒙古脫離中國控制的革命四十週年慶典。在同一年，蒙古人民共和國終於被接納為於一九四五年二戰結束後成立的聯合國會員國。蒙古人用了十五年時間才說服了聯合國承認蒙古是有足夠地位獨立於蘇聯之外，具有事實民族國家（bona fide nation state）的資格，而不是一個蘇聯的加盟共和國。在蒙古政府為慶祝週年紀念日而發行的出版品中，有一本古板的官方歷史，叫作《蒙古人民革命黨和人民革命四十年》（*Mongol ardyn khuv'sgalt nam ba ardyn khuv'sgalyn döchin jil*），和更為有趣的《蒙古人民的志願軍和革命黨人》（*Mongol ardyn juramt tsergiin durtagaluud*），這兩本書都是以編輯部集體的名義出版的。

歐文．拉鐵摩爾在一九六一年訪問烏蘭巴托的時候看到了後一本書，這是一本兩百個蘇赫巴托黨人的回憶集，這本書讓他留下深刻印象，因為沒人試圖消除那些已出版的回憶作品中存在的差異。「這就是原初的歷史」。黨人們的背景各不相同：許多人曾經在軍隊中服役；有一些人是佛教傳教士或是僧侶；有多人是農民，還有一小批是受過教育的人，他們曾經擔任文官或軍人政府的低階職務；其中最大的一類人是「僱來的牧民、獵人、商隊伙計、舊時官府交通部門的車夫和信差部門的驛卒」，他們的生活方式讓這些人十分堅韌，而且機動性強，習慣在惡劣的環境中保護自己和自己的任務。[17]

馬格撒爾扎布（Magsarjav, 1877-1927）：不屈不撓的英雄還是野蠻的戰士？

最早的革命領袖並非著名的蘇赫巴托（我們將會在後文中更詳細地討論他的貢獻），而是增登道爾吉．馬格撒爾扎布（Sandagdorjiyn Magsarjav），拉鐵摩爾說他是一個「古怪、浪漫，有時候野蠻的人物」。馬格撒爾扎布在蒙古西部有特別的追隨者，因為他早年的軍事行動就是在那裡展開。他出生在蒙古北部布爾干省的一個破落小貴族之家。他的出身背景並非從事牧業，而是農業，這在蒙古那個地區裡並不罕見。他後來轉而去當兵和中國人作戰，並在各種雜牌軍中效力，令人驚訝的是，他也在「瘋狂男爵」恩琴－史登伯格的手下效力過，此人通常被所有的蒙古人視為死敵。這位喪心病狂的波羅的海日耳曼－俄羅斯貴族當時正跟一個中國軍閥作戰，並說服了一些蒙古人和他一起與共同的敵人作戰。雖然他比蘇赫巴托與喬巴山的年紀都大，資歷也更深，本身就可以被看作是黨人領袖，但最後，馬格撒爾扎布是加入和上述二人有關的黨人團夥中。他在一九二七年去世的時候，蒙古人民共和國仍是襁褓中的嬰孩，他被另外兩人譽為革命勝利的領袖。

馬格撒爾扎布在革命聖殿裡的地位被降到較低位置可能是出於他的性格，尤其是他在戰場上的行為——近似於舊式蒙古人的野蠻戰爭行為令人不舒服。一個想要將自己展現為現代化、新式文明先驅的政權可能不會想要太過於讚美他的做法。歐文·拉鐵摩爾將他描述為一個「殘忍無情的戰士，他和丹畢堅贊（Ja Lama，或稱賈喇嘛、黑喇嘛，是馬格撒爾扎布的同時代人，也是一個殘暴軍閥）一樣，恢復了古代薩滿的『巫術』行為，即撕開在戰場上被殺死的敵人心臟」。[18]拉鐵摩爾宣稱：

（馬格撒爾扎布）將俘虜處死，用他們的血和心臟來給他軍隊的戰旗獻祭……我相信，像馬格撒爾扎布這樣的人（因為他不是唯一的一個，賈喇嘛甚至更野蠻，他專門為了這個儀式來殺俘虜）激起了這些記憶（戰士英雄用包括血祭在內的巫術來增強自己的表現），從而能創造出戰鬥到死的新士氣，把被動的英雄主義……轉化為殘忍的報復……和打擊敵人的麻木殘忍。[19]

在第二次世界大戰中期，蒙古人民革命黨中央委員會的宣傳部在一九四二年出版了由蒙古當時的領導人喬巴山撰寫的，或者至少是以喬巴山的名義出版的《馬格撒爾扎布傳》。這本書大談特談了這位民族英雄的積極意義和愛國性質，除此以外也提供了他生涯的全貌，並且沒有避諱那些血祭行為的描述，這證實了拉鐵摩爾的記載。[20]

馬格撒爾扎布於一八七七年出生在蒙古中北部布爾干省（Bulgan Aimag）的一個貧寒貴族家庭，他為一個更有權勢的領主工作，後者願意讓他接受教育。在二十五歲的時候，他繼承了「公爵」的頭銜，但是這個頭銜帶不來真正的權力，也沒有錢，所以他繼續工作，照顧牲畜，也在這個既有定居農業也有牧民游牧的地區裡種植小麥和大麥。作為一個識字的年輕人，他也曾經在當地的旗衙門做過行政工作，而且在一九一一年時，他得以拋棄農務，並在滿洲主子手下為蒙古民政服務做事。他隸屬於西部城市科布多的喀爾喀駐紮大臣手下，負責官方和軍事補給，並為中國商人討債。一九一一年是搖搖欲墜的滿清王朝統治蒙古和中國的最後一年。在蒙古人反對帝國統治的起義中，馬格撒爾扎布處於有利的位置，發揮了重要的作用，這場起義已經醞釀了多年，終於在當年的十一月沸騰了，蒙古人在博格多汗的領導下建立了獨立的臨時政府。

一九一二年夏天，馬格撒爾扎布奉蒙古革命者的指示，將西部地區科布多一帶的滿洲和漢人官員全都趕走，並將「科布多地區的所有官方事務轉交給總理喀爾喀事務衙門」。中國來的官員無法接受失去權威的事實，拒絕照辦並威脅要逮捕馬格撒爾扎布，他這時候已經馬不停蹄地跑到大庫倫（烏爾嘎，後來的烏蘭巴托）向蒙古中央政府報到了。馬格撒爾扎布和另一位革命英雄芒來巴特爾・達木丁蘇隆（Manlaibaatar Damdinsüren）一起被指定為西線遠征軍的指揮官，並帶著由他們指揮調集部隊的命令回到了科布多。當他們集結了足夠兵力後，他們攻打了科布多城，殺死了許多守衛並抓了許多中國戰俘：

> 指揮官馬格撒爾扎布將先前俘虜的兩個中國人連同剛剛抓捕的三個中國人，總共五人的腦袋砍了下來。為了提升蒙古士兵們的士氣，馬格撒爾扎布檢閱了所有士兵。然後，他命人把中國士兵的屍體剖開，取出心臟，獻祭給蒙古軍隊總指揮官的戰旗。然後馬格撒爾扎布和其他的軍官們嚐了五個中國士兵的血。他還下令蒙古士兵們也嚐嚐，以顯示他們英勇的決心。[21]

在用炸藥攻破城牆的企圖失敗後，蒙古騎兵發動了猛烈的進攻，科布多在一九一二年七月九日投降。滿洲參贊大臣，他的副手以及當地的中國軍官都被抓，中國商人的店鋪遭到了洗劫，儘管和一些貿易商有友好關係的馬格撒爾扎布曾下令不得搶劫。

當他的部隊在革命的亂世中於烏梁海地區行動時，馬格撒爾扎布也獻祭過哈薩克土匪的心臟。他還曾率領軍隊進入內蒙古攻打中國守軍，但在一九一五年時，將內蒙古割讓予中國的俄中蒙三國條約簽訂以後，他撤退到了大庫倫，並被任命為蒙古武裝力量的總司令。

一九一九年夏天，蒙古軍隊遭遇到了一群白俄人，他們從布爾什維克奪取政權後建立的新國家裡逃了出來。馬格撒爾扎布奉命抵抗他們的進犯並在紅軍武裝的協助下成功地完成了任務。馬格撒爾扎布雖然在軍事才能上以及在改革軍隊組織、紀律和補給方面十分成功，但是他並不被博格多汗喜愛，他的地位也受到其他封建領主的破壞。他和新政府及其貴族支持者的疏遠讓他投入到革命運動中，正是他與蘇赫巴托的往來，奠定了他作為革命先驅之一的聲譽。也正是因為他和蘇赫巴托的關係，當中國人在兩年的時間裡對蒙古進行越來越多的干預並在一九二〇年再次入侵時，馬格撒爾扎布遭到了逮捕。這場出擊讓蒙古政府在一九二〇年二月將主權正式轉交給中國人，此舉激發了蒙古新的、堅定的民族主義革命組織的成立。

一九二一年二月，白俄冒險家「瘋狂男爵」恩琴－史登伯格的軍隊攻占了大庫倫（烏爾嘎），男爵將他任命為他的蒙古附屬軍隊的總指揮官。就像恩琴－史登伯格曾懷疑過的那樣，馬格撒爾扎布對革命者有同情心，而且選了另一邊；他麾下部隊開始和男爵作戰並將他的軍隊趕出了蒙古西北。馬格撒爾扎布加入了蘇赫巴托和喬巴山的行列，他們正在創建後來的蒙古人民革命黨。他最終也成為該黨中央委員會成員，並在其主導的政府裡擔任軍務大臣。他在一九二七年九月三日去世，被安葬在家鄉布爾干的一個蒙古包形狀的陵墓裡。一九三九到一九五二年擔任蒙古總理的喬巴山在一九四二年關於馬格撒爾扎布的傳記中將這位傑出但殘暴的戰士重新定義為蒙古人民革命黨的革命先驅。這不僅把他帶到蒙古革命的聖殿裡，而且也證明了由薩滿信仰維繫的傳統態度是如何在蒙古新興的民族主義時期裡存在的，甚至在史達林時期以蘇聯學說為基礎的新思維方式傳播期間也沒有被完全拋棄。現代對蒙古革命的記載，例如巴特巴雅爾·巴巴爾的《蒙古歷史：從世界力量到蘇聯衛星國》（*History of Mongolia: From World Power to Soviet Satellite*），就忽視或輕描淡寫了像馬格撒爾扎布這類領導人做事方法中較野蠻的元素。[22]

第三章

蒙古人民共和國的建立

蘇赫巴托和喬巴山

1921-1924

在這場大漩渦中湧現出兩個人物，他們的名字和新生蒙古國的建立有著不可磨滅的連結。蘇赫巴托（Sükhbaatar, 1893-1923）被尊為蒙古從中國獨立出來的主要英雄，他甚至沒有活到親眼看到蒙古人民共和國在一九二四年成立，但是他的雕像矗立在烏蘭巴托的中心，證明了他的遺產和圍繞在他身上相關神話的長存生命力。喬巴山（Choibalsan, 1895-1952）的壽命比他的革命同志蘇赫巴托長，最終成為蒙古國的政府首腦和絕對統治者，並一直延續到了他離世為止，在此期間他只需要服從於史達林。自一九九〇至一九九一年的蒙古民主革命以來，對此一時期歷史的重新評價給這兩個人在一九二〇年代扮演的角色提出了一些問題，或許有其他一些人的貢獻遭到了掩蓋，但是他們兩人的重要性仍然是毫無疑問的。

蘇赫巴托在蒙古仍然被視為一九二一年革命的「最高英雄」，這場革命為後來的蒙古人民共和國在一九二四年的建立鋪平了道路，這個國家是一個正式的獨立國家，但是它緊緊和蘇聯綁在一起。因為蘇赫巴托和列寧的生活年代接近，而且兩人都在一年內相繼死去，因此蘇赫巴托常常被稱為蒙古的列寧，這是一種方便的說法，而他的繼任者喬巴山同樣是因為日期上的便利而被認為是蒙古的史達林。這些都是簡單化、不完全有益的對比，這樣的說法並不能準確反映出兩個人扮演的角色和權威。蘇赫巴托的雕像占據了烏蘭巴托主要廣場的心臟位置，這個廣場也用他的名字命名。在二〇一三年時，廣場曾被短暫更名為成吉思汗廣場，但是這個決定並不受人歡迎，它在二〇一六年又正式恢復了原來的名字，不管怎麼樣，首都的大多數人都繼續叫它蘇赫巴托廣場。

蘇赫巴托的成長經歷

蘇赫巴托於一八九三年二月二日出生在「Maimaicheng」，這是一個中文的名稱，意思是「買賣城」。這裡距離烏爾嘎（大庫倫）很近，而且顧名思義，它是中國人商業聚集地，位於今日烏蘭巴托的東南郊。蘇赫巴托家原來是貧苦的牧民之家，父母為了尋找工作機會而搬到都城裡，另外似乎也是為了躲避他們的親家，因為他們的親家不贊成女兒嫁給一個前途如此灰暗的男人。他父母家所在的祖輩牧場在車臣汗部（Tsetsen Khan aimag），在當時的外蒙古東部，靠近滿洲，一家人欠該部的封建統治者無償勞動和其他的義務。蘇赫巴托的父親達木丁（Damdin）是依勒登台吉（Taij Ilden）個人擁有的農奴，後者是貴族和助手（*tuslagch*）——傳統的蒙古等級封建行政體系裡的札薩克（*zasag*，一旗之長）的高階助手。

蘇赫巴托出生的地區現在被稱為「Amgalanbaatar」，蘇赫巴托故居就位於這裡，如今是一個紀念他的場所。他出生時的名字可能只是「蘇赫」（斧頭的意思），據說是因為他爸爸在河裡丟了一把斧頭。蒙古人給孩子取名字的時候會遵循一些迷信的原因，這在外人看來可能很奇怪。蘇赫巴托的字面意思是「斧頭英雄」，他經常被稱為 D. Sükhbaatar，也就是 Damdiny Sükhbaatar 的簡稱，是從他父親的名字 Damdin 而來的父名。在蒙古，大多數人只用名字，很少使用父名或首字母，除非是在正式場合，或者是有必要區分兩個同名的人時。

達木丁的工作是在買賣城裡給中國老闆當守夜人並照看他們的牲畜，但是在一八九八年蘇赫巴托只有四歲的時候，他們搬到了更靠近烏爾嘎中心的地方。他們在都城東部的俄國領事館附近找到了一塊地方來搭建他們的蒙古包，俯瞰著向西流經南郊的土拉河（Tuul River）。車臣汗部（Tsetsen Khan aimag）的管理者們曾堅持讓達木丁回到他們祖先放牧的牧場去履行他的封建義務，但是在一位朋友達瓦（Davaa）的幫助下，達木丁成功地在烏爾嘎的部代辦部門裡謀得了一個「僕從和看火人」的差事。由於這是為旗的行政部門工作，等同於履行封建義務，因此就不必非得離開都城。他的家依舊很窮，蒙古包只用得起氈子皮做成的門，不像其他大多數家庭都買得起木頭做的門。在他家的蒙古包裡，他們只能買得起一張皮來鋪地板，幾乎沒有別的家具。

孩提時期的蘇赫巴托沒有受過正式的學校教育，但是他和俄國領事館周圍俄羅斯家庭的小孩一起玩的時候學會了一些基本俄語。十幾歲時的蘇赫巴托開始說服他父母讓他至少受一些基礎教育，然後在一九〇七年他十四歲這一年，他開始跟著一位老師加木揚（Jamiyan）學習讀寫蒙文，加木揚是一名宰桑（*zaisan*）——博格多汗辦公室裡的小官員。加米揚還在他開辦的一所非正式蒙古包學校裡指導年輕的蘇赫巴托和其他男孩子學習算術。後來，加米揚在博格多汗與革命黨人的談判中發揮了重要作用，在革命後，他被任命為經書和手稿研究所（蒙古社會科學院的前身）的成員。值得注意的是，因為父母付不起學費，所以蘇赫巴托根本沒有受過任何的教育；他受益於一個傳統，也就是家教老師有時候會免費教導一個來自貧苦家庭的聰慧男孩。這並非純粹的利他主義，如果這個男孩之後飛黃騰達，家教老師也會得到寶貴的人脈。

這樣的輔導一直延續到蘇赫巴托十六歲的時候，當時他的父母給他找到了一份有薪水的工作，因為此時家裡急需額外的收入。蘇赫巴托在「驛傳」的郵政信使機構擔任嚮導和騎手，在烏爾嘎和布爾噶勒台（Burgaltai）之間的郵路上騎馬，為不熟悉路線的旅客當嚮導和陪伴。雖然這份工作能夠帶來一些微薄的薪水，但是它並不是一份正常工作，而是一種封建義務，所有的家庭都要輪流擔任此工作，這是一份被人痛恨且避之唯恐不及的差事。蘇赫巴托抱怨這份差事太過繁重，而且常常受到貴族上司的虐待，幾個月後他換到烏爾嘎另一個馬匹接力站。為了貼補薪水和努力養家糊口，他也在市場裡運肉，並且向飼養牲畜的家庭出售木柴和乾草以賺得一些額外收入。[1]

士兵蘇赫巴托和一九一一年的蒙古分治

一九一一年秋天，隨著滿清帝國的解體和蒙古國民軍的成立，這個時期成為蒙古和蘇赫巴托的關鍵時期。反滿情緒早就在人民中醞釀已久，此地民眾長期以來被一系列的權貴所控制——滿洲官員、喇嘛、封建主和中國商人。一九一一年十月，中國爆發反滿起義，滿人在蒙古的大部分權威已經不在，許多的喇嘛和貴族，無論他們以前的忠誠度如何，實際上都選擇和民族主義革命者站在同一邊。在西曆的一九一一年十二月二十九日中午，一個獨立的蒙古國家在烏爾嘎（大庫倫）宣布成立，滿洲主子的最後駐庫倫辦事大臣三多（*amban* Sandowa）帶著他的官員逃往北京。在此之前只作為「Bogd Gegen」（字面意思是神聖光明）行使精神權威的哲布尊丹巴呼圖克圖被推上國家元首的位子，頭銜為博格多汗，並且行使君主的世俗權力。有一些蒙古歷史學家將他稱為皇帝，這是「Khan」這個詞的可能翻譯之一。[2]

在烏爾嘎建立的新政權名稱是臨時總理喀爾喀事務衙門（Provisional General Office for Khalkh Affairs），但是它通常被簡稱為蒙古自治政府。它的自治並非是無條件自治：在它和俄國與中國簽訂的國際條約中（一九一五年的《中俄蒙協約》），蒙古同意它將接受中國宗主國統治下的自治地位，而不是堅持真正的獨立。

蒙古政府從四個喀爾喀汗部裡動員了軍隊並組成了新軍隊，蘇赫巴托被徵召到這支俄國軍官訓練的新部隊中。起初，他只是一個為駐紮在郊外的一名軍官擔任炊事員和傳令員的低階位置，但是後來他被調到烏爾嘎的首都衛戍要塞。作為一個識字、又懂俄語和一些算術知識的蒙古人，他自然而然成了一九一二年成立於烏爾嘎附近的胡季布爾蘭（Khujiburlan）軍事訓練學校的適當人選，這座軍校是在俄國顧問的協助下建立的。蘇赫巴托在軍事戰術方面展現出天賦，他擅長騎術，也是步槍的一流射手。他「以五等兵身分畢業，頭上戴著白色的玻璃鈕扣，帽子上插著孔雀翎」；這意味著他是五個最傑出軍校生中的第五個，他們每一個人都被授予了排長的職務。就在這時候，他認識了彥吉瑪（Yangjmaa）並跟她結了婚：他們在學院附近的一個蒙古包裡安家，彥吉瑪幫負責訓練她丈夫所在部隊的俄國教官擠牛奶，以此來補貼家用。

蘇赫巴托在蒙古的邊境線上服役，他所在的部隊在這裡擊敗了中國正規軍和土匪們的攻勢。一九一七年，他被派去東部邊疆，在惡名昭彰的馬格撒爾扎布手下效力，被提拔為上尉並指揮了一個機槍連。除了他的民族主義和反中情緒外，他也深刻地意識到士官服役條件的惡劣：他們的薪俸低、紀律差，而且伙食不佳。蘇赫巴托並不害怕起身反抗那些欺壓下屬的軍官，無論他們是多麼高階。當他所在的部隊得到比平時更加腐壞的肉品供應時，他的部隊發起了一次短暫而成功的抗議，他在此事件中十分有影響力。他的參與是謹慎的——一名軍官不能讓別人看起來是在煽動兵變——但是他對於普通士兵的同情並沒有為人所忽視。一九一八年，他被蒙古自治政府的國防部調離了，他被派去協助出版法典和佛教文書。這一不尋常的職業調動一方面是因為他識字，另一方面也是因為他之前的老師加米揚（後來是蒙古科學家委員會的第一任主席）主管了官方出版局並且為蘇赫巴托的調動出了一把力。不過，還有一個因素，就是國防部的官員並沒有忘記他參與過伙食抗議，因此認為把他和顯示出不滿的部隊分開是一個小心之舉。他在軍隊服役了九年，直到一九一九年他的軍團被遣散為止。蘇赫巴托在大眾印象中的英勇無畏的形象被一些故事所強化，例如在一九二二年的盛大那達慕大會上——這是一個相當於蘇格蘭高地運動會的蒙古傳統活動——他騎著馬全速衝刺，俯身從地上撿起了銀元，這樣的動作是能夠讓每一個蒙古人的騎手之心激動不已的動作。[3]

到一九一九年的時候，他已經成了一個激進的反中民族主義者，而且愈發關心社會正義的議題，但是他在任何意義上都不算是一個馬克思主義者或者是任何政治哲學的信徒。這和他的同事、繼任者喬巴山形成了鮮明的對比，喬巴山在職業生涯的早期階段就受到了俄國共產黨人的影響。蘇赫巴托和他的許多軍中同袍保持著聯繫，後來有一些人加入他為抵抗來自中國壓力而形成的民族主義黨人團體中。

一九一九年中國對蒙古的再占領

在徐樹錚將軍的部隊於一九一九年重新占領蒙古之後，抗中成為蒙古革命運動最重要的優先事項。這也為將持續幾十年之久和俄國的最終結盟鋪平道路。

當俄國在東方的影響力於一九一七年二月和十月的革命以及隨之而來的內戰動盪中減損後，中國趁機重新提出了對蒙古領土的主張。中華民國政府急於重新拿到那個已不復存在的帝國的所有領土，也下定了決心要摧毀蒙古的自治政府。在一九一八年年中之際，烏爾嘎的政權已經被中國政治壓力和內部派系衝突削弱了。

當以中華民國之名行動的軍官們決定將蒙古納入到它的行政體系裡時，甚至連烏爾嘎政權的有限自治都被廢除了。一九一九年十一月，由中國軍閥段祺瑞的部下徐樹錚將軍指揮的西北邊防軍占領了烏爾嘎，迫使蒙古政權成員放棄權力。蒙古議會的上下兩院議員開會決定面對徐樹錚的對策，雖然蘇赫巴托不是兩院任何一個的議員，但是他參與到了有利於抵抗中國人的干預行動中。

一九二〇年二月十九日，自治政府舉行了正式的交權儀式，博格多汗必須在中國總統的畫像前下跪。這種高壓的行為讓蒙古的領導層受到了徹底的侮辱並激起了新一輪的反中情緒。

由於蒙古政府的軍隊被解散了，蘇赫巴托發現自己沒了營生，於是他和家人搬回烏爾嘎，住在一個親戚家裡。回到首都後，蘇赫巴托加入東庫倫（Züün Hüree），這是兩個正在醞釀抵抗中國占領的祕密組織之一。東庫倫的成員主要是低階政府官員，另外一個組織是領事館地（Konsulyn Denj），有時候也叫作領事丘，主要是由平民組成，其中就包括喬巴山；這個組織的領導人是喇嘛鮑道（Bodoo），他曾經在俄羅斯領事館裡教授蒙語。喬巴山曾在伊爾庫茨克學習過，因此領事丘組織很容易和俄國人產生初步接觸。一九二〇年春天，兩個團體開始合作並張貼海報，譴責蒙古統治上層背叛了人民，並且有些天真地懇求徐樹錚將軍能夠把權力還給他們。東庫倫集中力量影響博格多汗，但是也培養了和俄國人的人脈關係。

在被稱「瘋狂男爵」的白俄領袖恩琴－史登伯格政權下，獨立的君主制在一九二一年正式恢復了。查爾斯．鮑登（Charles Bawden）精闢地將這個政權描述為「史無前例地殘暴」。另一個臨時政府在喀爾喀建立起來，這個城鎮位於俄羅斯的蒙古布里亞特地區，靠近蒙古國邊境，是中國和俄羅斯貿易的交界處。新政府恢復了君主立憲，該政府是在革命的俄羅斯紅軍部隊協助下恢復的，此政權一直持續到一九二四年哲布尊丹巴呼圖克圖博格多汗去世為止。[4]

俄國革命和蒙古人民黨

正是在這個時候，蘇赫巴托和支持布爾什維克的俄國革命者開始打交道。和俄國的人脈關係並不是全然的新鮮事。一九一一年夏天，一個由蒙古王公和高級喇嘛組成的代表團意識到他們的封建忠誠並非是付予中國，而是針對如今剛剛被罷黜的清朝皇帝，他們啟程前往聖彼得堡尋求俄國對蒙古獨立的支持。俄國本身正處在一九〇五和一九一七年的兩場革命動盪之中，雖然有一些人支持外蒙古獨立，但是聖彼得堡的政府並不願意與中國的主張發生對抗，尤其不願意對內蒙古有所插手。在一九一三年的《俄中聯合聲明》裡，俄羅斯「認可中國對自治的外蒙古擁有主權」，一九一五年中、俄、蒙三國簽署的《中俄蒙協約》（《恰克圖協約》）正式確認了這一安排。[5]

在一九一七年的十月革命後，儘管蒙古激進分子的提案仍然被小心地對待，但俄國人的態度發生了變化。蘇維埃政府更關心的是在西部邊疆地區擊敗反布爾什維克的軍事干預。一九一九年夏天，新蘇維埃政府發來了電文，邀請蒙古派代表和紅軍會面並否定了一九一三年俄羅斯帝國的聯合宣言。博格多汗的政府無疑正忙著應付來自中國的壓力，無暇對這件事做出回應。

蘇赫巴托和他的活動分子們同意派代表參加共產國際（後來成為共產國際東方局）。按照官方年表的記載，一九二〇年六月二十五日，東庫倫和領事丘兩個祕密組織的成員結合在一起，取名為蒙古人民黨。一九二〇年四月，兩個團體的代表會見了即將離開伊爾庫茨克前往莫斯科報告烏爾嘎局勢的俄國代表索羅克維科夫（I. V. Sorokovikov）。當索羅克維科夫在六月二十日回到伊爾庫茨克時，他已經成為了共產國際的正式代表，他催促蒙古人向共產國際遠東祕書處派出代表。到六月底的時候，蒙古人民黨已經在運行中了，但是儘管它和俄國人有聯繫，但是它並不是共產國際的產物，甚至不能算是馬克思主義或社會主義的：它的成員都贊同某種形式的反中國民族主義，有些人仍然致力於為現存的佛教等級制度服務。正如磯野富士子所指出的，「不僅蒙古人的全部生活都是沉浸在藏傳佛教環境裡，而且藏傳佛教和博格多汗已經成為反中國民族主義和自治的象徵。」蒙古人民黨已經圍繞著一套「十誓約」組建起來，它向成員承諾廢除剝削，恢復「我們失去的政治力量和『捍衛我們的』宗教」。口頭誓約的模糊性讓個人可以用對自己方便的任何方式來解釋文件。[6]

重要的是，要記住，當時的俄羅斯就像現在一樣，都是多種族的社會。儘管多數的高階布爾什維克成員如果不都是俄羅斯人的話，也主要是那些有歐洲背景說俄語的人，但其他種族的成員支持他們反對沙俄政權。和蒙古革命關係最密切的群體是布里亞特人，他們被認為是蒙古族，他們說的是一種單獨的蒙語或是一種蒙古方言。那些支持革新的布里亞特人，也就是指同情布爾什維克的人，是俄國人和蒙古人之間重要的管道。

近年來研究使用了自一九九一年以來可以獲得的蒙古資料，這使得人們對蒙古人民黨成立的一些細節提出了疑問，尤其是和蒙古革命的官方英雄蘇赫巴托相關的內容。二木博史（Hiroshi Futaki）指出，人民黨的重要創始人之一和後來的國家領導人丹斯蘭比勒格·道格松（Dansrangiin Dogsom）的回憶錄應該被用來確定兩個不同團體合併組黨的日期。二木博史使用了不同的名字，他稱東庫倫為「公務員團體」，領事館丘是「人民團體」。這樣的做法是為了描述這兩個團體的組成，而不是當時容易招致混淆的名字。更為重要的是，他認為他們合併的時間要早於官方記載的一九二〇年六月二十五日。他認為，那是「一九二〇年春月中旬裡的一天」，而且是在道格松的住所，而不是通常記載中的丹增住所。他認為，在這個時間點，蒙古革命者和俄國軍事顧問索羅克維科夫取得了聯繫，「和蘇俄的關係變成了現實」。雖然這並沒有推翻以前關於向俄國靠攏的觀點，但是這的確淡化了蘇赫巴托在蒙古人民黨最初幾個月中的角色。[7]

他們用抽籤的方式選出了喬巴山和丹增兩位代表北上，去會見遠東共和國布爾什維克政府的代表，但是在草原上召開祕密會議之後，代表的人數增加了，蘇赫巴托和另外四人被選來陪同他們。這一場尋求俄國支持的旅程得到了一些蒙古人的支持，但是也遭到了其他人反對。這是危險的使命，因為代表們必須要和中國軍隊和祕密特工鬥智鬥勇。他們還必須以自己微薄的資源來貼補盤纏，據說蘇赫巴托賣掉了自己的蒙古包，讓他的妻子和兒子住在一個棚子裡。

代表團在一九二〇年六月底離開了烏爾嘎，於八月十八日抵達了恰克圖。恰克圖是俄蒙邊境上的一個城鎮。在一九二〇年時，這裡分為北邊的俄羅斯人居住區（俄語叫 Troitskosavsk，蒙語叫 Deed Shivee）和南邊的蒙古人居住區（如今這裡被稱為阿勒坦布拉格）。特羅伊茨科薩夫茨克（Troitskosavsk）位於布里亞特，正好在外蒙古邊界的外面一點，但這條邊界在當時的象徵性更勝於它的實際意義；特羅伊茨科薩夫茨克後來被改成蒙古原名「恰克圖」。有一些訪客和作者仍然繼續使用恰克圖的名字來指邊界兩邊的定居點，而使用特羅伊茨科薩夫茨克的名字來專指位於商業區北邊最初的俄國駐軍要塞。[8]

喬巴山和丹增費了好大力氣才找到了難以捉摸的俄國領事，他用蒸汽船把他們送上了色楞格河，一路開到了上烏金斯克（Verkhneudinsk，今天是布里亞特共和國的首都烏蘭烏德）。在抵達以後，他們兩人的身分受到了俄國人的極大懷疑，但他們最終還是見到了受俄國人控制的遠東共和國總理鮑里斯．舒米亞茨基（Boris Shumyatsky），此人的謹慎已經到了近乎偏執的程度。俄國人堅持認為，任何的援助請求上面都應該蓋有博格多汗的印章，經過一段時間的拖延之後，俄方提供了援助。在八月十日，包括蘇赫巴托在內的另外五名蒙古人民黨人抵達了上烏金斯克，這些蒙古人得到指示乘火車前往伊爾庫茨克與共產國際的工作人員會面。他們在八月十五日到達，受到了俄國人很熱情的接待，但很明顯的是，伊爾庫茨克的俄國人對來自潛在同盟政黨的請求要比來自博格多汗正式文件的興趣濃厚得多。這就需要代表們進行艱難的談判了，他們談判的主要內容就是博格多汗印璽的重要性，他們最終還是談成了一份文件，並提出財政和武器彈藥援助的要求。一份隨後的文件維持了他們堅持要博格多汗作為立憲君主的目標，但是也承認了進行社會革命和反對世俗蒙古貴族的鬥爭。考慮到蒙古人民對於佛教的深深敬意，對喇嘛體制展開的攻擊若不是從沒被提上日程，就是在外交上被推遲了。

蘇赫巴托和喬巴山之後留在伊爾庫茨克接受俄國紅軍的進階訓練和共產國際官員的政治教育，而他們其他同事則在布爾什維克分子的控制下造訪了其他地方。列寧給這一行人留下了尤其深刻的印象，因為他明確表達出少數族群應該在他們自己的領土上被允許得到自治權的觀點。[9]

瘋狂男爵登場

陷入戰鬥的新生蘇維埃政權不願意深入參與到蒙古的政治中，因為俄國中心地區及其歐洲側翼的政治局勢仍然懸而未決。蒙古人希望能夠得到武器以協助他們抵抗中國，但是布爾什維克想要和中國建立友好關係並鼓動蒙古的革新者和中國的民族主義者找到共同點。布爾什維克的領導層並沒有侵略或是控制蒙古的動機，磯野富士子提出，「（普遍流行於二十世紀大部分時間裡的）受蘇維埃啟發的蒙古革命理論過於相信蘇維埃政府和共產國際的效率和組織能力了，」她的這一觀點是很有說服力的。[10]直到恩琴－史登伯格男爵的軍隊攻占了烏爾嘎，博格多汗在蒙古王公支持下重回王位以後，俄國人才改變了主意。恩琴－史登伯格曾計畫利用蒙古作為完成他宏大計畫的基地，這一計畫包括打擊布爾什維克的反革命努力和恢復俄國、中國和蒙古的君主制。他的軍隊最終是在一九二一年二月攻陷了烏爾嘎，博格多汗在恩琴－史登伯格軍隊的嚴密看守下去了一座山上的寺院避世。與此同時，那些曾經和博格多汗的政府打過交道的蒙古革命者正在回到烏爾嘎的路上，此時他們已經來到了恰克圖。

布爾什維克分子們現在甚至更不願意支持蒙古人革命了，因為他們害怕中國人的報復，而且他們如今更專注於維持一個名義上獨立的遠東共和國的安全，他們想要讓這個共和國成為一個緩衝區。現在的主動權掌握在蒙古革命者和新生的軍事力量的手中。[11]

組黨和黨人

蘇赫巴托「親自去恰克圖西邊的一些前線哨所招募人民軍的志願兵」，他於一九二一年二月九日在這裡被任命為總司令。[12]有一些邊境上的旗兵被徵召進來，大多數人是自願參加的；許多人都接受過軍事訓練並且有自己的武器。士兵中的多數人來自貧窮的牧民家庭，這些人的出身和中國的農民士兵十分不同，他們騎馬和狩獵的能力對於軍事上的行動來說很有利。這些「黨人」最初的人數大約有四百人，他們很快就行動起來抵抗中國軍隊，喬巴山指揮了蒙古西部的黨人軍事力量。

蒙古人民黨的正式成立大會是直到一九二一年三月一日才召開的，它召開的地點是恰克圖的俄國人區。一個共產國際的代表出席了大會，同樣的還有一群同情布爾什維克、受過教育的布里亞特人。在人民黨的檯面上，各代表團同意了比最早的十條誓約更為激進的內容，這顯示出那些布里亞特人的影響力，他們能夠用蒙語熟練地使用馬克思主義語彙。

在組建一個統一政黨的利益面前，更加傾向革命的代表團和更加傾向民族主義的代表團之間的分歧暫時被消弭了，他們也同意組建一個臨時人民政府，他們的優先處理事項是要把恰克圖從中國人手中解放出來。

這項解放計畫在一九二一年三月十五日成為事實，他們取得對中國勝利的第二天被指定為蒙古人民革命軍的誕生紀念日。蘇聯部隊是後面的靠山，實際戰鬥則是使用蘇聯武器的蒙古黨人。革命者和他們的蒙古人民臨時政府現在控制了蒙古北部一大片地區，但是用蘇赫巴托的官方傳記裡的話說，國家的其餘國土「仍然控制在恩琴男爵、庫倫的惡毒政府和中國土匪團伙的手中。」[13]恩琴－史登伯格已經揮師北上，在一個蒙古王公的指揮下於一九二一年五月攻打了恰克圖。最初的抵抗是蒙古黨人武裝進行的，在西伯利亞布爾什維克部隊的支持下，蒙古軍隊擊退了恩琴－史登伯格的白俄軍隊。現在黨人部隊的人數已經增至七百人，他們在一九二一年六月底向烏爾嘎進攻，由於博格多汗和他的政府決定和平接待革命者，因此他們在沒有遇到抵抗的狀況下進入了城市。他們來到了烏爾嘎（首都庫倫），本著合作精神，在博格多汗活佛宮殿上升起了蒙古自治共和國的黃色旗幟。他們宣布君主立憲，博格多汗繼續作為國家元首，但是因為他面對中國人的軟弱無力，他的權威被大大地削減了，從此只能處理宗教上的事務。恩琴－史登伯格撤退到了俄國，他在那裡被布爾什維克分子俘虜、受審和處決。他的死刑是在一九二一年九月於新西伯利亞執行，但有另一種說法認為他是在伊爾庫茨克被處決的。西蒙古一直掌握在白俄軍隊手中，該地區的衛拉特蒙古和其他團體對於主導了蒙古東境的喀爾喀蒙古的意圖深感懷疑。當軍事領導人馬格撒爾扎布在烏里雅蘇台發動政變並與革命者媾和後，西蒙古和東蒙古的衝突得到了解決。隨著白俄軍隊的投降，雙方的敵對行動在一九二二年一月停止了。[14]

蒙古人甚至俄國人的支持對於他們的新政府有著至關重要的作用，蒙古人派了一支代表團經由烏蘭烏德和伊爾庫茨克前往了莫斯科。在一九二一年十一月五日，蒙古政府和俄國政權（將在一年後變成蘇聯）簽署了《友誼條約》；列寧在克里姆林宮接見了革命牧民。

與此同時，在蒙古，蘇赫巴托對黨和政府的控制遭受到了來自人民黨內部和博格多汗身邊的保守統治菁英的反對。在一九二二年初，隨著人們對於中國和日本企圖破壞蒙古穩定的擔憂日益增長，蘇赫巴托肅清了一批反對者；有反對他的政變傳聞不斷出現。在被處死的人中包括他的競爭對手鮑道，此人曾經領導過領事丘集團並成立了蒙古人民黨。一九二三年二月二十日，蘇赫巴托因重感冒和發燒去世，時年三十歲。他官方傳記的早期版本將他的死因歸咎於敵人下毒，但是這些說法在後來被拋棄了。

位於烏蘭巴托的蒙古國家博物館保存了蘇赫巴托的傳統長袍和他的汗褟子（xantaaz通常是穿在上身的無袖短背心）。他的這種衣服上裝飾有吉祥結（ulzii）或是永恆結，這是藏傳佛教文化中連續性和相互依存的重要象徵。這些服飾和一個用木頭、皮革、銀、珊瑚、裝飾的寶石和綠松石製成的盒子一同展示；盒子裡有他作為軍隊指揮官的官方印章。[15]

甚至在戰勝白軍之前，人民政府就已經頒布了法令：其內容包括把土地和自然資源交給國家，並廢除約束平民為貴族服務的隨丁（khamjilga）制度；世襲貴族的地位也受到了威脅，但是在這一階段尚未被廢除。這些法令相對而言是溫和的，它們並沒有預示出一九二九年至一九三一年間的畜牧集體化。博格多汗是在一九二四年五月逝世的，君主立憲制度也隨之結束，蒙古人民共和國宣布成立。事態如此發展並非沒有遭到反對，有一些革命黨人對變革的速度持有不同意見：正如前面已經提到的，在鮑道和其他黨員被指控謀劃的反黨陰謀被揭穿後，有處決情事發生。另外還有來自於貴族和高階喇嘛的反對，但是到一九二五年時，新政府已經感到有足夠的信心可以讓蘇聯紅軍撤離了。[16]

喬巴山的童年

我們有必要回過頭來評估一下蒙古國二十世紀歷史上的另一位重要人物喬巴山在革命中起到的作用。在蒙古人民革命黨的官方歷史中，喬巴山的名字從革命初期就是與蘇赫巴托的名字緊緊連結在一起的。與他的親密同事和許多其他革命者一樣，喬巴山出身於一個貧困家庭。一八九五年二月八日，他出生於蒙古東部城市周圍的農村，現在這個城市是以他的名字命名的，但當時這裡叫作巴彥圖門（Bayantümen）。在他十三歲的時候，他的母親把他送進了寺院；這可能是出於虔誠的原因，因為她希望他和他的哥哥能學習藏語和佛經，但這也是一個實際的提議，因為家裡不用為他的生活支付費用。他發現嚴格的寺院制度讓他無法忍受，尤其是不能有任何獨立的思想；在十七歲時，他和朋友一起逃了出來。雖然腳上沒有穿任何的鞋襪，但他們一路步行到了行程達一千公里外的首都庫倫（烏爾嘎）。由於在首都舉目無親，他們要麼睡在市場上，要麼睡在城牆遺蹟的庇護下。這種寺院背景和他逃避這種背景的決心是他和他後來的蘇聯導師約瑟夫·史達林之間許多有趣的相似處之一。

兩人通過從市場上運送肉品或充當守夜人來賺錢。不知何故，喬巴山得以進入到布里亞特蒙古人扎木察拉諾（Jamsrano，後來的蒙古科學院創始人）開辦的一所學校裡，在那裡接受俄語筆譯和口譯的培訓。他學得很好，隨後轉入到了西伯利亞城市伊爾庫茨克的中學裡學習更高級的課程；因此，他在這個最易受影響的年齡所接受到的教育大部分是來自俄國。一九一七年俄國爆發十月革命時，他觀察到聖彼得堡和莫斯科的起義對俄國遠東地區的影響。在伊爾庫茨克，他目睹了示威遊行，了解到那些激進工人參加的會議，並開始認識到布爾什維克政治活動的重要性。然而，喬巴山和其他蒙古學生被烏爾嘎自治政府召回了蒙古，因為烏爾嘎的自治政府擔心布爾什維克思想對其自身安全的潛在影響。一九一八年，喬巴山在蒙古首都的通信學校短暫學習，該校為新成立的電報部門培訓了工作人員。喬巴山通曉蒙古語和俄語，具有一定的教育水平，但他並不被認為是一名知識分子。

喬巴山和蘇赫巴托：革命的師徒關係

就在這個時候，中國決定要消滅蒙古的自治政府，喬巴山成為領事丘祕密革命組織的一員，並在烏爾嘎組織了抵抗中國人的組織。領事丘和蘇赫巴托所屬東庫倫之間的合作，是成立於一九二〇年的蒙古人民黨的基礎，該黨在一九二四年改名為蒙古人民革命黨。蘇赫巴托和喬巴山都認識到，擁有一個軍事組織是確保政治成功的關鍵，蘇俄是蒙古抵抗中國侵略的唯一可能的外部支持來源。他們兩人都去了俄國；他們也都考入了伊爾庫茨克的紅軍軍事訓練學院；在一九二一年三月一日時，人民黨召開了成立大會，他們決心把民族解放與一定程度的社會革命結合起來。他們兩人都是人民黨的成員。隨後，蘇赫巴托和喬巴山分別率領游擊隊和正規軍部隊成功打敗了白俄和中國軍隊。一九二一年七月，革命黨人得以在烏爾嘎建立起獨立的政權。他們保留博格多汗作為國家元首，從而認可了他在虔誠的蒙古人心中所享有的尊重，此舉限制了他們要取代現有權力結構和替代烏爾嘎活佛所代表的傳統文化的長期目標。

蘇赫巴托的繼承權

長期以來，人們一直認為，蘇赫巴托於一九二三年二月二十日去世後，喬巴山就成為該黨和政府的主要領導人並直到他在一九五二年去世為止。在蒙古人民革命黨的時期裡，官方媒體鼓勵了這種看法，因為這樣的說法能夠加強他們二人與蘇聯的列寧和史達林的類比。但實際上，喬巴山專制統治的過渡是緩慢而無序的：它需要通過清洗的手段來消滅競爭對手和潛在的對手，而喬巴山很可能參與了這個過程，儘管他並不總是扮演清洗的領導角色。以喬巴山的政治繼承人澤登巴爾的話來說，「在喬巴山的領導下，黨清算了它的敵人，然後把革命推向了第二階段」。這是對包括中央委員會在內的所有黨政組織進行的一場全面清理的一種描述方式，喬巴山曾於一九二五年一月二十日向中央委員會做了報告，確定了他認為威脅到其權威的內部和外部敵人。這種大規模消滅麻煩或不忠誠個人的結果造成了黨內分裂成了兩個派系，分別是首都派和農村派。喬巴山是站在農村派系的一邊，反對他和他的支持者所稱的「右派」首都派系。[17]

與其說蘇赫巴托是一個政治人物，倒不如說他是一個軍事領袖。在他去世和新政權建立之後，革命的關注點從軍事上的考量轉移到了鞏固蒙古人民革命黨，以及建立一個高效的政府來統治蒙古人民共和國的需要上。我們很難說誰是蘇赫巴托的明確繼任者。因為在一九三〇和四〇年代中，喬巴山在蒙古的掌權地位是逐步確立起來的。在這段時期的大部分時間裡，他並不足以能行使絕對權威，有一些不那麼廣為人知的人物擔任了政府和黨的首腦。

第四章

掌權的人民革命黨

喬巴山時期

1924-1952

在一九三六年喬巴山最終取得政權之前的十五年裡，蒙古經歷了瘋狂的政策波動、對喇嘛寺院勢力的破壞、經濟的衰退和暴力衝突，直到莫斯科和共產國際做出干預才結束。蘇赫巴托和喬巴山被封為蒙古的列寧和史達林，他們位於烏蘭巴托蘇赫巴托廣場北端具列寧墓風格的聯合陵墓就是這樣的象徵，他們的陵墓直到二〇〇五年才最終被拆除。這樣的象徵敘事掩蓋了一九二〇年代的混亂和動盪，它忽視或淡化了其他革命者在這段時間裡的角色，把那些年的錯誤和罪行完全歸咎於喬巴山，但事實上應該更廣泛地分攤這些責任。

當蘇赫巴托在一九二三年二月二十日去世時，蒙古人民革命黨的主席是丹增（Ajvaagijn Danzan），他從一九二三年一月二日起開始擔任此一職務，在一九二四年八月三十一日被趕下台，然後享受了短暫的外交官生涯。接替丹增的是策凌奧齊爾．丹巴道爾吉（Tseren-Ochiryn Dambadorj），他是一位年輕的、受過教育的馬克思主義者，通過蒙古革命青年團升遷，並一直任職到一九二八年。在此期間，政策沒有大的變化，但對地方政府進行了改組，並引入了現代稅收制度。[1]私有經濟繼續繁榮，政府和藏傳佛教體制之間的關係可以被描述為相互合作的關係。丹巴道爾吉雖然有馬克思主義者的背景，但他仍努力地擴大蒙古的國際聯繫，旨在減少政權對蘇聯的依賴，但這最終也導致了他的下台。在當時相對寬容和思想開放的氣氛中，諸如扎木斯朗．策本（Jamsrano Tsyben, 1880-1942）這類曾在蒙古科學院前身的機構中工作的民主社會主義者和薩滿研究專家，是能夠公開主張革命應該允許經過改革的藏傳佛教繼續存在的，因為通過與國家的合作，藏傳佛教將有助於保護人文和人性。但這種寬容的精神並沒有持續下去。

就這一點上，無法因此就把喬巴山描述成是一個獨裁者，但是他也不缺乏權力：在一九二四至一九四〇年間，他是蒙古人民革命黨中央委員會委員，並在其執政主席團中有一席之地。此外，從一九二四年起的大部分時間裡，他都能以蒙古軍隊總司令的身分行使權力。在一九三六至一九四〇年期間，他擔任過內務部長，開始取得實際的政治權力；一九三九年三月二十八日開始擔任總理，並直到他於一九五二年一月二十六日去世，他的政治權力在這段時期裡也得到了鞏固。然而，就實權和權威而言，在這段時期的大部分時間裡，蒙古的政治方向並不是由蒙古領導層中的任何人控制的，而是由史達林及其在莫斯科和伊爾庫茨克的代理人間接控制的。

喬巴山的名聲較蘇赫巴托的名聲受損得更嚴重，因為在一九三〇年代，佛教僧侶和其他被認為對政權有威脅的人遭到了清洗和大規模的殺戮。這些都是在蘇赫巴托去世後發生的。一九六二年一月，即喬巴山去世的十年後，赫魯雪夫領導的蘇聯領導層推動去史達林化運動，此時蒙古人民革命黨中央委員會通過了一項決議，正式指控喬巴山在所有這些清洗和處決中扮演了同謀角色。雖然喬巴山難逃其咎，因為他在這段時期的大部分時間都是黨和政府的高級官員，但他所扮演的角色其實很複雜，且有些模糊不清。在鎮壓最嚴重的時期，他有大部分的時間都不在蒙古國內，他是直到最嚴重的清洗結束後才正式被任命為內政部長的。他當然可以被批評，因為他允許在他的身邊形成一種領袖崇拜，但與蒙古對史達林的廣泛崇拜相比，對喬巴山的崇拜其實是溫和的。雖然他個人遠非無罪，但可以說，他在死後成為一九三〇年代集體錯誤和罪行的替罪羔羊，其他人藉此被免除罪責，他們的過失也被忘卻。[2]

布里亞特人

在二十世紀期間，蒙古人民共和國政治領導層的出身都是蒙古人，但是在他們之中有些人的家鄉是位於俄羅斯領土的布里亞特蒙古。蒙古國人認為多數的布里亞特蒙古人較親近蘇聯共產黨，而不是親近他們在蒙古人民共和國裡的喀爾喀表親。具有諷刺意味的是，布里亞特人也是遭受史達林毒害的對象，這主要是因為有大量的布里亞特人在十月革命後逃離了俄國領土。新興的蒙古菁英階層從一開始就是受莫斯科方面操弄的，莫斯科所利用的就是那些布里亞特掮客們的影響力，並且將蒙古操縱到和蘇聯的歐洲和亞洲各共和國的政治菁英結構幾乎雷同。蒙古人對布里亞特人，甚至是對那些來自布里亞特和喀爾喀蒙古通婚家庭的人態度都很複雜，因為布里亞特和莫斯科關係密切，所以他們不被認為是真正的蒙古人，但是布里亞特人在最初時並不像那些有中國祖先的蒙古人那般受到歧視。這樣的狀況沒有持續下去，在一九三〇年代的大清洗中，領導層中占有重要位置的布里亞特人被指控是反革命分子和日本間諜；有許多人遭到了逮捕和處決。[3]

蘇聯干預

歷史學家巴巴爾並不是蒙古人民革命黨及其遺產的愛好者，在他的描述中，喬巴山算是「蒙古革命黨人中最穩定、最有禮貌和精於算計的一個。」[4]在蒙古人民革命黨一九二〇年代的內部衝突中，只要是能做到，喬巴山就會遠離鎂光燈，但是有跡象顯示，他直接參與了對丹增的清洗。一九二三年，他在蘇聯讀軍校，然後回到了蒙古，在新生的蒙古軍隊中擔任高級職務並在某個時候成了軍隊總司令。

蘇聯的干預，尤其是克利緬特・伏羅希洛夫（Kliment Voroshilov）所扮演的角色，對於喬巴山的事業起到了決定性作用。伏羅希洛夫在一九二五年被任命為蘇聯軍事事務人民委員，他敏銳地意識到蒙古在戰略上的重要性，因為它位於蘇聯東境上。一九二八年九月，共產國際的一個特別委員會突然抵達了烏蘭巴托。巴巴爾將這個代表團描述為「實際上是一群史達林黨羽，他們來到蒙古是為了發動政變。」[5]這個團隊的目的是為了要把那些不對莫斯科效忠，可能會被攻擊為「右傾機會主義分子」的人從蒙古的領導層中清理掉，並堅持認為蒙古人必須遵循蘇聯正在進行的強制集體化和攻擊寺院的政策。蒙古人民革命黨的領導者丹巴道爾吉被派去莫斯科受訓，從此再也沒有回來。他在一九三四年病死在莫斯科，喬巴山被共產國際小組確定為可能的接班人，一九二八年十一月二十八日，蘇共蒙古事務委員會建議讓喬巴山離開總司令職務，並讓他擔任蒙古人民革命黨的總書記。他隨後被軍隊解職，但並沒有被選入黨的領導層。相反的，他被派去擔任一個管理沒收封建地主財產的低階委員會負責人。在這有辱人格的降職後，還有一系列的低階任命，這暴露出他在政治上的羸弱和他在內部面臨的反對。[6]

史達林的選擇

這種情況在一九三四年發生了變化，當時喬巴山被傳喚到莫斯科，為曾經短暫擔任人民革命黨中央委員會書記的扎姆巴・魯姆倍（Jambyn Lkhümbe）做證人。魯姆倍被指控是反革命分子，並在一九三四年遭到了處決。喬巴山引起了史達林的注意，並且在他的支持下開始掌權。在這時候，博勒吉德·根登（Peljidiin Genden）本是蒙古中央委員會的書記和總理，但是他失去了史達林的喜愛，因為他堅決反對蘇聯紅軍駐紮在蒙古，史達林則認為這件事對於蘇聯的安全來說是至關重要的。一九三四年秋天，在史達林、根登和喬巴山的一次會面中，喬巴山被任命為根登的副手。根登和史達林爆發了激烈爭吵，後來在一九三六年被免去了總理職務，一九三七年十一月二十六日被處決。

這件事讓已經獲得總司令最高軍銜的喬巴山成為史達林操控蒙古的選擇。一九三六年二月二十六日，他被任命為內政部長。從此開始，喬巴山就有了頭銜，並對蒙古的各項政策負有責任，但即便如此，他的權力也只能是在蘇聯導師的批准後才能行使。他所領導的新內政部完全由蘇聯顧問、教官、筆譯和口譯人員主導。其中許多人是來自蘇聯的NKVD（內務人民委員部），這個部門在一九三〇年代負責運營蘇聯的古拉格（即「勞動改造營管理總局」），在一九三六至一九三八年的大清洗中，他們要對成千上萬人被法外行刑負責。

阻礙喬巴山登上蒙古最高領導的障礙是曾經頂替他成為軍隊總司令的格勒格道爾吉·德米德（Gelegdorjiin Demid）。這件事的解決方法就是把德米德邀請到莫斯科；他在從烏蘭巴托乘坐火車的路上離奇地死於食物中毒。其他的黨員也被下毒，另有一人死亡。德米德的葬禮在一九三七年九月二日舉行。喬巴山再次成了總司令，並且兼任國防部長。[7]

蒙古大清洗

史達林在蒙古需要一個乖乖聽從命令的領導人，而且在一九三七年七月七號日本入侵中國後，這種需要就變得更迫切了。對於史達林而言，當務之急是讓蘇聯紅軍駐紮在蒙古以保護蘇聯的東境，蒙古人迫於壓力接受了這個要求。在紅軍抵達後，緊接著就發生了在蒙古的大規模清洗。最初的清洗目標是知識分子、中央委員會成員、小呼拉爾（一九二四至一九五一年存在的議會下議院，後來在一九九〇至一九九二年又短暫存在過）的成員、部長和軍官。清洗的目標是根據蘇聯內政部副部長米哈伊爾．弗里諾夫斯基（Mikhail Frinovsky）的一百一十五人「反革命」名單決定的。這些人裡，有六十五人立即遭到逮捕。清洗行動持續了好幾個月，並且擴大到更廣泛的蒙古社會中。其中，佛教喇嘛遭受的傷害最大——多達一萬六千人被抓，許多人（如果不是大多數人的話）遭到槍殺。在此期間，至少有八百座佛教寺院廟宇被毀。這些機構的資產也被沒收，其中包括在宗教意義上十分珍貴的神聖器物，它們有很多也具有極高的經濟價值。

在清洗期間，喬巴山在一九三八年八月三十日離開了烏蘭巴托並前往莫斯科，此行在表面上是去治病。他見到了史達林，史達林指示他接任總理職務，頂替在一九三二至一九三六年擔任國家元首的阿南德．阿瑪爾（Anandyn Amar）。在一九三九年的一月底，喬巴山回到了蒙古，在指控阿瑪爾擔任日本間諜的起訴書上簽了字。此案被交給了NKVD；阿瑪爾在莫斯科被審判，一九四一年被處決。隨著蘇聯的政治文化越來越非理性地波動，蒙古的清洗對象也發生著變化。突然間，清洗的對象變成了那些被判定有「過激（overzealousness）」行為的人；許多蒙古人，他們曾認為他們是在忠實地追隨自己的政府和蘇聯的政策，如今卻發現他們被逮捕並被帶往莫斯科受審。

清洗和恐懼在一九三九年春天結束，有一部分原因是這樣的行徑在蒙古造成了太多的反蘇情緒。喬巴山為他身在莫斯科而缺席期間所發生的事情道歉：有最多兩萬人在這之前的兩年時間裡遭到了處決。他在一九三九年的下半年回到了莫斯科，這一次是在澤登巴爾的陪同下，後者已經被共產國際視為未來的蒙古領導人，他們此行是為了提出經濟援助要求，其中包括支持鐵路建設。他們在一九四〇年一月三日最終見到了史達林，後來變得明顯的是，喬巴山和澤登巴爾是史達林感到唯二能夠信賴的蒙古人。喬巴山想要減少自己的政治責任，這可能是由於即便他不是直接指揮，但他也默許了大清洗的發生。史達林才不會聽這些話，當他們回到莫斯科時，喬巴山是總理和武裝部隊的總司令，而澤登巴爾是人民革命黨的總書記。在共產黨的政治結構中，黨的總書記通常職位更高，但是在蒙古卻不是這樣。

一九四〇年，史達林向喬巴山授予了列寧勳章，這是對這位蒙古領導人執行蘇聯政策的方式令人滿意的明確認可。歷史學家巴巴爾認為，「籠罩蒙古社會的對於間諜和反革命的歇斯底里，反映了喬巴山本人的偏執妄想」，但是他也承認，喬巴山是被史達林用來當作蒙古大清洗的「象徵性掩護」，而清洗行動是根據莫斯科特工的指示做出的，是由莫斯科特工煽動和實施的。他指出，喬巴山實際上是蘇聯祕密警察機構NKVD的一個工具。[8]對喬巴山的個人崇拜是這個時候開始的，有一部分是基於他早期和蘇赫巴托的關係，一部分是因為他被說成是蒙古救星，讓蒙古免遭日本入侵，雖然他沒有說不的餘地，但他支持了史達林堅持要讓紅軍駐紮在蒙古的要求。

喬巴山的遺產

位於烏蘭巴托的蘇赫巴托廣場上的蘇赫巴托、喬巴山聯合陵墓已經不復存在了，它在二〇〇五年被拆除，取而代之的是一座成吉思汗的雕像。然而，雖然喬巴山在一九六〇年代的所作所為受到了譴責，但是他的身影並沒有在首都裡完全消失：在烏蘭巴托的蒙古國立大學前仍有他的雕像。[9]

一九二四年建立的蒙古人民革命運動一直持續到了一九九〇年。這個政權隨著蘇聯及其東歐附屬國的崩潰而倒台，但是它倒台的直接原因是內部的民主革命。蒙古人民共和國是一個被蒙古人民革命黨控制的一黨專政國家。雖然在形式上是獨立的，但是它和它的近鄰哈薩克和吉爾吉斯等蘇聯加盟共和國相比，蒙古的獨立性也是有限的。在蒙古人民革命黨的成立之初，蒙古的獨立性受到了懷疑，以至於在第二次世界大戰結束時，戰勝國盟友才接受蒙古的獨立地位，但是即便如此，烏蘭巴托加入聯合國的申請還是到一九六一年才被接受。

有兩個政治人物主導了蒙古人民共和國的生活，先是喬巴山，然後是一九五二年喬巴山死後由他選擇的繼任者澤登巴爾。人們習慣於將這兩位統治者稱為獨裁者，但是正如前文所述的那樣，喬巴山是花了十多年時間才鞏固了自己的權力，而且他和澤登巴爾都只能在蒙古人民革命黨的等級體系中其他人的同意下，而且更重要的，是要在蘇聯領導人的同意之下才能行使統治。

蒙古的這段歷史是很難加以評價的。蒙古國家博物館參觀手冊的編輯們深思熟慮努力地總結了這七十年來經常發生的動盪事件，他們認為：「這一時期的特點是正面和負面的發展錯綜複雜地並存。」[10]人們普遍認為，在蒙古人民共和國存在時期出版的官方歷史對於權力現實和政策給蒙古人民造成的影響方面，顯然是不可靠的指南。尤其是，它們毫無疑問地淡化了一九三〇年代發生的大清洗和針對神職人員發動運動的殘酷。當蒙古在所稱的「社會主義時期」結束後尋求在現代世界中找到自己的位置時，它也在努力接受這段過去。在當今的思想和意識形態鬥爭中，有許多人試圖糾正過去不可靠的敘述平衡。在某些情況下，他們否定了整個蒙古人民共和國的官方歷史，這樣做有可能會造成另一種歪曲。如果不仔細考慮唯一政黨——蒙古人民革命黨的歷史，就不可能理解從一九二四到一九九〇年這段時期的歷史。

蒙古人民革命黨

蒙古人民革命黨是一九二四年蒙古人民黨在第三次代表大會上改名的，它產生於蘇赫巴托和喬巴山的黨人工作中，成為蒙古最強大的組織。在一九九〇年之前，他一直是執政黨，實際上也是唯一的政黨。它從來沒有被稱為一個「共產黨」，但是這在蘇聯盟國中並非罕見；蒙古人認為，這個黨等同於任何一個其他的馬克思－列寧主義政黨。一九二一年蘇赫巴托率領烏蘭巴托代表團訪問莫斯科的時候，他們提議把黨改名為共產黨，列寧勸阻了他們，理由是在一個游牧為主的社會裡，一個無產階級政黨不適合蒙古的需求。

在革命運動中，蘇赫巴托是一個鼓舞人心的蒙古民族主義者，他可以動員人民的支持，而喬巴山則是一個組織者，他的優勢在於發展蒙古起義和國際革命者之間的連結，這種連結主要是和俄國革命者，但是也有受到俄國革命影響的其他革命者。後來成為蒙古人民革命黨基石的革命者們有多數來自於窮人，他們對旗內的貴族和部落組織的舊秩序是否有能力養活他們和他們的家人失去了信心。特別是對喬巴山來說，與俄國新興的政權結盟是唯一的出路：它不僅能保護蒙古人免遭來自中國任何可能的新威脅，還可以確保他們在一場偉大的全球鬥爭中站在勝利的一方。

蘇赫巴托和喬巴山曾經分屬於不同的祕密組織，但是在一九一九至一九二〇年的冬天，在共產國際遠東祕書處伊爾庫茨克代表索羅克維科夫（Innokenty Sorokovikov）的干預下，這些勢力合併到一起。合併的標誌是一塊雕刻了索永布（soyombo）標誌的檀木印章。這塊木頭是取自蒙古人民黨第一位主席索林・丹增（Soliin Danzan）曾擁有的一張桌子的桌腳，丹增因為和中國商人的聯繫太近而在一九二四年遭到了處決。第一份黨報《號召報》（Uria）在一九二一年七月十八日問世，其刊頭上有一幅木刻版畫，畫了一個身穿蒙古傳統服飾的士兵在吹響海螺號角。海螺在蒙語中被稱為「tsagaan büree」（白色喇叭），在傳統的佛教儀式中會吹響海螺，這樣的聲音至今仍能在甘丹寺和其他的寺院裡聽到。海螺號角成了號召蒙古人民拿起武器的象徵，這是一個在現代革命中使用傳統象徵的明顯例子。和這些紀念物一起陳列在國家博物館的還有一支古老的步槍，它曾經屬於革命黨人貢布扎布（L. Gombojav），這桿槍生動地說明了當時革命者能夠取得的簡易武器。[11]

蘇赫巴托和喬巴山建立起革命和個人的緊密關係：蘇赫巴托的蒙古民族主義黨人和喬巴山既有蒙古人又有俄國人的組織力量證明了這種連繫所擁有的巨大力量。毫無疑問的是俄國和俄國人在這初期階段所起到的作用，他們關鍵的角色對蒙古革命的發展十分重要，建國先輩和俄國人的緊密聯繫一直延續到一九九〇年。一個研究當代史的蒙古學者謹小慎微地總結說，「在政策和政府結構上，新的發展並不會得到所有政策制定者完全程度一致地喜愛。但是在蘇維埃共產國際眼中，只要俄羅斯在蒙古的利益被保護就足夠了。」[12]在莫斯科特工的命令下，蒙古人民革命黨的主席丹增、首位總理鮑道，以及其他反對蘇聯直接干預程度的人都被處決了。雖然有這種對莫斯科意願的服從，但是在這個階段，蒙古仍然有保持一定程度的獨立性，並且也實施了一些反映蒙古人需要（而不僅僅是共產國際的需要）的政策，即便共產國際的代表經常出現在烏蘭巴托，尤其是在人民黨的重要會議期間。

革命是一個持續的過程：它始於一九一一年，最初是從中國分離出來；真正獨立於中國的目標在一九二一年七月成為現實；一九二四年蒙古成為人民共和國，和莫斯科的關係得到確認。即使是在那時候，這一進程也被傳統上稱為「左」和「右」的派系內部衝突困擾，甚至直到一九二九年才得到部分解決。

在蒙古人民革命黨剛掌權的時候，他們面臨著兩個潛在的反對勢力集團，一個是宗教的，一個是世俗的。以寺院為基礎的宗教等級制度並不受到人們的普遍歡迎，但是人們對於貴族的世俗權威也存有實實在在的反感。這主要是因為貴族能夠向下層階級——隨丁（khamjlaga，侍從或農奴）和箭丁（albat，僕人）要求重稅，並要求他們提供勞動、軍事和送信服務。這些要求往往是被粗暴地執行，因此限制或廢除貴族特權的政策得到了人民廣泛支持是可以理解的。這種對「封建」貴族傳統秩序的攻擊，是一九二一至一九二三年蘇赫巴托到一九二四年（烏爾嘎活佛博格多汗去世）期間重要政策的特點。這個時期的政策獲得了成效，雖然貴族仍然對新的政治組織有著巨大的影響力，但隨著革命的深入，從一九二九年開始，最富貴族的財產被沒收了，這自然也降低了他們的社會地位、權威和政治影響力。然而，貴族並沒有被完全消滅掉，許多貴族家族找到其他的謀生方式，他們通過進入商業領域取代了中國商人的地位，中國商人的地位因為蒙古民族主義的發展而被削弱了。這是蒙古現代商業中產階級演變的起點。[13]

改革造成了一種並非事先計畫，但是卻有戲劇性結果的變化，即內部移動的大量增加，主要是從東蒙古向西蒙古的移動。牧民的活動範圍在之前曾受到封建主人的限制，如今他們可以自由地帶著他們的牲畜到更廣闊的季節草場上放牧。有一些人乾脆離開了蒙古，越過邊境進入中國或是蘇聯領土。[14]

對寺院權威的最初攻擊

一九二四年博格多汗去世以後，革命者們在一九二六年的第三屆大呼拉爾（國民大會）上決定，不會給予第九世呼圖克圖或未來任何的「活佛」任何官方承認。政府也進行了改組，排除了宗教權威的所有代表。這也開啟了對宗教等級制度堅決攻擊的道路。神職人員是蒙古人口中最有文化的人群之一，雖然他們的興趣主要是在西藏的宗教文本上。但是，他們也有能力使用蒙古文獻，並有管理複雜官僚機構的經驗，這些官僚機構管理著寺院的巨額財富，他們的權力也是通過這些官僚機構行使的。

雖然革命者的主要目標是他們所稱封建貴族的統治地位，但是他們沒有忽略寺院的傳統權力結構，也就是「黃教封建」制度，這一制度是以藏傳佛教格魯派的傳統顏色命名的。幾個世紀以來，寺院獲得了土地和財產，儘管從技術上來說，他們並不擁有土地，但是無論是要求貨幣還是要求實物，他們擁有徵稅的權利。有一些喇嘛變得很富有，那些主持大寺院的「活佛」尤其如此。

寺院的官僚制度複雜而且等級森嚴。寺院的最高層是學識淵博的僧侶，他們是多年來研究藏文聖典而獲得其位置的宗教知識分子。他們主持著一個規模更大的官員群體，這些官員管理著寺院、藝術家和工匠——負責鑄造銅像的畫家和金匠，另外還有木匠和建築工人。[15]寺院還需要大量的從事低階或低技能工作人員的支持，並且也需要這些人來支持他們。對寺院制度的批評集中在財富的集中和所需工作人員的數量上，那些服務人員如果不是受到寺院要求的話，他們可能會去從事對於普通蒙古人而言更有實際利益的工作。[16]

對於藏傳佛教神職人員展開的政治攻擊，和將作為一個強大群體的他們「清除掉」的企圖現在已經得到了廣泛接受，這種情形是一個在政治上和道德上都無可辯駁的災難性錯誤。「反宗教鬥爭」根源於一九二〇年代，但它是在一九三〇年代，即喬巴山開始鞏固其在政府中的權威時達到顛峰的。正如歐文・拉鐵摩爾所指出的：

在這一進程的最後四、五年裡，曾經強大的寺院以令人難以置信的速度崩解。在七百六十七座寺院和廟宇中，有一些被燒毀，有一些被拆毀以使用它們的建材來建造其他建築；有的被改造成辦公室和學校。這一部分的「清算」破壞力驚人，甚至沒有留下足夠的建築數目，讓後人無法準確地研究藏、漢、蒙三族的建築在原則上和工藝上的差異。[17]

類似的對宗教機構展開的攻擊也發生在鄰國中國，尤其是在毛澤東於一九六六年發動的歷時十年的文化大革命期間。對英國中世紀和近代早期的歷史有些微了解的人來說，拉鐵摩爾對蒙古的描述會讓人產生某種奇怪的熟悉感。一五三六至一五四一年間，國王亨利八世下令解散修道院，改變了英格蘭和威爾斯的宗教、社會和經濟結構，在某程度上也改變了愛爾蘭的結構。天主教會的世俗權威幾乎被剷除了，取而代之的是英格蘭新教教會，亨利國王宣布自己是這個教會的領袖。這次解體造成國內土地財產的流動，大大增加了宮廷的資產。

用一位研究都鐸時期英格蘭的最權威學者之一的話來說：

真正令人感到驚訝的事情並不是出現了一些混亂（有時候甚至是很多的混亂），而是這樣的解體過程完成得如此輕易……它摧毀了教宗主義最後的可能避難所，讓君主富裕起來，讓新的秩序牢牢地建立在購買地產的土地所有者階級的自身利益上。[18]

喇嘛問題

然而對於克里斯多福．卡普隆斯基（Christopher Kaplonski）而言，「真正令人驚訝的事情」並不是佛教機構受到了集中的攻擊，而是革命者花了這麼長的時間才開始這個過程：

從一九二一年革命到一九四〇年左右的近二十年時間裡，社會主義政府一直在努力為自己爭取正當性，並試圖對「喇嘛問題」給予回答。這兩個問題是密不可分的。從一九一一年統治到一九二一年的最後一個蒙古皇帝是一位藏傳佛教的「活佛」，這是藏傳佛教中最高等級的化身之一。他在一九二四年的去世並非標誌著藏傳佛教在蒙古大約三百年歷史的結束，但它也許是一個終結開始的信號。[19]

正如前文提到的，對宗教機構最猛烈的攻擊發生在一九三〇年代末，「從一九三七年末到一九三九年中的十八個月裡，大約有一．八萬名喇嘛被殺害。」[20]一九三〇年代末的鎮壓是……社會主義者和佛教機構之間長期的接觸、對抗和衝突過程的一個終點。」同時期還有一・八萬人死亡，其中大部分是布里亞特蒙古人。在解釋這些殺戮之所以發生的原因時，最有爭議的話題就是如何確定蒙古領導層和史達林及其莫斯科特工人員的罪責。這是否「僅僅是史達林個人意志的強加」，在這種情況下，蒙古人是否只是「地緣政治的傀儡」？[21]

革命者的衝突：「右傾」和「農村反對派」

到一九二〇年代末的時候，蒙古政府已經基本上是掌握在革命者的手中了。但是，激進分子們堅持認為，蒙古政府依然由保守的菁英階層控制著，在某些情形下，這些菁英階層來自於革命試圖摧毀的封建貴族背景。這個菁英集團的權力基礎在黨和國家的官僚機構內，主要是以首都烏蘭巴托（該城市於一九二四年得到了這個名字，意思是「紅色英雄」）為基地。後來，這一群人按照當時史達林主義的術語被劃成了「右傾」思潮，又稱為首都派，他們由丹巴道爾吉（一八九九－一九三四）領導，此人受過俄國教育，贊成改善和中國的關係。因此，他和蒙古的多數民意產生了齟齬。

首都派和「農村反對派」之間爆發了一系列的政治鬥爭，後者由喬巴山領導，顧名思義，他們的支持者主要來自農村。在一九二八年具有決定性意義的人民革命黨第七屆代表大會上，「農村反對派」在一次表決中擊敗了首都「右派」，中央委員會的報告中說，如果投票的結果方向相反的話，那麼它將會讓蒙古更加走近國民黨的中國。表決的結果符合史達林共產國際的政策，當時的共產國際才剛剛驅逐了托洛斯基（Trotsky）和托派支持者。拒絕和中國的連結讓蒙古更加堅定地和蘇聯綁在一起。

「農村反對派」的勝利導致在黨內和政府中被認為是首都派支持者的官員被進行了大規模清洗。新的規章制度確定了蒙古人民革命黨的成員資格，這些制度優先考慮的是從較貧窮階級中——受僱或貧窮的牧民、工人和士兵——招募成員，這些人是「農村反對派」的天然權力基礎。一九二九年，政府下令沒收六百六十九個顯赫、有權有勢貴族家庭的財產，在此之前，這些貴族家庭一直都能保留其財富和部分的政治影響力。[22]

被莫斯科控制：一九二八年的第七屆黨代會

一九二八年十月二十三日至十二月十日召開的蒙古人民革命黨第七次代表大會對蒙古來說是一個具有決定性意義的時刻，這不僅是因為它擊敗了「右傾分子」，也因為此次大會確定了蒙古人民革命黨和莫斯科之間的關係。「農村反對派」的勝利不單純僅是國內派系鬥爭的結果，其中也有共產國際戲劇性的干預。一九二四年推翻博格多汗理論上君主制的準共和政府限制了世俗貴族的政治權力，但是沒有嚴重地限制世俗貴族對經濟的控制。蒙古得到了莫斯科方面的支持，但共產國際和蘇聯沒有對烏蘭巴托政府施加重大的直接影響。

到一九二六年時，史達林與逐漸統一的反對派之間的衝突已經來到了巔峰。在紅軍和俄國內戰的勝利中立下主要功勞，同時也是蘇共（布爾什維克）裡的主要左翼反對派領袖——托洛斯基被史達林的中央委員會開除，被迫流亡；他先是去了哈薩克，隨後又去了土耳其。史達林從而成了蘇聯不受任何挑戰的領導人。致命的內部爭端和隨之而來的史達林獨裁已經將嚴重的衍生影響力傳播到蘇聯的國境以外，各國的共產黨和他們的盟友都必須在爭端中選邊站，如果他們要和蘇聯保持親密，就得將他們的國家政策調整成莫斯科同意的政策。

一九二八年九月，一個共產國際特別委員會「出人意料地在烏蘭巴托著陸」，他們決心要扭轉被歸類為「右傾機會主義」的現有政策並且替換領導人，換一個明顯忠於莫斯科方面的領導人上台。蒙古人民革命黨中央委員會主席丹巴道爾吉被送去蘇聯培訓，從此再也沒有回來。他在一九三四年死於莫斯科，可能是非自然原因死亡。從一九二八到一九四〇年，人民革命黨沒有一個中央委員會主席，有三個祕書被任命進行集體領導，黨的權威受到了損害。領導的缺失大力促進了莫斯科的統治。共產國際特別委員會展現了權威，在蒙古策動了一場實質上的政變，與蒙古人民革命黨農村組織中的激進分子們組成了聯盟，這群人後來被稱為「農村反對派」。他們稱蒙古的條件現在已經足夠成熟了，能夠「繞過資本主義」階段而創造出社會主義經濟，這一觀點在一九二五年正式得到了蒙古人民革命黨的採納。[23]

在這次接管以後，共產國際發出了指令，完全扭轉了自一九二四年開始實行的漸進主義政策。共產國際的一份名為「二四五二信件」的文件命令蒙古人民革命黨實施激進的集體化方案，並攻擊寺院機構和封建貴族的權力基礎。總的來說，集體化對牧業經濟是災難性的，而牧業是蒙古的主要財富來源。蒙古的經濟和蘇聯的經濟有著千絲萬縷的連繫，蘇聯逐漸成為了蒙古唯一的主要對外聯繫。從一九二九年開始，蒙古「在所有對外貿易、軍事物資和訓練、高等教育設施、醫療援助等方面都對蘇聯負有義務」。在內部，蒙古人民革命黨進行了全面清洗，清除了那些已經成為黨員的喇嘛、貴族和商人。一九二九年夏天，共產國際的命令正式得到了該黨中央委員會的背書。[24]

第七次大會的官方說法是說「外國人」——意思是任何可能有中國血統或關係的人，但也包括布里亞特人——被排除在領導層之外，權力從世俗和宗教貴族手中轉移到蒙古平民手中。民族主義和排外主義盛行，與蘇聯以外其他國家的貿易和經濟關係也被切斷了。對蒙古發展產生嚴重影響的一個明顯的例子包括一個由德國人準備出資興建的磚廠和發電廠計畫都被迫放棄了。[25]

階級鬥爭、混亂和內戰

在一九二八年蘇聯干預後發生的事情被歷史學家巴巴爾描述為「共產主義的歇斯底里」，被「社會主義者的慘敗」，後來又被蒙古人民革命黨斥為「左傾錯誤」。[26]一張一九三〇年慶祝人民革命黨第八次代表大會的海報上宣稱說該黨「準備解決一切有關革命的問題和難題」，敵人階級「將會被推翻和消滅」。[27]新政府最初的行為是對封建貴族的攻擊，他們比神職人員更容易成為攻擊的目標；而且他們人數較少，組織性不強，也沒有民眾支持。在一九二九年第一波沒收財產後，一九三〇和一九三一年又發生了第二波沒收，有八百三十七個家庭的財產被沒收。這些人中大部分都屬於世俗貴族，但是也有二百零五人是來自高級喇嘛的家庭。針對各個有產階級的行動在一九二九年變得更為暴力，有超過七百多名戶主被指控是反政府和反黨分子，遭到了監禁或者處決。由於「對作為一個階級的貴族予以清算」是在沒有受到嚴重抵抗的情形下完成的，人民革命黨因而有足夠的信心對藏傳佛教機構的權威進行毀滅性攻擊，然後通過實施集體化政策直接走向社會主義。階級鬥爭在平民（*ard*）和貴族之間展開了。喬巴山在這一段時期裡一直保持著低調，只有曾經作為一個處理和重新分配被沒收的貴族財產的委員會主席短暫地露面過。[28]

破壞寺院權威的行動最初只限於沒收喇嘛們的牲畜，將牠們分配給較貧窮的家庭並向照顧這些牲畜的平民支付工資。在這樣的行動之後，又發生了更多的暴力攻擊，最終導致了「褻瀆喇嘛寺廟，挖掉佛像眼睛，將宗教聖物和法器作為私有財產分給普通牧民，以及向無論貧富的喇嘛徵稅」的行動。[29]這些攻擊是由那些沒受過教育的窮人和文盲執行的，這群人往往會害怕如果自己不服從命令的話，他們就會在以後的運動中被秋後算帳。

政府開始對喇嘛們——無論貧富——的財富和收入徵稅，正如歐文·拉鐵摩爾在一九六一年進行了廣泛調查後所指出的那樣：

> 他們並沒有將宗教機構的財產和權力分開來對待——如果當初他們這麼做了的話，他們本能夠利用在高度教士等級制度化的國家裡常常潛伏的那種反教士主義——大多數人仍然認為這是他們自己的宗教，而不僅僅是喇嘛財產。這樣的結果就是讓人民支持宗教機構並將喇嘛視為他們的領導。[30]

這些運動的目標不僅僅是貴族和喇嘛。還對小企業、私人商隊的貿易商和工匠徵稅，而且手段粗暴，不區分收入微薄的商販和有錢有勢的富商巨賈。[31]

反政府遊行示威

蒙古人民革命黨的這些行動引發了同等暴力的抵抗，有一些反對這個政府的人就近逃往不受人民革命黨控制的地方。不滿的情緒演變成武裝叛亂，隨後更成了全面內戰，並造成巨大的生命損失。對於這些粗暴、壓迫性政策的抵抗在一九三一和一九三二年凝結匯聚成武裝起義，特別是在蒙古國中部的後杭愛地區（Arkhangai region）。這些起義之後遭到了更進一步的鎮壓，抵抗最終被人民革命黨控制下的蒙古人民革命軍鎮壓了。

國家博物館裡展出的一張一九三二年的海報現代複製品生動地顯示了該黨對於其運動的看法。海報描繪的是在當年的起義發生後，一個乘著坦克的士兵正在攻擊喇嘛和有錢貴族。

被這些倉促而錯誤的政策激發出的暴力回應被官方出版物《蒙古人民黨和人民革命四十年》（*Forty Years of the Mongolian People's Party and the Peoples Revolution*）描述為「一場持續了數月的嚴酷鬥爭；這是我國階級鬥爭最尖銳的表現，達到了內戰的規模。」[32]有成千上萬人在鬥爭中喪生，衝突在蒙古西部最為激烈，該地區保持著傳統的獨立呼聲，而且是那些逃離該國東部鎮壓者的逃亡目的地。

蒙古人和其他人士對此一時期的災難應該由誰來負責展開了激烈爭論。有些人認為這是由於太過遵循共產國際的指示，沒有適當地考慮到蒙古具體的社會和經濟條件的結果。有些人則是指責「左傾」政策的支持者過於熱情和自信。他們被指責藉由共產國際的指示來顯示蘇聯是如何讓他們在短時間內就實現了社會主義，卻沒有弄清楚共產國際和莫斯科的關係。喬巴山的位置是典型的模稜兩可。他曾是反對「右傾」的「農村反對派」中的有力人物，但是也是最早發聲反對「左傾」的人之一。

在這場內部衝突中，雙方都做出了野蠻行為，包括繼續遵循將活人囚犯的心臟剖出的薩滿儀式。人民革命軍被派去鎮壓叛亂，但是無法在沒有援助的情況下完成任務。蘇聯紅軍出動了摩托化兵團和空軍支援步兵和警察，在蘇聯紅軍的介入下，終於恢復了秩序。其結果便是蒙古人民革命黨陷入了信任危機。蒙古政府不僅無法靠自己的力量鎮壓起義，而且有一些黨的支持者，甚至是黨員也參加了起義。許多普通的蒙古人不一定贊成喇嘛們的苛捐雜稅，但是他們對寺院受到的粗暴和隨意攻擊感到恐懼。有數以千計的蒙古人民革命黨的黨員被清洗，在起義最堅決的西部地區尤其是如此。[33]

新轉折

一九三二至一九三四年被稱為「新轉折」（*shine ergelt*）時期，採行蘇聯早期的新經濟政策，蒙古人民革命黨和他的青年側翼組織在聯合會議上譴責了「左傾」偏差的攻擊行為。更為激進的蒙古革命青年聯盟（*Mongol huv'sgalt zaluuchudyn evlel*）曾在暴力事件中扮演了主要角色，其暴行包括施行逮捕和處決。這一事態和後來一九六〇年代的青年紅衛兵以毛澤東的名義對中國傳統文化施加的攻擊十分類似。在蒙古，試圖恢復寺院特權或地位的舉動並沒有出現；試圖糾正這段時期一些錯誤做法的行為最終又在一九三二年六月招致了來自蘇聯和共產國際的介入。莫斯科越來越擔心蒙古是東部戰線抵抗日本擴張的一個戰略弱點，因此還給蒙古軍隊提供了訓練。

一九三二年的「新轉折」是一次政治上的完全轉向，目的是為了掩飾對以往災難性政策的推翻。在共產國際和蘇聯共產黨中央委員會的干預之後，它們能夠調動足夠的意識形態力量來說服蒙古人民革命黨的領導層，讓他們修訂其方式。這兩個機構一份批評「左傾」但支持喬巴山的文件在一九三二年五月二十九日從莫斯科發往烏蘭巴托，但是直到六月下旬，人民革命黨中央委員會才正式承認收到了這份文件。這樣的延遲表明蒙古人民革命黨的內部有相當大的衝突，莫斯科和烏蘭巴托之間的周旋也是複雜的。所有的跡象都顯示，喬巴山請求共產國際的幫助來解決本質上的黨內派系鬥爭，但是這一鬥爭對整個國際共產主義運動和保衛蘇聯都產生了影響。喬巴山當時既是外交部長，也是蒙古駐蘇聯的大使。在莫斯科的支持下，蒙古人召開了自己的中央委員會和中央調查委員會的特別會議，推翻了「左傾」，宣布「新轉折」。官方記載對「左傾」和「新轉折」時期加以了區分，但是這只是表面上的。雖然激進和暴力的反宗教主義不再是國家政策，但是這並不意味著這樣的行為已經停止了。繼續迫害喇嘛、沒收寺院財產和土地的行為無疑是符合政府和黨內某些個人或團體的利益。[34]

這一「新轉折」也最終確立了喬巴山在蒙古人民革命黨中的主導地位。雖然此後他被認為是僅次於蘇赫巴托的蒙古革命奠基者，但是在這次特別會議之前，他只是眾多重要人物之一。在一九三二年的派系鬥爭之後，他的權威繼續增長；到一九三九年時，他對蒙古政府和蒙古人民革命黨的控制已經無可爭議，他的上台讓蒙古在實踐做法和風格上都更加接近史達林的蘇聯。[35]

「新轉折」之後，蒙古國內恢復了穩定，並決定以「說服、宣傳和教育」來取代政治強迫，但是從長遠來看，「新轉折」並沒有結束暴力、迫害或死亡——在喇嘛們的世界更是如此。許多寺院和廟宇遭到嚴重破壞，有些還被徹底拆除了，因此到一九六一年的時候，整個蒙古國只有一座完整運作的寺院——也就是位於烏蘭巴托西北角的甘丹寺。今天的甘丹寺已經經過大規模擴建，並成為大量得以重建的寺院之一。在對寺院的「清算」開始前，整個蒙古國大概有十萬名喇嘛，到清算結束時，這些喇嘛中只有不到十%仍然留在寺院裡。其他的喇嘛有許多是被迫轉入了合作社或是成為牧民，但是也有無數的僧侶在這一過程中遭到殺害。[36]

一九六〇年代，在史達林和喬巴山死後，赫魯雪夫的「祕密講話」揭露和譴責了史達林時期的錯誤和罪行，因此有了把一九二九至一九三二年的政府行為重新解釋為過度的史達林主義的可能性。整段時期被定義為「左傾」時期，在這段時期裡，與喬巴山有關的「農村反對派」不再是反對派，而是掌權派，這些人控制了政府和黨。

這一時期的集體化政策也是類似的粗暴和過激。家庭被命令要加入到合作社中，卻不被告知是應該加入什麼合作社，他們要為合作社做什麼貢獻，或者他們要如何從中受益。實際上，合作社是被迫成立的，它只是簡單的將不同家庭的牲畜和從貴族、喇嘛、富人那裡沒收來的牲畜合併在一起。當這樣的做法和對私人持有的牲畜徵收懲罰性的稅收結合起來時，就造成了牧業經濟的危機，有多達一千萬頭牛要麼被宰殺，要麼因照料不當而死亡。一九三〇年代的牲畜數量據估計為二千三百六十萬頭，經過兩年時間就已經下降到一千五百一十萬頭，牛的種群數量直到一九四〇年才恢復到一九三〇年的水平。從整體而言，人們很難找到對這一時期的蒙古或蘇聯政策有任何正面的評價。37

來自日本的威脅

如果不考慮軍國主義日本在二十世紀最初二十五年的迅速擴張，就無法理解蒙古在一九三〇年代的命運。蒙古及其近鄰中國和亞洲大部分地區有著同樣的命運。在一九三一年時，日本軍隊入侵中國東北的滿洲，該地區也是大量蒙古人的聚居地。滿洲國在這個地區宣布成立，這是一個獨立於中國之外的國家（雖然它不屬於日本）。在其他省分，包括現在中國的內蒙古地區也成了日本人的目標，日本的政策是把該地區從中國分離出來。蒙古本身也受到了威脅，其唯一現實的防禦措施就是和蘇聯結盟。日本在一九三七年入侵並占領了中國東部的大部分土地，可以說從滿洲國和內蒙古進攻蒙古的威脅更強了。

來自日本的威脅對蒙古國內政策帶來的影響並不明顯。有日本間諜在蒙古活動，許多人暗中持續致力於支持泛蒙古獨立，這件事被認為將會有利於日本對東北亞的控制。在相鄰的內蒙古，出現了要求自決和脫離中國的激進政治運動，某些這樣的運動是直接受日本贊助的。

其他的組織則更有獨立性，尤其是日本人企圖控制的由德穆楚克棟魯普（Prince

Demchukdongrob，Prince De，德王）所領導的團體。日本的介入在蒙古本土造成了一種偏執焦慮的氣氛，有些人認為，這種氣氛是共產國際所鼓動的。喬巴山的政治反對者被指控協助日本征服蒙古，許多人在一九三七年九月十日晚上開始的大規模逮捕中被抓和被處決。在今天的蒙古，每年的這一天都會紀念在這次政治迫害中遇難的受害者，位於烏蘭巴托的國家博物館門外有一座紀念他們的永久紀念碑。

在這種偏執的氣氛中，在攻擊貴族和寺院的運動中已經建立起權威的蒙古安全機構變得更加強大了。清洗範圍遠遠超過了喬巴山的內部政治對手，包括知識分子、作家、科學家以及更多的喇嘛都遭到波及。在一九三三至一九五三年期間，受到持續清洗影響的人數可能高達三萬六千人。

諾門罕戰役（Battle of Khalkhyn Gol，哈拉哈河戰役）

和日本的緊張關係最終導致了諾門罕戰役的爆發，戰場的地點位於今天蒙古國和中國內蒙自治區邊界上的諾門罕村（Nomynkhan village）附近的哈拉哈河處。蘇聯需要確保蒙古的獨立和不受日本控制，從而能夠保護貝加爾湖和跨西伯利亞鐵路線。在整個一九三〇年代，人們已經清楚地看到，在史達林的俄國遠東全面防禦體系中，蒙古人民共和國是一個重要環節。

史達林於一九三六年發表聲明，指出如果蒙古的領土完整受到威脅，蘇聯將會支持蒙古。莫斯科和烏蘭巴托簽署了互助條約，蘇聯部隊被派到了蒙古。蘇聯駐軍的行動沒有受到人們的普遍歡迎，但是那些反對增加蘇聯影響力的蒙古政治人物不管是肉體或政治上都被消滅了。

總共有兩千名蒙古男子被徵召組成一支現代軍隊，這支軍隊由曾經在蒙古擔任軍事顧問的阿納托利・伊里奇・格克爾（Anatoliy Ilyich Gekker）負責訓練。這支軍隊由蘇聯遠東特別軍的司令瓦西里・康斯坦丁諾維奇・布柳赫爾（Vasily Konstantinovich Blyukher）指揮。他的家族為了紀念在萊比錫和滑鐵盧戰役中與拿破崙交戰的普魯士將軍布呂歇爾（Blücher）而取了這個姓氏。因為兩位蒙古最高階的軍官〔格勒格道爾吉・德米德、加姆加金・拉瓦蘇倫（Jamjamgiin Lhagvasüren）〕都是蘇聯軍校畢業的學生，所以蒙古軍隊能夠像蘇聯軍隊一樣發揮效用。

在滿洲國半自治的日本關東軍負責在邊境建立新的軍事基地，加強其傀儡國的防禦。一九三九年五月十一日，為了開闢對自己有利的新疆域，有一萬名日軍占領了蒙古和滿洲國交接處的哈拉哈河左岸（Khalkh River, Khalkhyn Gol，喀爾喀河）的蒙古領土。蒙古軍隊和蘇軍在反攻中迫使日軍在五月二十九日前撤退到原來的邊境線上。衝突隨即不斷升級，有更多的蘇軍作戰單位在朱可夫（後來的元帥）的調動下來到這裡，他麾下部署有摩托化的裝甲部隊和火炮、蒙古第八騎兵師和一支炮兵部隊給蘇軍提供了支援。蒙古人的貢獻相對而言不大，但是他們的損失也不小。

在七月初，日本軍隊在巴彥查干（Bayantsaagan）遭遇潰敗後被迫撤退，但是他們隨即又從滿洲國派來了增援部隊。朱可夫以更多的坦克兵團、炮兵團和空中支援加以回擊。他的作戰指揮能力優於日軍的指揮能力，八月二十日，日軍在蘇軍的大舉進攻中被殲滅。

九月十二日時，日軍再一次發動進攻，但是在莫斯科的外交斡旋後，一份停火協議於九月十五日簽署。日軍損失了至少一．七萬名官兵，其中有死有傷，其部隊將無法再有能力於東北亞地區向前推進。對於蘇軍和他們支持和訓練的蒙古軍隊來說，這場戰役是一個決定性的勝利。蒙古不僅在戰鬥中提供了軍隊，而且還提供了馬匹、彈藥和用羊毛和皮革製成的軍需品，協助蘇聯在戰場上的努力。

一九四一年，日本外務大臣東鄉茂德和蘇聯外交部長莫洛托夫簽署了條約，穩定了直到第二次世界大戰結束前夕的蒙古前線。雖然軍事和外交上斡旋和運作的結果造成了蘇聯對蒙古內政和外交有了更大的影響力，但是當時蒙古唯一可能的選擇是接受日本的占領。對於蒙古的長期政治聯盟而言，關於蒙古長期政治結盟的問題，正如查爾斯．鮑登所言：「關鍵的選擇已經在一九二一年做出了，所有的邏輯都指向蒙古會繼續忠於俄國。」[38]

喬巴山獨裁的開始

從對喬巴山在蒙古的活動以及他和莫斯科之間關係的詳盡描述中，我們可以對所謂的喬巴山獨裁統治做出一個正確的評估。如果要這麼做的話，就需要對他上台時的論述進行一番再考察，並且對他在清洗過程中的作用做出更詳盡的考量。蒙古官方把蒙古歷任領導都說成是通過正常的官僚體系程序產生出來，而這樣的說法很顯然是靠不住的。正如前面說過的，一九二三年蘇赫巴托去世後，喬巴山沒有立即成為這位革命英雄同事的接班人；他花了超過十年的時間才到達權力的頂峰，而且他的崛起是經歷了殘酷而漫長的派系鬥爭、政治清洗、披著合法處決外衣的暗殺活動之後才實現的。這一切都要經過莫斯科共產國際的同意，並且不斷地面臨著被蘇聯直接干預的威脅。

喬巴山曾經在蘇聯念過軍校並成為蒙古軍隊的高級軍官，但是直到一九三四年以前，他並沒有出現在政治舞台上。他曾經參與一九二四年對於丹增的清剿，到一九二八年時，他和蘇聯領導層已經有了密切關係，以至於蘇聯共產黨蒙古事務委員會建議他辭去蒙古武裝部隊總司令的職務，將他任命為蒙古人民革命黨的總書記。在蘇赫巴托離世的時候，這些事情中的大部分都尚未發生，他扮演的角色只是領導了一個決定要沒收封建財產的委員會。

喬巴山的名字在這段動盪歲月中是作為「左傾」支持者出現的，他在第七次代表大會上談及了和蘇聯保持緊密友誼的需要，但是他依然不是一個重要的政治主角。在這一時期裡，有一系列黨政職務被交給他，但是即使這些職務是當時真正的任命，而不是在後來為了增加他的政治資歷而追任出來的職務的話，也無助於確定他能夠行使多大程度的實權。最有可能的情況是，喬巴山是伺機而動的，而且我們應該記住，歷史學家巴巴爾（他的歷史研究方法和立場是堅定反共的）將喬巴山描述為「最為穩定、恭敬和精於算計的蒙古革命者之一」。

在一九三二年的時候，作為最強勢的人物出現的是根登（Genden）。他得到了史達林的支持並被任命為總理，他受到莫斯科方面的信任，嘗試進行強調現有地方經濟的發展，而不是模仿蘇聯發展的「新轉折」。這本應該會引來一個在宗教、沒收土地和牲畜、貿易政策上的寬鬆時期，卻沒有在蒙古得到廣泛的支持；領導層中的一些人仍希望繼續攻擊宗教機構。根登不願意反駁對於佛教寺院和喇嘛的進一步攻擊，但是他最終和史達林產生了分歧，其主要原因是他反對蘇聯紅軍在蒙古駐軍。

一九三四年，喬巴山被傳喚到莫斯科當證人，有人認為他是魯姆倍事件的嫌疑人，後者曾經短暫地擔任過蒙古人民革命黨的領導人，最終因反革命活動和與日本勾結而遭處決。蒙古政府是無法獨立行事的，對於叛徒和反革命分子的審判和處決要麼是在史達林的莫斯科進行，要麼就是根據蘇聯當局的指示進行。蒙古的清洗是蘇聯在一九三〇年代進行的規模更廣泛的肅反清洗和審判過程的一部分。喬巴山並沒有發起蒙古的大清洗，也沒有直接實施大清洗，但他是一個共犯，儘管他扮演的是從屬的角色，而且常常缺席。但是很明顯的是，他是大清洗結果的受益者。魯姆倍事件標誌著史達林對於喬巴山的庇護開始了，喬巴山很顯然已經說服了蘇聯領導層他不是反革命分子。有一些消息來源聲稱，他通過審訊其他被指控和魯姆倍合作的蒙古人來證明自己的忠誠。

喬巴山從莫斯科歸來時獲得了元帥頭銜：這大概是出自史達林的權威，而不是任何一個蒙古人授予他的。一九三六年的二月二十六日，喬巴山在史達林的堅持下被任命為內政部長，領導一個在原先的內政委員會基礎上建立起來的完整部門，但這個部門實際上是在蘇聯ＮＫＶＤ控制下的，由ＮＫＶＤ提供培訓人員和翻譯並主導著蒙古事務。蘇聯的ＮＫＶＤ在一九三四年時已經轉變成整個蘇聯的主要內部安全部門：它繼承契卡（Cheka，一九一七至一九二二年間布爾什維克的祕密警察組織）並負責實施一九三〇年代的蘇聯大清洗，管理古拉格監獄營和其他的鎮壓機關。蒙古大清洗是其工作內容的自然延伸。

從這一點，喬巴山可說是史達林在蒙古的爪牙，但是他又被任命為內政部長，實際上成為根登的副手。這在很大程度上違背了根登的意願，因此他在一九三七年遭到了清洗，所受的指控是對於在喇嘛中間存在的反蘇態度過於寬鬆，為日本人從事間諜活動，以及個人不當行為——主要是酗酒和私生活不檢點。

當時的戰爭部長和武裝部隊總司令是德米德，他對蘇聯對蒙古的意圖極度懷疑。他受到蘇聯的邀請前往莫斯科，八月二十二日，他在乘坐跨西伯利亞特快列車途經位於新西伯利亞東北方向的泰加（Tayga）站時死於「食物中毒」。德米德後來受到了向日本人出賣蒙古的指控。九月二日，也就是德米德下葬的那天，喬巴山已經接管了他的兩個職位，並在次日發布了三六六號命令，譴責日本間諜和挑釁者對蒙古叛徒的影響。

史達林在八月十三日決定蘇聯軍隊應該永久駐紮在蒙古。這對莫斯科來說是一個高度優先的選項，因為蒙古作為蘇聯的遠東全面防禦體系的一部分，蘇聯希望保衛其東翼，免遭可能發生的日本入侵。八月二十三日，也就是德米德去世後的第二天，一個蘇聯代表團在沒有事先通知的情況下抵達了烏蘭巴托，第二天就以國家小呼拉爾（下議院）和部長委員會的名義發出了蘇聯駐軍的邀請。在這時候，在二戰中防禦蘇聯遠東地區的紅軍第十七軍作戰部隊已經進駐到蒙古的阿勒坦布拉格（Altanbulag）和額倫采夫（Ereentsav）邊境口岸。第十七軍部署了兩個機械化汽車旅、一個步兵師、一個騎兵旅和支援部隊，總共有將近三萬人。史達林的目的得逞了。[39]

蒙古大清洗

一九三七年九月十日，也就是後來成為蒙古紀念史達林鎮壓紀念日的這一天，對黨和政府進行的大清洗開始了。在這場運動中，大多數的蒙古知識分子被開除了政府和黨的職務。一九三九年三月二十八日，在這次清洗運動結束後，喬巴山被宣布為總理。在大多數沿用蘇聯黨政模式的國家裡，掌握最大權力的人是黨的總書記，但是在這一時期，黨的領導層軟弱無力，四分五裂，喬巴山的獨裁統治是建立在他對政府的領導，而不是對黨的領導之上的。

雖然喬巴山從一九三九年到他在一九五二年死亡之前一直是蒙古的統治者，但是他只能在得到史達林和位於莫斯科的蘇共政治局（Politburo of the Communist Party of the Soviet Union）首肯之後才能行使他的權威。喬巴山和史達林（死於一九五三年）是時間非常接近的同年代人，他常常被拿來和這位蘇聯領導人相提並論，尤其是在圍繞著他發展出來的個人崇拜語彙上。在蒙古，對喬巴山的頌揚相較於對史達林的可謂是小巫見大巫，而且他也絕對沒有史達林擁有的那種政治權勢。

喬巴山被認為要對一九三〇年代的鎮壓和清洗負有個人責任，發生在清洗中的行徑還包括對寺院的破壞和對成千上萬名僧人的殺害。在令人震驚的一九三〇年代，雖然他毫無疑問地處於政治結構之中，但是在最嚴重的暴行發生時，他還絕不是蒙古的最高級官員。他對動亂和暴行負有責任，但是這一亂局在一九三〇年代初就已經開始了，他當時還不是重要的政治角色，動亂和暴行的責任要由他和蒙古其他的政治人物共同承擔，尤其是應由史達林和史達林共產國際的代理者來負責承擔，因為正是他們進行了混亂和混淆的干預，並且對暴力浪潮袖手旁觀。[40]

最初的清洗中，需要從權力結構中優先清理出去的一百一十五人名單並不是由蒙古人制定的，它是由ＮＫＶＤ副手米哈伊爾·弗里諾夫斯基（Mikhail Frinovski）策劃的，此人也是臭名昭彰的尼古拉·葉佐夫（Nikolai Yezhov，於一九三六至一九三八年間執掌ＮＫＶＤ）的副手。弗里諾夫斯基說喬巴山是為了讓蒙古擺脫反革命分子而「獨自一人進行鬥爭」。一九三七年九月十一日，清洗目標的指令以喬巴山的名義發出，他隨後向葉佐夫報告了第一次搜捕的成功情況。最早被捕的六十五人是知識分子、中央委員會和小呼拉爾成員、部長和高級軍官。隨後，這場清洗運動轉而針對佛教的建制機構：一九三七和一九三八年，有一萬六千六百三十一名喇嘛被迫害，其中大部分遭到了集體槍決。一九九二年，在木倫（Mörön）附近的墓地發掘發現了一千多具喇嘛的遺體。特別引人注意的還有那些為了躲避史達林的攻擊而逃離蘇聯的布里亞特蒙古人和哈薩克人，他們被蒙古人和ＮＫＶＤ視為實際或潛在的叛徒。[41]

喬巴山沒有發起清洗，或者甚至沒有控制清洗的實施方式。他甚至不是蒙古政府的首腦；一九三六至一九三九年的總理是阿瑪爾。喬巴山在清洗進行得最激烈的時候被傳喚到莫斯科，他在一九三八年八月三十日離開了烏蘭巴托。他此行的表面原因是治病，因為他的健康狀況受到過度勞累的影響，而實際上，他去索契（Sochi）待了一個月時間，這裡是蘇聯菁英階層在黑海之濱的度假地點，這個地區在十九世紀時曾經被俄國和高加索人爭奪。這次在蘇聯的逗留期間，他兩次見到了史達林，並被告知他將會接替阿瑪爾出任蒙古的總理。

喬巴山在一九三九年一月回到了烏蘭巴托，在三月六日舉行的小呼拉爾擴大會議上，他宣布了指責阿瑪爾反革命活動的起訴書。雖然喬巴山在起訴書上簽了字，但是對阿瑪爾的譴責和告發仍然照例是由莫斯科駐蒙古使團的首腦和ＮＫＶＤ的蘇聯工作人員管理的。阿瑪爾被送去了西伯利亞，然後又被轉送到莫斯科，他在一九四一年七月被指控為日本從事間諜活動並受到審判。關於他命運的傳言有很多，但是後來人們得知他是被蘇聯最高法院軍事委員會判處死刑並在七月二十七日執行。在一九五六年赫魯雪夫發表了祕密談話後，對阿瑪爾判決的複審認定他的案件從來沒有任何的實際證據，因而在死後得到了平反。一九九一年蘇聯解體後，俄羅斯政府公開了正義不彰的細節和另外三十一位以這種方式被清洗的蒙古國領導人的案情。

喬巴山並沒有下令實施這樣的清洗和處決，但是他配合了蘇聯當局。他是個軟弱的人，是一個心甘情願的工具，並從此獲得了政治上和個人的利益。然而，他並非一個自由活動的代理人，而是莫斯科和NKVD所作所為的「象徵性掩護」。蒙古的菁英階層屈服在偏執氣氛中，喬巴山也有同感。對日本反革命和間諜活動的擔憂比比皆是；雖然大多數都毫無根據，但它們為指控和清洗提供了有用的藉口。

阿瑪爾被解職以後，在史達林的命令下，喬巴山同時擔任總理和內政部長。這給了他正式的政治權威和對安全機構的有效控制。這時候，另一個來自莫斯科的代表團帶著新的指示抵達：是時候結束恐怖統治了。莫斯科下結論認定這裡有「過度激進」，但毫無疑問的是，大清洗所引起的反蘇情緒是這一戲劇性轉折的主要因素。由於喬巴山在清洗的高峰期時在俄國待了很長時間，因此，他對許多無辜者的被迫害和死亡可以甩開個人的直接責任；四月二十日，他為自己缺席期間的所作所為表示了歉意。他解僱了他的副手，解散了管理大清洗運動的特別委員會，並且對那些被判定是「過度激進」的人再進行了新的清洗；很多人被送到了莫斯科受審。

總的來說，十八個月的恐怖行為造成三．六萬至四．五萬人死亡。與此同時，蒙古全境的八百座寺院和廟宇幾乎無一倖免地被摧毀，包括珍貴宗教文物在內的寺院資產遭到沒收，宗教書籍被焚毀。[42]大清洗的受害者人數眾說紛紜，要得出一個所有人都能接受的數字是不可能的。莫瑞斯．羅薩比（Morris Rossabi）使用了一個低得多的數字：

> 對鎮壓期間死亡人數的估計差別很大，最可靠的數字在兩萬五千人左右。這一數字範圍內遭殺害的佛教僧侶人數也有爭議，但是專家們一致認為，在二十世紀初有十萬人左右的僧侶，到中葉時，繼續在寺院裡的僧侶已經不足千人。大多數人被還俗，也有一些人被殺，絕大多數寺院不是被摧毀就是遭到了嚴重破壞。[43]

一九三九年末，喬巴山回莫斯科匯報政治形勢並請求蘇聯援助蒙古的經濟發展，援助請求中還包括蒙古和蘇聯鐵路系統的串連。在這次出訪任務中，陪同他的是他的助手澤登巴爾，他們在十一月八日離開烏蘭巴托，但是直到一九四〇年一月才見到史達林。喬巴山提出請求能允許他卸下一些職責，但是史達林沒有同意。喬巴山是唯一他願意相信的蒙古人，但是現在澤登巴爾也加入了這個非常短的名單。他們回國以後，喬巴山建立了一個新的統治團隊，他自己是總理和軍隊總司令，澤登巴爾則是人民革命黨的總書記。對於喬巴山的「個人崇拜」是以蘇聯的史達林崇拜為樣本推行的，圍繞著喬巴山把國家從日本人手中拯救出來的說法來建構，但是對史達林的崇拜在蒙古更加盛行。一九四〇年，史達林給喬巴山授予了列寧勳章。[44]

在和史達林結盟這件事情上，喬巴山曾有其他選擇嗎？他所在的蒙古人民革命黨起初是一個獨立的民族主義組織，它非常依賴共產國際和蘇聯共產黨的支持，幾乎就是莫斯科的附屬品；幾乎所有的領導人都是在蘇聯接受訓練的。查爾斯．鮑登認為：

> 在三〇年代，蒙古真正的國家獨立從來就不是一個實際命題。從理論上來說，蒙古要在與蘇共結盟（在一九二一和一九二九年都是完全投向蘇聯）和被日本滲透之間作出抉擇，因為日本的帝國主義野心現在已經開始把蒙古包圍起來了。[45]

唯一的一個其他選項是和中國和解，但這是無法想像的：蒙古在一九二一年之所以發起最初的革命就是要逃脫中國的枷鎖，而且在一九三〇年代時，中國仍然宣稱蒙古是它的，甚至比之前更加民族主義情緒高漲，而且在當時無論怎麼看，中國都正在日本的面前節節敗退。

一九五二年喬巴山死後，澤登巴爾成了繼任者，他從一九五二年擔任政府首腦直到一九七四年，一九五八至一九八四年亦擔任蒙古人民革命黨的總書記。當蒙古人民革命黨中央委員會在一九六一年決定「清算喬巴山個人崇拜的有害後果」時，與史達林統治的類比就再接近不過了。雖然喬巴山能夠有此地位要歸功於史達林、蘇聯和共產國際，以及來自蒙古內部的政治支持，但是喬巴山和史達林在背景、前景和政策上都是不相同的。

歐文．拉鐵摩爾認為，「如果把喬巴山說成是史達林在蒙古的影子，那是對歷史的誤讀。」[46]在和一位前政治犯的談話中，他告訴拉鐵摩爾：

> 當我在一九四四年見到喬巴山的時候，在我看來他一點也不像是那種搞陰謀算計的人。事實上，我覺得他身上有很多老派蒙古人的優點——你知道的，直率、直來直往的。難道他不能阻止這些事情嗎？或者說，他不能至少對他認識的人的案子給予干預嗎？〔受訪者回答〕「喬巴山沒什麼問題，他是個好人。但是他頂著巨大壓力，而且他的權威是受限的。」

喬巴山最喜歡的事情莫過於參加蒙古人的傳統遊戲，或者是在某個牧民的蒙古包裡停下來，大口地豪飲發酵馬奶，然後滔滔不絕地講話。然而，他還是滿足於用史達林的影子來上位，並且無情地利用這一點，或者是允許這件事被利用。[47]

喬巴山的形象

烏蘭巴托的蒙古國家博物館展出的喬巴山形象和他的前任形象截然不同。蘇赫巴托以統率之姿，身穿蒙古袍（*deel*）和馬甲的傳統服飾，這樣的形象很像是一個老式的牧民戰士。喬巴山以現代領導人的身分出現——但是是蘇聯式的現代——在一九四〇年和他襁褓中的兒子聶耳古在一起；與蘇聯駐蒙古的軍隊指揮官一起；一九三九年和蘇軍指揮官朱可夫元帥在一起；以及一九四四年和國防部長澤登巴爾在一起，後者也是他的最終繼任者。喬巴山的元帥軍服和佩劍十分令人印象深刻，儘管有長長的流蘇以凸顯他的高階，但它並不華麗。一個特殊的裝飾——蒙古人民共和國元帥的金星勳章——在一九四四年被授予喬巴山以表彰他的軍事成就，這枚勳章也在國家博物館裡被放在顯要的地點展出。[48]

第五章

二戰後的蒙古

澤登巴爾和巴特蒙赫時期

1952-1984　　1984-1990

在一張拍攝於一九四四年的喬巴山和澤登巴爾的照片中，喬巴山身穿整齊的軍裝，佩戴著蒙古陸軍元帥的肩章。坐在他右邊的是他的繼任者澤登巴爾，身上穿著帶有中將勳章的軍裝，對於如此高階的軍銜而言，年僅二十八歲的年紀顯得非常年輕。他帶著崇敬又愛慕的目光注視著喬巴山，彷彿是在向他的指揮官求教。[1]

澤登巴爾在一九五二年接班了他的導師並成為部長委員會主席，他的造型在這時候已經顯得更加成熟，照片裡，他和蒙古人民革命黨中央委員會的其他成員一起，穿著西式西裝，只配戴了兩枚勳章。這種形象上的改變並非完全偶然；澤登巴爾的崛起意味著與軍國主義和史達林主義的過去決裂，開啟了一個計畫經濟發展的時期。這種發展也和蘇聯的後史達林時期的政策有著密切對應。[2]

一九四五年的全民公投

一九四五年時，蒙古已經和蘇聯牢牢地綁在一起，但是其地位並沒有被國際社會接受。尤其是中國仍認為自己對這塊領土有歷史性主張，且希望收復清朝時屬於中華帝國的整個蒙古（內蒙和外蒙）。當時的中國在形式上仍然由蔣介石的政權統治著。在抗日戰爭期間，它所統治的地域只是臨時性的陪都重慶，但是它仍然是受國際社會承認的整個中國的合法政府。由於它和美國以及其他盟國在抗日戰爭和對希特勒德國的戰爭中結盟，因此也被當作是大國之一。蘇聯也在這個聯盟中，出於意識形態、戰略和地緣政治方面的原因，它不希望看到蒙古重新回到中國的控制下；這與蒙古人民的普遍意願不謀而合，他們不希望再被中國人統治。中國也無力堅持自己的主張，但是為了挽回顏面，蔣介石同意如果蒙古人在全民公投中表達出了這一願望，中國即接受蒙古獨立。有一個說法是，作為回報，中國將保留對中國東北——滿洲——的控制權，中國在這個地區和沙俄帝國及其繼任者蘇聯存在著邊界爭端。

小呼拉爾（實際上是大呼拉爾選出來的主席團）在一九四五年二月開會時正式通過了一項決議，要求就蒙古獨立問題舉行全民投票。獨立公投的公告是以傳統蒙文印刷出來的；當時這麼做的假設顯然是認為只有傳統的文字才能被大多數識字的人民理解。有一份宣傳公投的海報也是用傳統蒙文印刷，海報上有一個帶著傳統氈帽、身穿蒙古袍、高舉右臂的牧民，他的身影疊加在一張蒙古地圖的輪廓上。海報的左上方是一個新的國徽，為了「激進地破舊立新」，蒙古在一九四〇年代快速替換了在大眾間流行的索永布符號國徽。這個得到史達林批准的新國徽，上面有一個騎著馬的牧民手裡拿著套索，奔向太陽……周圍有被保留下來的四種傳統牲畜，圓形的邊框上，裝飾著傳統的蒙古紋樣。[3]

海報上的訊息告訴蒙古人，在這次公投中，他們要以投票的方式贊成或反對以下的聲明：「我是蒙古人民共和國的公民，我最真誠的願望是時刻用身體和精神捍衛我們國家的獨立。我向祖國的獨立致敬。」這場公投在一九四五年十月二十日舉行。公投日被定為全國性的節日，並在前期進行了大規模的政府宣傳。公投是在外來觀察員的監督之下進行的，他們之中也包括中國派出的觀察員。投票是在三千三百零四個地方投票委員會的組織下進行的，公投結果是沒有一人反對獨立：在四十八萬七千四百零九名選民中，有許多人不識字，他們必須要用按手印的方式表達自己的喜好，人們「一致地表達了他們的獨立願望。」[4]

在歷史學家巴巴爾看來，公投是一場「政治鬧劇」；因為人們從來就沒有對公投會得出的結果有所懷疑，因此這場投票才可以很容易地以公平和民主的方式完成。雖然選舉的機制可能會引來質疑，但是其結果並沒有被質疑，而且中華民國也正式（雖然不情願）承認了蒙古人民共和國的獨立。這場獨立運動建立在反華民族主義或愛國主義的基礎之上，並且受到了鼓勵，自從一九一一年以來，這種民族主義或愛國主義一直充斥在蒙古革命中。蒙古人民共和國現在從中國獨立出來了——實際上，蔣介石的政府很軟弱，除了接受現實之外，他們什麼也做不了——但蒙古卻無法獨立於蘇聯，因為它的經濟、國防仍然仰賴著蘇聯。史達林同意不把蒙古併入到蘇聯中，但是有一個地區除外，烏梁海（Uriankhai）在一九二一年被更名為唐努圖瓦

（Tannu Tuva），這個地區並不將自己視為傳統蒙古的一部分。它的語言更多是突厥語言而不是蒙古，而且這個地區從一九四四年以來就已經是蘇聯的一部分了。在俄羅斯聯邦中，圖瓦以一個共和國的方式被保留在聯邦中。[5]

澤登巴爾上位

澤登巴爾（一九一六－一九九一）一九五二年接替了喬巴山擔任總理職務，任期持續到一九七四年。在他上任前並沒有其他的候選人，沒有人公開反對他繼任。一九七四至一九八四年，他擔任總統；一九五八至一九八四年期間，他還同時擔任蒙古人民革命黨的總書記，但最終被免職，被迫在莫斯科退休。他執掌蒙古三十二年，在他被迫退休後，蒙古人民革命黨的統治只維持了六年。

澤登巴爾一九一六年九月十七日出生於烏布蘇省的達烏斯特區（Davst district of Uvs），是第一個完全生長在革命後的國家領導人。澤登巴爾的家族屬於杜爾伯特部（Dörvöds），他們是一個少數族群，屬於西蒙古的衛拉特。他早年生活受到蒙古與蘇聯關係的強烈影響。杜爾伯特位於蒙古西北部，和現在的俄羅斯聯邦圖瓦相交。澤登巴爾曾經在西伯利亞城市伊爾庫茨克的財經學院學習，一九三八年畢業。他在高加索地區旅行了一段時間，然後回到蒙古，在烏蘭巴托金融學院任教。在很短的時間內，他就被任命為該學院的副院長，隨後擔任了蒙古政府的財政部副部長。[6]

澤登巴爾以如此年輕的年紀迅速上位，反映出在莫斯科的眼中，在蒙古現有的領導層裡，既能幹又在政治上可靠的人選並不多。這也源於他和他的前任喬巴山長期而密切的關係，喬巴山和蘇聯的領導層一直將澤登巴爾看作是一個王儲般的角色。作為一九三一年蒙古革命青年團的成員，他在一九三九年加入成年人的蒙古人民革命黨，僅僅一年後就入選了中央委員會和主席團。一九四〇年四月八日，他擔任蒙古人民革命黨的總書記，在他做出的許多重要決定中包括拋棄傳統的蒙古文字系統，改用西里爾字母。一九四一到一九四五年是第二次世界大戰對蒙古產生最大影響的時候，他在這時擔任軍職，擢升中將軍銜，並擔任蒙古人民軍的副司令和政治局主任。

一九三八年澤登巴爾還是一名學生的時候，他就已經引起共產國際官員的注意，在那一年的夏天，他首次被邀請和喬巴山一起前往莫斯科時，不過因找不到他，所以沒有成行。一年後，在史達林的邀請下，他陪同喬巴山在十一月十八日從烏蘭巴托啟程前往蘇聯，但是直到一九四〇年的一月三日才見到這個強人。年僅二十四歲的澤登巴爾被克里姆林宮視為掌權二人組中僅次於喬巴山的角色，在回到蒙古後召開的第十次黨代會（一九四〇年三月二十日至四月五日）上，他被任命為蒙古人民革命黨的中央委員會總書記。自此以後，黨內的主要人物遭到了清洗，其中包括中央委員會的前幾任書記，諸如被當作反革命分子在莫斯科被處決的魯布桑道爾吉（Khas-Ochiryn Luvsandorj），死在獄中的巴桑扎布（Banzarjavyn Baasanjav）和倖存的丹巴（Dashiin Damba）。[7]

當澤登巴爾在喬巴山一九五二年死後繼承蒙古國的領導權時，他也繼承了對戰前蒙古過激行為和喬巴山獨裁統治風格一定程度的憎惡。然而，這並不妨礙他允許出現對自己的個人崇拜，儘管這種崇拜的規模比較小。他安排自己在蒙古和蘇聯獲得許多勳章和榮譽，其中包括仿效其導師喬巴山的元帥頭銜。[8]

雖然蒙古人民革命黨繼續控制著蒙古這樣一個一黨專制國家，但是澤登巴爾時期的政治文化則並不那麼殘酷，這也反映出蘇聯在赫魯雪夫領導下的去史達林化。不過，澤登巴爾也會毫不猶豫地消滅政治對手，但一般而言，這些人不會被處決，多是被開除公職、監禁或者被流放。

澤登巴爾的妻子阿納斯塔西婭・伊凡諾夫娜・費拉托娃（Anastasia Ivanovna Filatova, 1920-2001）不僅是俄羅斯人，而且還跟蘇聯共產黨從一九六四年掌權至一九八二年的總書記布里茲涅夫（Leonid Brezhnev）家族有密切關係。她對她丈夫擁有巨大影響力，澤登巴爾在任何情況下都習慣緊密地跟從蘇聯的政治潮流。

澤登巴爾是在沒有政治反對的情況下掌權的，而且統治蒙古超過三十年，但是不能因此就假定他從來沒有面臨過政治上的挑戰。蒙古和蘇聯的親密意味著其本國領導層和知識界是感覺得到有不滿情緒正在日益壯大，這種情緒在赫魯雪夫於一九五六年揭露史達林時期惡行的「祕密講話」和隨之而來的去史達林化以後變得正當化了。烏蘭巴托的領導層面臨著來自知識分子和人民革命黨內一些高級成員的類似批判，但是這些批判遭到政府的無情抵制，內部批判者被斥責為「錯誤的知識分子」、右派分子和反革命分子，說他們是在「破壞社會議程」。[9]他們被從所有具影響力的職位上除名並被強力壓制了。這一動作也呼應了在大約同一時間發生於中國的反右運動期間對知識分子的對待，但是沒有證據表明兩者之間有直接的政治連繫。

澤登巴爾時期的社會主義建設

在澤登巴爾統治時期，國家對羊毛、肉類和牛奶的生產施行蘇聯式的配額制，這些配額成為推動畜牧經濟發展的主要力量；由此發展出以加工畜牧業原料為基礎的民族工業。在蘇聯的援助下，按照蘇聯工業聯合企業的模式建立了新的工廠和合作社，例如庫蘇古爾湖

（Khovsgol）南岸的哈特加勒（Khatgal）新建了一個新的洗毛廠，首都烏蘭巴托也有類似的發展。毫無疑問的，這種工業化和蘇聯經濟的需求密切相連，但是蒙古也從中得到了好處：新出現的設施包括一個大型發電站、無線電廣播電台、獸醫服務、醫院、幼兒園、郵政服務、劇院和電影院。[10]

一九五〇年代末，蒙古再次仿效蘇聯模式將一些地區劃為「處女地」，用於種植糧食和蔬菜。這是引導國家擺脫對畜牧業絕對依賴的一部分嘗試。一九五七至一九五九年間，出現了將私有財產集體化的運動，將集體經濟作為蘇聯社會主義原則概念中的新式經濟基礎；此舉給蒙古的畜牧經濟帶來了問題。

工業部門也有了發展，原本小規模的游牧定居點，例如達爾汗（Darkhan）、額爾登特和巴嘎諾爾（Bagannuur）都被發展成工業中心；額爾登特的礦業綜合產區成了「蘇蒙兩國友誼與合作」的標誌和樣板。這樣的訊息也在一九八一年三月三十日揭幕的一面銅製掛牌上呈現出來，這個牌子是用額爾登特和蘇聯開採出來的銅一起鑄造的。隨著經濟的發展，人口也在增長中。在一九二一至一九八八年間，蒙古公民的人數翻了四倍，到達了兩百萬人。

儘管蒙古的發展是和蘇聯——尤其是蘇聯亞洲地區——模式緊緊綁在一起的，但是至少還存在兩者不同的認知。最不尋常的特點就是一直發展到澤登巴爾時期的一套關於經濟發展的話語，聲稱蒙古繞過了資本主義階段，從過去的封建制度直接跳躍到社會主義的現在和未來，這套話語就是快速集體化工程的正當理由。流動的宣傳小隊在草原上巡迴宣傳此一奇蹟和集體化、工業化的好處；蘇聯社會現實主義風格的宣傳海報被送往各處張貼，也加強了這樣的宣傳力道。[11]

經濟發展是澤登巴爾當政時期的主要優先事務；其政策的重點是畜牧業，試圖將糧食的生產增加七十％以上並推廣電氣化。根據一九五三年三月蒙古人民革命黨代表大會商定的一九五八至一九六〇年的三年計畫，優先考量事項是按照傳統蘇聯模式，在蘇聯援助下，將蒙古的經濟從目前依賴畜牧業的狀況轉變為農業－工業經濟。在五〇年代初，人們還期待著與莫斯科尚未疏遠的中國援助。在六〇年代初，工業部門對國民生產總值的貢獻率上升到三十八％，這主要是因為經濟互助會（CMEA，Comecon）的投資。到一九七九年時，蘇聯官方英語報紙《蘇維埃週報》在一篇關於可靠盟友的專題報導中，將蒙古描述為一個「農業－工業國」，但是蒙古的畜牧業生產仍然占其農業產出的七十七％。[12]

蒙古在蘇聯支持下實現工業化的驕傲和喜悅體現在新城市額爾登特上，這是著名的大型銅礦和鉬礦開採及合成工廠的所在地。如果沒有蘇聯有色冶金部門專業人員的貢獻、沒有蘇聯工程師的技術培訓、沒有貝加爾湖附近工廠提供的電力線路的話，這座城市是不可能建成的。蘇聯對蒙古工業化的貢獻還包括在整個一九五〇和六〇年代的公路設計計畫，以及連接莫斯科、烏蘭巴托和北京的跨蒙古鐵路。當然，這並不是出於純粹的利他主義，因為蒙古的經濟發展是要符合蘇聯利益的，但這一現代化計畫確實也提高了蒙古人的生活水準。醫療和教育由國家免費提供，人民的平均預期壽命從一九二一年的三十二歲上升到一九七九年時的六十五歲。[13]

一九五二年簽訂的《中蒙經濟文化合作協定》是與傳統敵人建立新關係的里程碑。中國以貸款和提供中國勞工的方式支援鐵路和其他重大建設計畫。烏蘭巴托也跟隨北京支持了一九五五年萬隆會議和國際關係和平共處五項原則。

兩國在一九六〇年五月三十一日簽署了另一個協議，《友好互助條約》從表面上看來應該是雙邊關係持續保持熱絡的標誌，但日益強大的中國影響力和中國對蒙古領土的歷史主張記憶造成了緊張和猜疑的暗流。

從一九六〇年開始，中蘇之間的關係不斷惡化，在六〇年代末的邊境軍事衝突發生後，中國和蘇聯不再是盟友，而成了對手。蒙古站在蘇聯的一邊，這既是出於眼前的實際原因，也是出於對崛起中國的歷史性恐懼。北京的援助中斷，兩國跨境的貿易也急遽萎縮。

根據一九六六年蒙古人民革命黨批准的新經濟計畫，進一步將推動傳統的游牧經濟轉變為更為接近美國畜牧大草原的牧業體系並發展小型的工業部門。但由於嚴寒的冬季（包括會讓牲畜大量餓死的令人恐懼的暴風雪）和隨後的乾旱導致糧食欠收，加劇了實現這一改變的困難。不過在接下來的一九七一至一九七五年的五年計畫期間，儘管天氣惡劣，但情形仍有所改善，其中多是由於蘇蒙兩國政府和企業之間的援助和合資。

雖然經濟發展完全以蘇聯模式為基礎，但是蒙古經濟也有機會表現出蒙古的差異和「蒙古性質」。在一九六二年時，烏蘭巴托發行了一套紀念成吉思汗誕辰八百週年的郵票。與此同時，在肯特省（Khentii aimag）的古爾萬湖（Gurvan Nuur，意為三湖）樹立了一塊新的紀念碑以紀念蒙古偉大的統一者。這種表達蒙古人獨特身分認同的方式可能更多是針對中國而不是蘇聯，但是遭到了莫斯科的反對。[14]

澤登巴爾的案件

兩位和澤登巴爾研究院（Tsedenbal Study Academy）有關係的學者寫了一篇文章紀念這位一九一六年九月十七日出生的政治領袖一百週年誕辰，這篇文章簡單明瞭、相對正面的評價「澤登巴爾及其遺產」。澤登巴爾是蒙古人民革命黨任期最長的領導人，曾經在黨內、政府和軍隊中擔任重要的職位。他的崇拜者指出，在冷戰時期，他成功地保持了蒙古的「獨特性」，當時所有的蘇聯盟友都受到壓力，不能遠離蘇聯的「社會主義」模式。蒙古領導人被說服，只有「社會主義式的民主」才能在一個分裂的世界中保護他們。蒙古人的歷史經常給蒙古人民提供靈感和啟發。澤登巴爾指出：

> 作為個人，成吉思汗是一個非常有才華的人。他用他的戰爭證明自己是天才軍事指揮官。他在團結蒙古人民方面起了進步作用。成吉思汗無疑是一位重要的政治家，一位有才幹的指揮官，也是蒙古民族意識的創始人。[15]

「進步」這個詞和成吉思汗的名字放在一起有些令人無法接受，但是蒙古人一直很欽佩他的力量和他在世界上的地位，現在的蒙古人喜歡強調的是他的外交技巧和團結各個不同又爭吵不休的蒙古部落的能力，這樣的話，他就可以被稱頌為現代蒙古民族主義的先驅。在此一時期，人們為成吉思汗樹立了一座雕像，並對他的事業進行了研究，但是當時的公眾對成吉思汗重要性的宣揚程度要比在一九九〇年以後低調得多。這種低調作風原因之一是莫斯科當局對於烏蘭巴托的批評。紀念成吉思汗誕辰八百年的活動受到了蘇聯當局的嚴厲批評，蒙古政治局委員圖木爾奧其爾（Tömör-Ochir）被指控具有「民族主義傾向」，因為他將成吉思汗這位讓俄羅斯遭受過「韃靼之軛」的歷史角色加以「理想化」；他之後因為「反黨活動」而遭到了開除。[16]

比較隱晦的是，澤登巴爾對博格多汗的貢獻看法是正面的，並且將他的宮殿保留成博格多汗宮殿博物館，不過此計畫早在喬巴山的時候就已經開始了。澤登巴爾還積極地為那些在一九三〇和四〇年代被捏造罪名而遭到清洗的蒙古政治人物平反。他的名字與早在一九四〇年代就頒布的防止進一步迫害發生的新立法有關，也和一九五六和一九六二年蒙古人民革命黨中央委員會正式確定平反進程的全體會議有關。人民控制委員會（People's Control Committee）的創立也有他的功勞，這個組織是一個全國範圍的團體網絡，理論上對政府有牽制力，有機會對政府行為加以評估，並且對重大政策加以開放討論。

他「親自參與了一九四〇和一九六〇年《蒙古人民共和國憲法》的起草、批准和實施」，這兩部憲法都參考了蘇聯憲法並強調蒙古人民革命黨的「指導作用」。儘管黨在現實中和憲法中都起主導作用，但是澤登巴爾的崇拜者堅持認為這些憲法工作體現了「民主原則」，為一九九〇年革命後出現的民主奠定了堅實的基礎。著名的法律學者喬治・金斯伯格（George Ginsburgs）認為一九六〇年的憲法是「蘇聯憲政的先進典範……是共產主義集團內的先鋒文件」，它成熟而清晰，「以人民民主的形式正式確定了蒙古向完全『社會主義』過渡」，並採用了和一九三六年蘇聯憲法模式幾乎相同的行政結構。[17]很明顯的，憲法和現實中的政府並不相同，但它確實承認了蒙古作為人民民主和法權上（*de jure*）獨立國家的地位。

澤登巴爾帶頭推動了蒙古的經濟發展，當時的蒙古經濟按照任何國際標準而言都是落後的，它面臨著經濟上巨大的困難，除了和蘇聯的聯繫之外，是孤立隔絕的。澤登巴爾在第二次世界大戰前就有政府工作經驗，後來成為蒙古國家計畫委員會的主席，並最終成為政府的首腦。他在政治上和個人上都與蘇聯政府關係密切，必須在符合蘇聯「現代」定義的發展和蒙古經濟需要的發展之間保持微妙的平衡，因為蒙古經濟在很多方面都與蘇聯的其他共和國不同，尤其和俄羅斯的經濟不同。游牧經濟不僅要滿足農村和城市人口的需求，還得為工業提供牲畜來源的原材料並給國家出口做出貢獻。莫斯科正在向烏蘭巴托施壓，要求他們引導牧民過定居生活，因為這樣的生活方式被認為是「現代」的，而且效率更高。澤登巴爾的政府開始了受蘇聯啟發的開墾「處女地」計畫，也試圖利用新技術改進牲畜的飼養方法以強現有的游牧經濟。

工業化和城市化也是蘇聯的優先發展事項，這種發展模式速度很快，讓烏蘭巴托的城市擴張迅速，提出新的住房、醫院、學校、學院和文化中心的需求。在通訊方面的創新對於一個人口分布如此分散的國家來說是異常重要的，這方面的成就包括新的廣播電台、電視台、無線電中繼器和衛星通訊的開端。

作為受過現代教育的第一代政治領導人之一，澤登巴爾和所有在蘇聯留學的人一樣，都認為教育是一個高度優先的考量事項，在他的任期內，又有數千名中小學生和大學生獲得接受中等和高等教育的機會。蘇聯式的現代醫療體系也在蒙古各地推廣。澤登巴爾還對甘丹寺的僧侶給予支持和鼓勵，儘管直到一九九〇年才完全開放，但是甘丹寺是在他統治期間內的唯一寺院。他「親自參與了諸如慶寧寺（Amarbayasgalant）和曼殊室利寺（Manjushir）這樣古老佛教寺院的修復工作。」

澤登巴爾在國際舞台上十分積極地推動了蒙古於一九六一年加入聯合國。一九七三年四月，他負責向蒙古人民革命黨中央委員會提交了一項決議，授權開始與美國就建立正式外交關係進行談判，但這一外交關係直到一九八七年才最終建立起來。

儘管不是自願的，但澤登巴爾受到他和蘇聯領導層緊密的政治和個人關係裹挾，加上他對蘇聯模式的確信，他尤其相信以蘇聯的經濟模式再做一些修改，這樣的道路是蒙古必須要遵循的模式。雖然是這樣，仍然可以看出他能夠對蒙古不同於他國的經濟和文化作出讓步。能夠確定的是在他擔任總理和總統期間，蒙古放棄了史達林和喬巴山時代的大部分專制，在意識形態上遠沒有那麼封閉，而是走向更為開放的社會。如果蘇聯不是已經在鋪陳這樣一條道路的話，澤登巴爾是不太可能會實現這種改良的——儘管仍十分有限。[18]

權力頂峰的變化

作為總理和國家元首的澤登巴爾看起來已經穩定了，但是內部仍有人反對他的統治，而且有關他健康狀況下滑的擔憂也是存在的。執政黨的組成也正在發生變化。儘管在他的統治期間有實現了一些變革，但是他和他的導師喬巴山統治時期盛行的是史達林的肅反清洗文化和獨裁主義。澤登巴爾的妻子費拉托娃出生於俄羅斯，和布里茲涅夫家族的關係密切，她所扮演的角色受到質疑，人們普遍認為她積累了太多的個人權力。

一九七一年人民革命黨召開年度大會選舉政治局、中央委員會和祕書處的時候，有八十%以上的成員是新成員。三年之後，澤登巴爾辭去了總理職務，由扎姆巴·巴特蒙赫（Jambyn Batmönkh）接任，但是他仍然保留了人民革命黨總書記的職務並擔任國家元首直到一九八四年。儘管當烏蘭巴托方面要求得到比莫斯科準備提供的援助更多時，雙方經常發生衝突，但他和蘇聯的關係依然密切。

自一九六四年推翻赫魯雪夫後就一直當政的蘇聯共產黨總書記布里茲涅夫在一九八二年死亡，此後是兩個健康狀況不佳的繼任者安德洛波夫和契爾年科的簡短中間期，蘇聯隨後進入到了戈巴契夫的改革時代。這個挑戰和戲劇性變化時期的口號是「*glasnost*」和「*perestroika*」

（開放與改革，改革開放）。很顯然的，新的政權打算要開啟一段深刻的經濟和社會變革。對蒙古而言，更至關重要的是戈巴契夫政府也尋求和中華人民共和國的和解。理論上，這兩個共產黨國家是盟友，但是任何真正的合作早在一九六〇年就破裂了，兩國關係從未從一九六〇年代初的意識形態爭端、中國文化大革命和一九六九年的邊境戰爭中恢復過來。[19]一九八四年八月，澤登巴爾前往莫斯科治病，在他缺席的情況下，他被毫不留情地解除了總統職務，此事是巴特蒙赫和烏蘭巴托的其他反對者策劃的，但是也得到蘇聯政府的積極協助。澤登巴爾被剝奪了所有的政治榮譽，他的人民革命黨黨籍被取消，只是因為身體虛弱才避免了受審。他的餘生是在莫斯科的一個公寓裡度過的，他於一九九一年在那裡去世。[20]

澤登巴爾的遺產仍然存在著爭議：批評他的人指責他造成了國民經濟的停滯不前，在他執政期間，雖然經濟有些增長，但明顯地沒有擁抱改革，而且人們還批評他專制的政府風格。他那些為他對莫斯科的忠誠背書的政治同伴們則試圖恢復他的聲譽，並與澤登巴爾的親友們一同安排為他在烏蘭巴托樹立雕像。如今這座雕像就位於市中心附近國立戲劇學院的門外。蒙古仍然不願意完全拒絕蘇聯時代的遺留問題，這一點從一九四六年所樹立的爭議人物喬巴山的雕像仍然矗立在國立大學外就可以一目了然。當蒙古人民黨在二〇一六年六月贏得了呼拉爾選舉時，其優先處理事項之一就是慶祝澤登巴爾的百年誕辰。

巴特蒙赫和改革的先驅

澤登巴爾的替代者是把他推翻的巴特蒙赫，後者是一個學術經濟學家和大學的行政人員，而且在莫瑞斯．羅薩比看來，是一個「冷靜的共產黨幹部」，他在一九八四至一九九〇年間擔任蒙古人民革命黨的總書記。巴特蒙赫允許政治和經濟改革，並且逐漸接受了在蒙古國效仿戈巴契夫蘇聯改革方案的必要性。他發布了關於經濟分權和革新的指示，人民革命黨的官方日報《真理報》（*Ünen*）甚至刊登了戈巴契夫一九八六年在蘇共代表大會上關於經濟自由化的決定性談話的全文翻譯。巴特蒙赫在實施黨和政府結構改革方面的動作比較慢，但是政治體制的特點已經在不斷變化；到一九八九年時，體制內包含了大量有影響力的個人，他們致力於更大的開放和問責制，儘管這並不算是完全的多黨民主制度。[21]

一九八九年，巴特蒙赫還負責成立了一個委員會正式承認了在喬巴山領導下的鎮壓規模，同時也批評了澤登巴爾為自己建立的個人崇拜。在巴特蒙赫的領導下跟隨蘇聯的步伐，蒙古和中國的關係逐步改善。兩國在幾十年不佳的關係後，建立起了經常性的各級別貿易和交流。

一九八九至一九九一年，隨著蘇維埃政權的土崩瓦解，人們對巴特蒙赫的最深印象也許就是他在蒙古向民主制度過渡的過程中所發揮的作用。他因為堅決拒絕使用武力來維護蒙古人民革命黨的權力，以及一九九〇年三月時監督因為莫斯科撤出支持而被削弱的政治局和政府辭職而受到人們的尊敬。他在退休後便退隱到田園種菜的生活中，並於一九九七年去世。

巴特蒙赫的政府由一個民主革命期間上台的後蘇聯時期的蒙古政府所接替，這個政府的領導人是彭薩勒瑪．奧其爾巴特（Punsalmaagiin Ochirbat）。人們通常用首字母P作為奧其爾巴特名字的簡稱，用P．奧其爾巴特來區別G．奧其爾巴特（曾短暫擔任蒙古人民革命黨總書記的人物），不尋常的是，「Punsalmaagiin」的名字是他的母系名字而非父名，因為他在五歲時喪父，隨後便改用了母名。奧其爾巴特於一九九〇至一九九七年擔任蒙古的總統，是第一位直接選舉出的蒙古總統。[22]

改革前夕的經濟和社會

澤登巴爾時期蒙古經濟的管理是盡可能地模仿蘇聯模式。它採用中央計畫的經濟，這種體制通常被批評者稱為「命令」經濟。針對經濟提出計畫從而成為一個高度優先的事項。雖然五年計畫是規範，但是蒙古最為重要的計畫是三年計畫，這是在一九五八年三月召開的蒙古人民革命黨第十三次代表大會上確立的。它的目標是將國家經濟從主要依賴畜牧業向農業－工業經濟轉變；為了完成轉型，國家需要巨大的經濟援助。一九六二年六月，在蒙古獲得加入聯合國的許可後，該國也成了經濟互助會（CMEA，Comecon）的成員國：此舉可以讓烏蘭巴托確保得到貸款和援助，並且調節其和蘇聯及盟國的經濟關係。蒙古的經濟在一九六〇年代遭遇到嚴重問題，這種情況有一部分原因是災難性氣候造成的，另有一部分原因則是和另一份在一九六六年通過的經濟計畫有關；這份計畫集中力量試圖將游牧的放牧方式轉變成農場式的體制，政府本以為這樣的體制將有助於更加穩定地管理牲畜。

雖然蒙古在這個時期已經擁有了工業和農業，但是它的經濟仍然依賴牲畜飼養，這一活動是通過集體單位來組織的，這個單位被稱為「*negdel*」，它的字面意思就是集體農場：

從一九六〇到一九九〇年，實際上每一個蒙古畜牧家庭都是當地集體組織的成員，這個組織叫作「集體農場」，牲畜的飼養和生產會在組織裡按照社會主義國家計畫的要求來共同管理。「集體農場」的存在表示在這個時候存在著一些勞動力專門化的嘗試，因為所有的集體牲畜都會按照品種和年齡隔離開，除此之外，大量的技術和行政職位會允許一些成員作為非牧民工作。在核心意義上，集體農場是一個綜合性的單位會議，它囊括了畜牧家庭每一方面的社會和經濟需要。它會提供免費的教育、醫療和贍養費。它會提供獸醫服務，動物的庇護所，乾草垛和人力與設備的運輸。各個「集體農場」會一同扮演市場的角色，採購所有的牲畜產品，而用消費品作為支付方式（以物易畜）。[23]

除了集體體制之外，幾乎所有的家庭都仍然保有小型的私有牲畜。政府對於私人擁有的綿羊、乳牛和馬匹的數目會加以限制，按照一些人的估算，在一九九〇年以前，這種私人產業部門占蒙古全國牲畜總數的三分之一。體制改革在巴特蒙赫的時期開始；集體農場和牧民之間的生產協議在一九八七年獲得政府批准，牧民家庭漸漸有了更大的空間來提高自己的收入。完全的私有化是在一九九〇年一黨專制國家倒台之後才開始的。[24]

蒙古和外部世界

直到一九九〇年代為止，因為蒙古的遙遠和孤立，這個國家被描述為「中亞黑洞」，不過它和其他國家也有保持著聯繫；出於地緣政治和歷史原因，和蘇聯的聯繫是最為緊密的，但它和其他鄰國也有保持聯繫。

直到一九九〇年為止，蒙古人民共和國總被描述是蘇聯的「衛星國」。雖然澤登巴爾曾傾向於完全加入蘇聯，但是和哈薩克或吉爾吉斯不同，蒙古並不是一個蘇聯加盟共和國。在和莫斯科的關係中，蒙古比其他的蘇維埃共和國擁有更多獨立性，但是比那些有時候也被稱為衛星國的東歐國家自治權少。

烏蘭巴托遵循莫斯科的政策，在外交關係上尤其是如此，但它也並不總是一聲不吭、沒有怨言。刊登在《蒙古國際事務學報》（*Mongolian Journal of International Affairs*）的一篇文章中，作者扎隆太・巴拉茲（Szalontai Balazs）討論了匈牙利的檔案文件，文章揭示出蒙古人民革命黨的領導層憎恨他們被外國人主導，而且試圖拿出一套獨立於莫斯科之外，同時也保持足夠親近來接受支持和經濟援助的經濟政策。雖然在蒙古的蘇聯外交人員不會發出任何的抱怨，但在東歐外交使團代表們呈交的一份報告裡有他們對於受到蒙古官員惡劣對待的抱怨。其中一些抱怨是出於誤解、不熟悉當地習俗以及他們受到的不正規待遇而引起的。另有一些抱怨則更為嚴重，表明蒙古官員不滿蘇聯陣營外交官對待他們的方式，並以徒勞無益、不服從甚至是低級的騷擾方式來表達反感。一九六〇至一九六四年期間，來自「兄弟」國家的外交官抱怨說，他們的行動受到了監視；有人試圖干擾外交郵件；他們不被允許僱用未經蒙古外交部審查的當地工作人員。被激怒的外交官將這些舉動解釋成一個被蔑視為「落後和政治依賴」的國家維護其哪怕只是象徵性主權的一種方式。[25]

蒙古和蘇聯之間也會出現真正的政策爭端，例如當蘇聯的外交官員認為蒙古實施的計畫太過不現實，過度地雄心勃勃時；或者是蒙古推行可能會損害蘇聯利益的農村政策時（這樣的政策可能會減少莫斯科對便宜肉品和礦產的取得）。莫斯科對蒙古的援助是一個充滿爭議的話題，此事經常導致政治上的爭執。澤登巴爾願意利用這些爭執來推進蒙古的利益，但是他沒有直接攻擊過「兄弟」官員，也沒有在爭執中運用文化民族主義當武器。他太執著於和蘇聯緊密合作。不過，這在一九六〇年代爆發的中蘇爭端卻起到了舒緩作用，它減輕了蒙古人與經濟互助會其他國家的矛盾。

在一九六四年赫魯雪夫被迫下台後，澤登巴爾也受到蘇聯政策變化的波及。蒙古人民革命黨中央委員會裡的一些反對者試圖利用這個機會指責澤登巴爾過度依賴蘇聯的經濟支持、無能和不尊重黨的紀律。他成功擊退了這場未遂政變，部分的原因是他指責那些反對他的人是受到中國人的蠱惑和玩弄。[26]

蒙古的經濟發展是如此緊密地模仿蘇聯經驗，但是在一個令人驚訝的方面卻不是這樣。蒙古的進步被不恰當地描述為「從封建主義躍進到社會主義」，跳過了正統的馬克思主義在描述歷史進程時所規定的資本主義階段。俄羅斯人的模式和方法也被使用在媒體、教育、技術訓練和許多其他的領域裡。在中國採用的模式被認為也許更適合蒙古，但是沒有得到公開贊同，但是中國的貿易和勞動力在現代蒙古建設中起到了重要作用。

宰桑的戰爭紀念碑

宰桑紀念碑是蒙古和蘇聯關係的一個突出象徵。它座落在首都烏蘭巴托的一個小山丘上，和土拉河隔水相望，從這裡可以看到城市和河流的開闊景色。紀念的是第二次世界大戰期間犧牲的蘇聯軍人，壁畫上的圖畫表現的是蘇聯和蒙古人民之間的友誼。其中包括蘇聯對蘇赫巴托領導的一九二一年革命的支持；一九三九年諾門罕戰役中蘇聯紅軍擊敗日本關東軍；蘇聯戰勝納粹德國的勝利；蘇聯在戰後取得的成就，例如太空飛行。紀念碑的旁邊有一輛一九四三年蒙古從蘇聯購買的坦克旅中的一輛坦克。此前這輛坦克是在紀念碑和烏蘭巴托市中心中間的十字路口處，二〇〇三年被移動到紀念碑的旁邊。這輛坦克參加過一九四五年在柏林戰勝德國的戰役，它旁邊的地圖上展示了從莫斯科到柏林的戰爭勝利之路。

這座紀念碑長期以來一直是學生郊遊和其他愛國主義場合聚會的集中地，但這種依賴蘇聯的象徵意義卻與獨立後的文化格格不入。人們不需要太多的想像力就能辨別出紀念碑內容的潛在訊息，即蘇聯為蒙古提供了保護，使其免受日本和德國軍隊的侵襲，而這種保護關係之所以成為可能，只是因為蒙古人民革命黨和莫斯科之間的密切關係。這種關係並不完全是單方面的：在莫斯科看來，蒙古的防衛對於在第二次世界大戰期間保護蘇聯的東翼至關重要。雖然是不平等的，但是這種聯盟是一種出於共同利益的聯盟。[27]

與中國的關係

與莫斯科的關係是蒙古政治的核心，但也不能忽視中國這個在它南方的大國。烏蘭巴托與北京的關係反映了蘇聯集團的關係，但在巴特蒙赫過渡時期和蒙古民主革命期間，蒙古人對於中國傳統疑慮的不信任仍然存在。這種關係因為中國境內存在大量蒙古少數民族而變得很複雜——筆者將在第九章針對這個問題進行更詳細的討論。

當中國共產黨於一九四九年上台時，人們認為北京和莫斯科之間會出現一個緊密的聯盟。在蘇聯和中國簽署協議的同時，中國和蒙古也在一九五二年簽署了《中蒙經濟文化合作協定》（*Sino-Mongolian Agreement on Economic and Cultural Cooperation*）：該協定的預計效期是十年，並規定了中國對鐵路建設和其他項目的大量援助，以及派遣中國勞工到蒙古工作。一九六〇年五月，烏蘭巴托又與中國簽訂了《中蒙友好互助條約》（*Treaty of Friendship and Mutual Assistance*），但是由於大躍進時期中國政策的激進化，以及中國領導人毛澤東與史達林的疏遠，使兩國關係很難變得更為親密。在一九六〇年代占主導地位的中蘇爭端中，蒙古人堅定地與蘇聯結盟，中蘇的衝突在一九六九年雙方軍隊於邊界發生武裝衝突時達到了高峰。一九七〇年代，蘇聯在蒙古駐紮了大量軍隊，雙方都擔心政治緊張和邊境衝突會升級為全面的戰爭。隨著爭端的加深，來自中國的援助被中斷，兩國之間的貿易大幅減少。兩國的經濟和政治關係直到毛澤東在一九七六年九月死亡，文化大革命告終很久以後才得以恢復。

一九九〇年十月的蒙古漢學家協會

一九九〇年十月在烏蘭巴托舉行的一次鮮為人知的會議，為中國和蒙古政府的優先政策以及兩國彼此間的試探性接觸提供了有趣的啟示。蘇聯當時正處於解體過程中，而在蒙古，一九八九年一月發生的示威浪潮導致政治局全體成員在次月辭職。雖然國家的政治前途未卜，但那年十月的烏蘭巴托卻很平靜。

一九九〇年十月十六日至十九日，一場被稱為蒙古漢學家協會成立大會的會議在「中國的改革開放政策」的主題下舉行。嚴格來說，許多與會者並不是學術性的漢學家，但是他們都對中國有著某一個專業上的興趣。雖然這次召開的會議是國際會議，但它幾乎完全是由中國代表團和蒙古東道主組成。來自美國的個人和俄語期刊《遠東問題》的副主編曾表示有興趣參加，但都未能如願：蘇聯大使館的一位名叫謝特碩夫（Steshov）的代表短暫地參加了會議；唯一的西方與會者就是筆者自己。中國派出了一個六人組成的強大、有組織的團隊，其中包括兩名來自國家經濟結構調整委員會的高級工作人員，其中一人是其副主任鄭定泉，他率領代表團出席了會議。陪同他們的還有中國社會科學院中國區域經濟研究所的經濟學家。中國駐蒙古大使及其使館兩名工作人員的出席加強了這一代表團的份量，其中一人的蒙古語講得很好（我曾以為他來自內蒙古，但事實上他來自上海），他能夠比蒙古官方口譯員更有效地進行口譯；很顯然的，那些人在蒙漢之間的會議口譯方面沒有什麼經驗，鑒於蒙古與中國的長期隔絕，發生這樣的事情也並不奇怪。

外國代表們被安排在伊赫騰格爾國賓館，這是一個位於烏蘭巴托東南方不遠處山上的一個戒備森嚴的建築群，總統和總理的住宅也位於這裡。這裡的環境十分清幽，有麋鹿四處遊走，雖然有武裝部隊巡邏，但是氣氛依舊是令人放鬆的。

蒙古漢學家協會成立於一九九〇年一月，是「由和中國有專業相關的漢學家、翻譯和個人組成的公共組織」。協會的宗旨是「積極促進鞏固中蒙兩國人民之間的傳統友誼與合作……並在建立個人、工業、貿易研究和文化組織與企業之間的經貿聯繫和合作關係方面發揮中介作用」。雖然該協會自稱是獨立的，但是它和蒙古科學院和外交部有著密切聯繫。該協會的主席阿玉爾扎那（H. Ayurzana）先生是外交部的工作人員，曾經住在中國，能說一口流利的漢語。在他的個人生活中，他是一個中國通，對於中國的家具和瓷器有相當高的品味。

舉行會議的地點是位於和平大道以南，靠近蘇赫巴托廣場的外交部大樓內的蒙古對外友好協會總部。與政府官員的會面是在政府大樓裡舉行的。中國代表團向會議提交的論文集中在中國經濟改革、邊境貿易和經濟特區發展等方面。代表團的目的是把中國的模式作為蒙古在後蘇聯時代發展的明顯參考。蒙古代表談到了中國經驗與蒙古的關聯性，隨後的辯論涉及了一系列議題，包括社會主義社會中的市場經濟問題；土地所有權和外國資本的作用。蒙古與會者特別關注經濟改革對物價的影響，擔心商品的價格會大幅上漲。會議的最後是蒙古內閣裡的兩名高級成員，第一副總理鋼寶勒德（Ganbold）和副總理普熱夫道爾吉（Purevdorj）就中蒙經濟關係的問題進行了詳談。

如今的蒙古漢學家協會顯然已經不再活躍了，但是它在劇變時期為連接中國和蒙古的研究人員和外交官發揮了作用。對中國代表團而言，它提供了一個把中國作為蒙古經濟發展的典範來推廣中國經驗的機會，也親眼目睹了民主革命對於其北方鄰國的影響。[28]

第六章

民主革命

蘇聯勢力垮台後的蒙古

1991-2019

蒙古在一九九〇年發生了一場和平革命，迎來了民主改革，並且將這個國家變成一個擁有民主憲法、多黨制和議會的民主國家。[1]烏蘭巴托的國家博物館裡蒙古學者對於「民主革命」的描述基本上是正確的，但是卻讓這個過程看起來比實際的情況要容易、順利得多。在政治制度的全面轉型中，蒙古人摒棄了自一九二四年以來一直堅持的蘇聯「社會主義」模式，開始接受市場經濟和政治多元化。為了強調和鼓勵蒙古能擺脫對蘇聯的從屬，蒙古還開啟了一場強調蘇聯時代以前的蒙古歷史和傳統文化的運動。對許多人而言，這樣做的目的是為了取代該國幾十年來所接受的蘇聯變體文化。

柏林圍牆在一九八九年十一月九日被推倒，蘇聯則於一九九一年十二月二十五日解體。在這些重大事件中，蒙古經歷了本國的政治動盪，從一個一黨專制國家迅速過渡到民主多黨制。一九九〇年三月七日，要求更多民主權利的遊行示威人群展開了絕食抗議，蒙古人民革命黨政治局在三月十二日集體總辭，將爭取民主的抗議示威推向了高潮。一九八九年六月四日中共在北京天安門廣場對中國民主運動的殘酷鎮壓令蒙古的政治菁英們記憶猶新，蒙古人民革命黨總書記、黨主席巴特蒙赫堅決反對動用武力來維護政權。他宣稱，該黨若是想要好好地度過政治危機，就必須自我革新。許多新的政治團體成立了，其中一些只持續了幾個月時間就解散或是和別的團體合併；經過了一段時間以後，才出現了相對穩定的政治秩序。蒙古人將此時期稱為他們的民主革命，但是在很多方面，它是一場對革命的逆衝；在這個過程中，很多在過去六七十年裡最根本的政治和經濟發展方向被扭轉了。[2]

蘇聯領導人戈巴契夫提出的「*glasnost*」和「*perestroika*」（開放改革）理念吸引了更年輕一代蒙古領導人的注意力。後來當選蒙古總統的查希亞・額勒貝格道爾吉（Tsakhiagin Elbegdorj）就是其中的一個，他是在烏克蘭首都利沃夫的蘇聯軍事政治學院學習軍事新聞報導時接觸到戈巴契夫的思想。當額勒貝格道爾吉和志同道合的同事們回到蒙古時，他們發現在官僚機構內討論這些激進概念時受到了阻礙；高層人物認為戈巴契夫的改革是對他們權威的嚴重威脅。但他們並不氣餒，開始私下會面和組織。

一九八九年十二月十日，新成立的蒙古民主聯盟（Mongolyn ardchilsan kholboo，MDU）在烏蘭巴托的青年文化中心組織了第一次的民主示威。這一天是國際人權日，蒙古人民革命黨的專制政權原計畫用平庸、正式的談話和儀式來紀念，但旁觀者們卻目睹了大約二百名抗議者打著橫幅和標語牌，呼籲結束「官僚壓迫」，並堅持承諾實施戈巴契夫的政治事務公開討論（*perestroika*）和改革（*glasnost*）理念，這些思想現在已經在蒙語中有了與之對應的「*uurchlun baiguulalt*」和「*il tod*」。示威者都是受過教育的年輕人，就像額勒貝格道爾吉一樣，可以接觸到蘇聯和西方的出版物。蒙古民主聯盟是一個鬆散的反對勢力聯盟，是民主革命期間出現的第一個非共產主義的政治團體。在其成員努力地確定自己的政治立場時，團體出現了叛變和分裂，但最終從這個團體中衍生了蒙古民族民主黨（Mongolyn ündesnii ardchilsam nam，MNDP），該黨成立於一九九二年的十月。[3]

卓力格

一九八九年示威運動的英雄和蒙古民主聯盟背後的精神推動者是桑加蘇倫・卓力格（Sanjaasürengiin Zorig），他的雕像現在矗立在烏蘭巴托的市中心。卓力格有著布里亞特人、俄羅斯人和喀爾喀蒙古人的多元家庭背景，曾經在蒙古受教育並在八〇年代初於集合了社會菁英階層的莫斯科大學受教育，他在這裡接觸到了激進學生團體。回到蒙古以後，他在蒙古國立大學讀研究所，也在該校任教。他對蒙古菁英階層的僵化和拒絕對蘇聯正在發生的變化做出適當反應感到越來越沮喪。他聚集了一群富有同情心的年輕人，他們組成了一個非正式的團體，到一九八八年時，這個團體被稱為「新生代」。在思想上和政治上，他們是一個混合團體，除了希望看到現有的一黨專制能夠結束以外，他們沒有一致或協調的政策。卓力格被任命為民主聯盟的總協調員，是這個新的政治論壇第一次開花結果背後的智性源泉。[4]

蒙古民主聯盟

在一九八九年十二月十日蘇赫巴托廣場的示威中，當年輕的改革者宣布他們的新政治運動——蒙古民主聯盟誕生時，他們所唱的最受歡迎的一首歌叫〈鐘聲〉。這首歌開頭部分的歌詞是這樣的：

我的發言被限制，
我的眼睛被遮住，
我們命運的信號，鐘聲，將我們從昏沉中叫醒，
鐘鈴的響聲喚醒我們，就讓它永遠讓我們保持清醒吧。[5]

這首〈鐘聲〉（*Khonkhnii Duu*）是由示威者綽克圖賽汗（Tsogtsaikhan）創作的。這首歌被廣為傳唱，成為了抗議的代表歌曲，被整個民主運動所採用，還被一個異議搖滾樂隊演唱和錄製下來。在二〇一四年的革命二十五週年時，這首歌作為民主革命的重要象徵，被總統額勒貝格道爾吉授予了國家榮譽。[6]

到一九八九年十二月十七日時，經過多次的長時間會議，民主聯盟商訂出一個基本方案，並以此向人民革命黨政府提出挑戰。民主聯盟和民主運動的支持者急劇增加，到一九九〇年一月時，該黨已經擁有超過一千人的支持者。一月十四日，人們在列寧博物館外的廣場上舉行遊行，他們打起了横幅，呼籲為被大清洗所迫害的政治人物平反，也喚起了成吉思汗的精神。

改革者的支持者主要集中在烏蘭巴托，但是他們也開始在其他地方吸引追隨者，尤其是在額爾登特的銅礦工人；那裡的工人對政府的不滿一直未獲解決，在銅礦工作的蒙古人薪水低於從事同樣工作的蘇聯同行。

蒙古民主聯盟的主要要求是在自由選舉的基礎上建立一個真正獨立的呼拉爾（議會）。一九九〇年一月二十一日舉行了另一次支持這一要求的示威。儘管有蒙古深冬的酷寒天氣，抗議活動依然吸引了數千人參加，而且值得注意的是蒙古民主聯盟的領導層決定光榮地紀念蒙古人對於成吉思汗的記憶，以此替代蒙古革命或是蘇聯革命中的英雄人物。一月二十一日是死於一九二四年這一天的列寧忌日，列寧的畫像，尤其是史達林的畫像，成了改革者們討伐的目標。

烏蘭巴托的示威規模越來越大，而且頻率也越來越高，其他省會城市也爆發了呼應首都的抗議示威。一九九〇年三月四日，勝利廣場（後來被更名為獨立廣場）的大規模集會吸引了九萬至十萬人。抗議者要求蒙古人民革命黨「召開特別大會、更換執政的中央委員會、黨和政府分離」。蒙古民主聯盟號召絕食，呼應一年前北京民主運動中學生和市民在天安門廣場上的抗議活動。三月七日，在烏蘭巴托有數千名蒙古人支持了示威遊行。學生和小孩也湧向蘇赫巴托廣場，當地的民眾，包括甘丹寺的僧侶也加入了他們的行列，當時的甘丹寺是蒙古唯一一個獲准開放的寺院。在額爾登特、達爾汗和木倫等城市的工人也舉行了同情示威者的罷工。

作為一個改革者聯盟而存在的蒙古民主聯盟，在這個保護傘下掩蓋了在其領導下的各種政治觀點的嚴重混亂和複雜性。個人和團體都在努力接受過去所遺留的問題以及政府和國家面臨的直接挑戰。在革命期間宣布成立的新政黨，有民主社會主義聯盟、新進步聯盟、蒙古社會民主黨、蒙古民族民主黨、自由工黨和蒙古綠黨。考慮到其他不同的團體，反對派無法達成任何程度的政治共識，倒也不奇怪。在這種情況下，隨著國家努力建立起多黨民主制，很少有政黨能夠以原來的形式存續下來。[7]

向多黨民主的痛苦轉型

在當權的蒙古人民革命黨領導層裡，那些更強硬、教條的人呼籲政府要對人民的抗議做出強硬反應，並用武力對民主運動加以鎮壓。然而黨的總書記巴特蒙赫堅決反對使用武力。在一九八九年六月四日的北京天安門廣場，中國當局對民主運動的示威者動用武力，造成了致命後果；該事件的後續發展給此後的中國政治文化留下了貽害。儘管受到黨內和政府內的反對，巴特蒙赫仍支持戈巴契夫的改革方案，並開始對官僚體系的結構進行改革，讓它不再那麼落伍而能更加透明。一九八九年，他成立了一個委員會負責分析一九三〇年代的鎮壓以及成千上萬人因何被殺，推翻了對那些被清洗者的政治判決。

在執政的人民革命黨內，有越來越多的人支持改革者的要求，但是這個黨存在著分歧，政府搖擺不定。雖然民主聯盟的領導層採取了堅定的非暴力立場，但執政黨內仍有一群頑固派主張部署軍隊和警察，欲以零星暴力事件的發生作為藉口來鎮壓烏蘭巴托的示威活動。政府和政治局的成員試圖通過談判達成妥協，但是抗議者仍然堅持要求進行根本性的變革。蒙古人民革命黨了解在天安門的抗議活動被武力鎮壓後的災難性影響，而且在蘇聯政府施加的避免用暴力結束抗議活動的壓力之下，他們選擇了退讓。一九九〇年三月九日，巴特蒙赫在電台和電視台播放的一份聲明中宣布他和政治局全體成員辭職。絕食活動結束了，示威者也離開蘇赫巴托廣場。這是一次成功的公民抗命運動的教科書式案例。三月十二日星期一，自一九六〇年以來只召開過九次會議的現有議會——人民大呼拉爾的成員聚集在烏蘭巴托，同意廢除《蒙古憲法》中的第八十二條。該條憲法條文是一黨制國家的法律基礎，它的廢除也使得蒙古人民革命黨的政權崩潰。由於改革者懷疑蒙古人民革命黨的動機，因此直到他們順利取得將於一九九〇年七月二十七日舉行多黨選舉的保證，持續不斷的示威活動才落下帷幕。這是蒙古歷史上第一次的公開選舉。[8]

這看起來是改革者的重大勝利，但是選舉的結果卻令他們大失所望。蒙古人民革命黨保留了三百五十七個席位的控制權；蒙古民主黨獲得十六席；鋼寶勒德所在的支持自由市場的民族進步黨得到六席；蒙古社會民主黨則獲得了四席。改革派未能控制呼拉爾的原因很多。蒙古人民革命黨仍然擁有相當高的支持度，尤其是在農村地區，因為它是現在執政的政府，因此那些對民主運動尚未持有熱忱的人認為它是一個安全的賭注。此外，它還擁有組織能力和財政能力，這些是新政黨們所缺乏的。改革派的組成者是分裂的，他們對贏得真正的公開選舉所需要的準備工作表現得太過天真和缺少經驗。當一九九〇年九月新獲選的議會開會時，蒙古人民革命黨仍牢牢地掌握了政權，但是它有了新的領導人。奧其爾巴特擔任黨主席，與絕食者保持著緊密聯繫的改革者達希·賓巴蘇倫（Dashiin Byambasüren）則擔任總理。對改革派做出的進一步讓步是任命民族進步黨的領導人鋼寶勒德擔任第一副總理。[9]

蒙古已經走到了該國政治歷史上的十字路口了。一黨專制的國家受到不少挑戰，雖然執政黨仍在台上，但是它已經認識到自己不能再像以前那樣繼續執政了。改革者也不在能夠接管的位置上——他們軟弱無力、四分五裂，難以確定自己的政治身分，而且他們也還沒有建立起能取代蒙古人民革命黨所需的力量。蒙古正試圖在困難甚至絕望的情況下，於快速變化的社會中建立民主制度。除了新成立的政黨，新的社會團體也開始發出自己的聲音，新的衝突正在出現。貧富差距日益拉大，隨著農村經濟的崩潰，出現了一個赤貧的下層階級，他們向城市進發，人們對此越來越憂心。通貨膨脹成長率上升到二十六％，關於貪腐的指控，尤其是和授予採礦權相關的貪腐指控非常常見。

儘管存在這些問題，但蒙古從一黨專制的國家向多黨制和開放經濟的轉型最初是平和的。不過，並非是沒有痛苦的，尤其是隨之而來的經濟和社會問題。蒙古試圖完成從計畫經濟（主要是牧業和農業經濟）轉向企業和自由市場機制的改變，這麼做的目的是為了解決國家的問題，但是卻造成更多的困境。蒙古和蘇聯蘇維埃政權崩潰後的許多國家就跟其他發展中國家一樣，從屬於一整套的模式改革政策——通常被稱為華盛頓共識（Washington Consensus）。這種模式得到主要設在華盛頓的全球金融機構支持，這些機構包括世界銀行、國際貨幣基金組織和美國財政部。在「華盛頓共識」下，那些國家只有在接受新自由主義或是市場基本教義派政策下，才能得到財政支持。這些政策在蒙古的成敗，將影響這些政策在其他未開發國家的推廣，尤其是剛剛走出僵化計畫經濟的國家：[10]

一九九一年，蒙古的蘇聯顧問群離開，先前的經濟互助會市場也隨之一夜之間消失了。其結果是毀滅性的；蒙古遭受到本世紀在和平時期裡最嚴重的經濟崩潰。在獨立後的頭四年，農作物產量減少了一半，工業產值減少了三分之一。蒙古的人均國內生產總值減少了三分之一。[11]

蒙古改革者和蘇聯

蒙古改革者對於蘇聯的態度是矛盾的。必須承認的是，蒙古和莫斯科的密切關係帶來了援助和其他種種好處。一九三〇年代強加於蒙古的蘇聯式集體農場雖然徹頭徹尾是一場災難，但後來引入的制度和按蘇聯模式制定的工業化和城市化方案雖沒有實現大幅實質性的成長，至少帶來了穩定的經濟。大部分蒙古人的生活水平很低，但沒有出現赤貧現象。蘇聯解體後，援助和貿易戛然而止，蒙古以前對於蘇聯的依賴性立即暴露出來。一九九〇年代末，蒙古的商店貨架上幾乎空空如也，即使是給官員和外國遊客開設的專門商店也是如此，貧窮和匱乏是普遍的。[12]

跟蘇聯的關係讓蒙古免受中國的影響。儘管人們對於俄羅斯顧問在蒙古體制裡占據特權地位感到不滿，但是他們不擔心俄羅斯人會大規模移民，被中國人控制或定居的可能性則一直令許多蒙古人保持威脅感。大部分改革者都在蘇聯和東歐學習過，這一時期的改革思想開始生根發芽，許多人還和俄羅斯人或蘇聯其他民族，尤其是說蒙語的布里亞特人有親屬關係。蘇聯的影響滲透到大學和文化組織裡，俄語幾乎成了所有受過教育的蒙古人的第二語言。但是，人們對於蘇聯政治態度中的專制性和把蒙古人當作二等公民的方式感到深惡痛絕。[13]

新憲法和新政治：成吉思汗的八百年誕辰

一九九〇年的立憲公投和一九九二年的投票促成了蒙古第一個完全民主議會的建立。從此以後，每四年舉行一次選舉，而且大多數是和平的。根據一九九二年一月二十五日奧其爾巴特總統簽署生效的憲法，一院制議會從四百三十個席位減少到了七十六個，並更名為蒙古國大呼拉爾（*Mongol Ulsyn Ikh Khural*），要求每六個月舉行一次會議，會期至少七十五天。它通常被簡稱為呼拉爾，因為一九九〇年短暫復活的另一個議會——小呼拉爾在一九九二年被廢止了。

政治也開始在選舉的過程之外發展：隨著政治辯論的範圍變大，新的報紙出現了。新時代的標誌包括重新設計的國旗和國徽，而在史達林政權下被取代的舊金色索永布標誌也重新出現。為了紀念《蒙古祕史》問世七百五十週年，國家樹立了一座紀念碑並為這本幾乎成為神聖文本的書印製了特別版。對蒙古歷史的重新審視在二〇〇六年達到高峰，作為重審歷史的一部分，一座成吉思汗紀念碑在這一年揭幕，以慶祝他所建立的蒙古帝國八百年慶典。這一次比一九六一年慶祝成吉思汗誕辰八百年的嘗試要成功得多。這項工程因為蒙古和俄羅斯意識形態的爭吵而受到了一些爭議，但是這座紀念碑最終還是在被認為有可能是成吉思汗出生地點的不遠處樹立了。站在蘇赫巴托廣場的方向，二〇〇六年修建的紀念碑矗立在新建政府大樓的左前方，在二〇〇五年蘇赫巴托和喬巴山的聯合陵墓被拆除以前，這裡一直是兩人的陵墓，這種取而代之的象徵意義十分明顯。開幕式上展示的橫幅宣布的慶祝內容是「蒙古人民的八百年」。14

蒙古人民革命黨復活

在一九九二年一月的大選中，雖然親自由化的鋼寶勒德再度獲選進入到呼拉爾中，但是他的影響力已經大大減弱了。蒙古人民革命黨的舊領導層再次掌握了控制權，但是重新回到舊政府的形式並沒有解決國家的問題。蒙古雖然取得一些經濟上的成就，但是赤貧的現象越來越普遍，政府受到貨幣投機和普遍腐敗等醜聞的衝擊。批評外國援助政策的民主改革者曾指出，這些外國人是握有特權的孤立菁英階層，他們對蒙古人民「強烈的家庭、部落和地區認同感」完全無知，蒙古人的家庭、部落和地區認同幾乎讓裙帶關係不可避免。政府在許多蒙古人眼中是腐敗、自滿和無能的，公眾心中存在著一種普遍的幻滅感。[15]

一九九二年呼拉爾批准的第一部民主憲法於二〇〇〇年進行了修改。根據原來的憲法，總統由選舉產生，任期四年可以連任。議會，也就是由七十六個代表組成的一院制國家大呼拉爾，也是通過選舉產生的，任期四年，該機構負責任命總理和內閣。二〇〇〇年的修正案賦予總統在大呼拉爾不能就總理人選提名得出協議的時候解散立法機關的權力，此修正案大大增加了總統權力。

當權的民主派

人們預計蒙古人民革命黨會在一九九六年的選舉中獲勝，但是在二月十四日時，兩個主要的反對派集團蒙古民族民主黨和蒙古社會民主黨聯合起來，組成了一個名為「民主聯盟」（*Ardchilsan kholboo*，Democratic Union，DU，也譯為DA）的團體。他們的競選活動得到美國政府和政黨組織在政治和財政上的支持，最終贏得四十五個席位，其中三個席位給了結盟的獨立政黨。這個結果讓民主聯盟獲得總體上的多數，儘管其規模還不足以在呼拉爾強推通過任何需要三分之二多數票的措施，因為人民革命黨仍然留下了二十五個席位。

民主聯盟通過重組政府機構，減少部委數量，用同情他們政策的文官取代現有官員，從而鞏固了他們的權力。民主聯盟有個缺點，他們主要是由受過教育的城市菁英組成的聯盟，其大多數支持者與農村基層的政治連結不緊密，而農村基層對蒙古人民革命黨的忠誠度仍然很高。

民主聯盟的經濟政策並不比它前任的政策成功。通貨膨脹更加嚴重，蒙古貨幣圖格里克兌美元的匯率暴跌；國家人口中已經陷入貧困的最底層人民受到的壓力越來越大；失業率突破了二十%大關。放棄對進口商品徵收關稅的災難性決定導致了國家收入急劇下降，以致於政府甚至無力為軍隊提供食品和衣物。黨內和政府內部的腐敗十分猖獗。

一九九六年秋天的地方選舉結果顯示出人民的支持意願已經從民主聯盟轉回到人民革命黨，這樣的現象並不令人驚訝。一九九七年五月二十八日揭曉的總統選舉結果也確認了此一狀況。蒙古人民革命黨的候選人，羅薩比眼中「平庸的巴嘎班迪」擊敗了民主聯盟的奧其爾巴特。一九九六年，額勒貝格道爾吉領導的民主聯盟聯合力量贏得了議會選舉，首次打破了蒙古人民革命黨的呼拉爾多數地位。額勒貝格道爾吉是蒙古民主運動的創始人之一，也是一九九〇年抗議示威中的英雄，他在一九九八年和二〇〇四年擔任總理，在二〇〇九年當選為總統。雖然額勒貝格道爾吉在選舉中獲得了成功，但是反對派在二〇〇〇年的大選中災難性地輸掉了呼拉爾，蒙古人民黨贏得了七十六席次中的七十二席，但作為祖國民主聯盟（Motherland Democratic Coalition）的一部分，反對派在二〇〇四年的大選中表現出色，不過蒙古人民黨仍占有稍微多數的席次。二〇〇五年至二〇〇九年間的蒙古總統是來自蒙古人民革命黨的恩赫巴亞爾（Enkhbayar）。[16]

從一九九七年至二〇〇〇年，民主聯盟都難以找到自己的發展方向。他們認定如果國家不盡可能少地干預經濟，那就無法達成民主。這樣的執念束縛了他們，而且他們同時也無法避免私有化和經手、分配外國援助過程中的腐敗。二〇〇〇年十二月，歷經大呼拉爾選舉中的慘敗後，蒙古民族民主黨在同年十二月和其他團體合併，民主黨（*Ardchilsan nam*，Democratic Party）應運而生了。[17]

卓力格之死

一九九八年十月二日，民主運動的主要角色，自一九九〇年以來一直是呼拉爾著名成員的卓力格（Zorig）在烏蘭巴托的公寓被謀殺。這一殺人案件的許多細節仍然不為人知，但是人們普遍認為，是由兩名身分不明的襲擊者在發現卓力格不在家後，將他的妻子捆綁起來，然後在他進家門時將他刺殺。在這起刺殺事件中有一個無法解釋的詭異之處是他家冰箱裡的醬油和醋被偷走了。

卓力格自一九九〇年一月在蘇赫巴托廣場爆發示威以來，一直是民主運動的主要推動者，對一些人而言，他就是這場運動的真正煽動者。他和民主聯盟許多其他成員不同，他對於市場改革持有不同的態度，他批評了私有化的速度和政府管理經濟中的腐敗。民主聯盟於一九九六年上台，一九九八年卓力格被任命為基礎設施部長。他監督合併國有的重建銀行（Reconstruction Bank）和民主聯盟支持者控制的商業性的郭勒穆特銀行（Golomt Bank）。呼拉爾中的蒙古人民革命黨成員走上了街頭，以顯示他們對此事的厭惡，這一局面也是嚴重利益衝突的最清晰體現。額勒貝格道爾吉不再擁有多數席位所以不得不辭職。卓力格是接替他擔任總理的主要候選人。

謀殺案一直沒有偵破，但是卓力格的支持者們認為，他被刺殺是為了要阻止他揭發政府中的腐敗分子。卓力格之死讓政府乃至整個蒙古政壇陷入危機，幾個星期後才得以任命另一位總理。在中央郵局對面的一個小廣場上，樹立著卓力格的雕像，人們把他作為一名獻身於民主和廉潔政府志業的烈士來紀念，而且還有一部關於他政治生涯的電影。他的妹妹桑加蘇倫・奧雲（Sanjaasürengin Oyuun）繼承了他的衣缽並接替了他在呼拉爾裡的位置。為了追求卓力格的理想，她組建了公民意志黨（*Irgnii Zorig Nam*，Civil Will Party），其中「Zorig」在蒙語中也是「意志」的意思。[18]

蒙古人民革命黨在二〇〇〇年選舉後重新得到權力

被許多人，尤其是外國捐助者視為蒙古巨大希望的民主聯盟陷入了混亂。他們的高級成員身陷重大腐敗醜聞中，隨著二〇〇〇年議會選舉的臨近，聯盟瓦解了，各個團體成立了新政黨。毫無懸念的，蒙古人民革命黨在七月的選舉中奪取了七十六個呼拉爾席次中的七十二個並得以重新執政。恩赫巴亞爾被提名為總理。民主聯盟失去了權力，但受到更大損害的是蒙古選民對於民主進程的信心；有調查顯示，公眾認為呼拉爾或其成員無法代表他們施政。

在執政時，蒙古人民革命黨和民主聯盟沒有什麼不同。他們致力於提高工資和福利待遇，但是無法擺脫私有化陷阱。在農村地區，畜牧業正在衰退，人們無可避免地遷移到城市尋找並不存在的工作機會，城市的失業率仍然盤據在非常危險的二十%以上。根據世界銀行估計，到二〇〇四年時，收入在貧困線以下的蒙古人口占總人口的三十六%，這個數字在過去十年裡一直穩定於此。在一九九〇年的革命中，蒙古擺脫了對蘇聯的依賴，現在它則發覺自己在很大程度上依賴於各個組織提供的國際援助，而這些組織都秉持新自由主義市場改革，但過去也正是這種市場改革破壞了蒙古的經濟。

在二〇〇四年的選舉中，蒙古人民革命黨只成功守住了七十二個席次中的三十六個。分裂的反對派並沒有得到公眾的大力支持，結果是蒙古人民革命黨和反對派（經過長達兩個月的討價還價後以新名稱祖國民主聯盟組建而成）達成了一項協議。額勒貝格道爾吉回到總理位置上，有些人用德國的叫法將此稱為大聯合政府。協議規定，這個職位將在兩年以後由蒙古人民革命黨的一名成員來填補。[19]

二〇〇八年的選舉、暴動和後續

二〇〇八年選舉的結果是蒙古人民革命黨取得了明顯勝利，獲得了呼拉爾七十六個席次中的四十七個，只給民主黨留下了二十六席。但是這一結果是有爭議的，因為反對派的支持者指稱選舉中存在舞弊，儘管國際監督人員不同意此指控並認為選舉是自由公平的。嚴重的騷亂隨之而來，在一晚的示威和搶劫中，有五人喪生，三百多人受傷。這在蘇聯解體後的蒙古是罕見發生的局面，因為以往的選舉都沒有發生過暴力事件，國家宣布進入緊急狀態中。蒙古人民革命黨的總部遭到了襲擊，附近的一家畫廊被縱火，有許多藝術品遭竊或被毀。到二〇〇八年七月三日時，街道上恢復了平靜，但是反對派民主黨的領導人指責蒙古人民革命黨利用騷亂作藉口以鎮壓不同意見。[20]

蒙古人民黨的回歸

許多年以來，蒙古的政治局面都十分複雜難解，因為有各種各樣的小團體不斷地變換盟友，出現人事變動和領導層變動。到二十世紀末的時候，蒙古政治穩定下來，形成了兩個主要大黨競爭的態勢。經過冗長的內部辯論後，前執政黨蒙古人民革命黨拒斥了其莫斯科指揮的馬克思-列寧主義遺產並信奉了社會民主。為了給這一意識形態調整做出標示，該黨在二〇一〇年重新命名為蒙古人民黨（*Mongol ardyn nam*），事實上這並不是一個新名字，而是恢復了一九二〇至一九二四年期間該黨的原名。讓事情更為複雜的是，在二〇一〇年時，前蒙古人民革命黨中的異議黨員組建了一個新黨，並且繼續使用蒙古人民革命黨的名字來代表它們分離出來的組織。

在二〇一二年的立法機構選舉中，改名後的蒙古人民黨得到的票數少於民主黨，但是民主黨也沒有獲得多數票；兩黨組成了另外一個聯盟，由民主黨的領導人諾羅布・阿勒坦呼亞格（Noroyn Altankhuyag）擔任總理，頂替了在二〇〇八年爭議選舉後辭職的額勒貝格道爾吉。阿勒坦呼亞格一直擔任總理，直到二〇一四年十一月五日被呼拉爾投票罷免。他被指控管理不善、腐敗、任人唯親，同時他的一名主要幕僚因為涉及和烏蘭巴托貧困居民購買煤炭補貼計畫有關的貪汙案而遭到調查。[21] 臨時接任阿勒坦呼亞格的是登德布・特爾比希達格瓦（Dendev Terbishdagva），然後在十一月二十一日由其米德・賽汗比勒格（Chimediin Saikhanbileg）接任，他曾在二〇〇八至二〇一二年間在議會中領導民主幹部會議。[22]

民主黨及其分裂

自從一九九〇年以來，蒙古人民革命黨及其盟友的主要反對派是民主黨及其前身。這個年輕的政治團體是二〇〇〇年從民主革命產生的各種黨派中以這個名稱組成的。這些最初的團體繼續影響著民主黨，儘管它們與目前的派別並不完全對應。雖然黨內忠誠和團結讓派系分歧不太會被公開討論，但是公認的主要派系有六個：北極星（Altangadas）、獵鷹（Shonkhor）、MoAH（MDU）、MUDN（蒙古民族民主黨）、東北亞（North East Asia）和民主獨一（One Democracy）。阿勒坦呼亞格領導的北極星是最強大的，獵鷹派系的標誌就是一隻獵鷹，這暗指的是他們的右翼目標。就像其他亞洲政黨中的派系一樣，比如日本的自由民主黨，派系之間的不同更多是在於對政治領導個人的忠誠，而不是不同的意識形態或是政治平台的不同。[23]

二〇一七年的總統大選

蒙古選舉委員會（General Election Commission）在一九九二年成立，以預測和處理對於選舉公平和可信度的關切。二〇〇八年的選舉導致了異常暴力的抗議活動，但對後來幾次選舉的反應則並沒有那麼負面：在引入了電子和生物識別系統後，雖然招致了一些批評，但是外部監察人員則發現人們對於選舉過程有了越來越多的信心。

二〇一七年六月選舉活動的基調是明顯的民族主義和民粹主義。蒙古人民黨的米耶貢布．恩赫包勒德（Miyeegombyn Enkhbold）以「團結一致的蒙古將獲勝利」為競選口號；民主黨的哈勒特馬．巴特圖勒嘎（Khaltmaagiin Battulga）選用了「蒙古會勝利」，蒙古人民革命黨的賽音呼．鋼巴特爾（Sainkhüügiin Ganbaatar）則是「讓我們選擇蒙古」。候選人不斷地提到蒙古，把蒙古民族的利益放在首位，提及歷史事件和傳說，身穿蒙古傳統的蒙古袍或是在宣傳照中出現草原上騎馬的造型。他們還強調必須維護蒙古領土的完整，儘管當時並沒有出現任何邊界爭端或是類似的問題。

在蘇聯解體後，馬列主意識形態失去了大部分的權威，大體上被某種形式的民族主義所取代了。在蒙古，民族主義主要是以反中情緒的形式出現，包括對識別個人是「純正血統」還是中蒙混血的癡迷，以及在較小程度上對於俄蒙混血的識別，但是俄蒙混血不會像是中蒙混血那樣被視為一種負面因素。在民主黨展開的競選活動中經常提及蒙古人民黨候選人恩赫包勒德的出身，他們聲稱他有一部分的中國血統。法新社的報導稱：

> 蒙古總統競選集會上揮舞的旗幟、勝利的歌聲和振奮人心的演說被人群中的打鬥中斷了。一群「恩赫包勒德的」支持者衝進民主黨候選人巴特圖勒嘎在星期五舉行的造勢活動，他們舉著譴責這位商人的海報，而另一方的支持者則推搡這些不速之客，撕毀他們的標語，同時高喊著：「你是混血的中國人！你是混血的中國人！」[24]

恩赫包勒德和蒙古人民革命黨的候選人鋼巴特爾都公開了他們的家譜，試圖證明他們有不受汙染的蒙古血統。卑鄙的政治宣傳還包括在當地社交媒體上流傳的影片，顯示出有聲稱是警察和中國居民捲入的衝突。影片的旁白指責蒙古人民黨丟失了其價值，並且在選舉中派出「一個有一半中國血統的人」。抗議者普遍持有反中偏見，他們中有一些人是來自俄蒙婚姻的混血。[25]

巴特圖勒嘎向普丁示好

在巴特圖勒嘎於二〇一七年七月八日勝選後，民主黨自額勒貝格道爾當選總統之後再一次掌握了總統職位，但是呼拉爾仍然由他們的對手蒙古人民黨所主導。巴特圖勒嘎是一個多姿多采的人物，他是一名富商、地產大亨，年輕時曾經在蒙古傳統的摔跤運動中獲得巨大成功。這是一項很有特色的運動，但這運動並不是蒙古獨有的，因為它和日本的柔道、相撲等運動，甚至是和英國的坎伯蘭摔跤有些相似，巴特圖勒嘎曾在一九七九年至一九九〇年擔任國家摔跤隊的成員，並在一九八九年得過世界冠軍，還曾擔任蒙古柔道聯合會的領導人。

巴特圖勒嘎是堅定的蒙古愛國者，他曾在烏蘭巴托以東的土拉河畔修建了一座巨大的成吉思汗雕像。據說，成吉思汗正是在這個地方發現了一條金色的鞭子，激起了他領導和征服的動力。巴特圖勒嘎的成功很大程度上是由於他對中國的反感，他完全順應了當時的民情。中國給蒙古的貸款和對礦業的投資增加了中國在蒙古的影響力和可見度。二〇一六年達賴喇嘛訪問蒙古後，北京威脅要展開報復，這讓許多蒙古人感到不滿，這將會在後文中加以討論。達賴喇嘛也恰到好處地祝賀了巴特圖勒嘎的選舉勝利。[26]

巴特圖勒嘎的政策是尋求從中國以外的其他來源增加貿易和投資，這種做法拉近了他和普丁的俄羅斯。在蘇聯八十年的統治期間，俄羅斯是蒙古的盟友和最親密的貿易夥伴，巴特圖勒嘎此前曾經在俄國做過生意。二〇一七年八月，巴特圖勒嘎訪問了匈牙利並參加世界柔道錦標賽。在匈牙利，他第一次有機會見到俄羅斯總統普丁，後者也是一位柔道愛好者，而且擁有黑帶八段。他們的部分談話內容被公開在克里姆林宮的網站上：

> 俄羅斯總統弗拉基米爾・普丁：
>
> 總統先生，我非常高興有機會和您見面。我們知道您既是一個政治人，也是一名優秀的運動員。我想要對蒙古柔道隊員在這裡舉行的世錦賽上的優異表現表示祝賀。
>
> 至於兩國的關係，我們還將會有機會在海參崴詳談，我知道您也會參加在那舉行

的論壇。但是已經很清楚的是，我們的貿易趨勢是好的。雖然去年下滑了二十%，但是二〇一七年的上半年已經提升了三十四%。

政治和經濟文化領域的工作都在進行當中。我們傳統的俄蒙商人們都在努力，貨運量也在增加。因此我們在弗拉迪沃斯托克將會有很多事情要深入討論。

蒙古總統巴特圖勒嘎：

再次向你們問好。我很高興在世界柔道錦標賽這樣的盛會上跟大家相聚，這是我們倆既感興趣又喜歡親身投入的活動。我相信未來會對我們都好。我們計畫近期在弗拉迪沃斯托克舉行一次工作會議。

蒙古大選才剛過去不到兩個月，考慮到當前現實，我計畫要進一步擴大和北方鄰居的關係。

您剛才提到的貿易增長要歸功於邊境地區，我認為我們要注意兩國邊境地區之間的關係，因為我們的共同邊界長達四千多公里。

當然了，我們主要對投資感興趣。我們優先考慮的是鐵路。我們有一個合資企業，也就是烏蘭巴托鐵路公司，俄蒙各占一半的股份。[27]

中國因素

蒙古對於中國——這個位於南方的強大鄰國——有著歷史悠久的不信任感，這種感受正在重新被喚醒並且將巴特圖勒嘎總統的蒙古推向俄羅斯，這個國家位於蒙古西邊和北邊，它不像中國那麼強大，是蒙古在一九九〇年時曾經拒絕的鄰居（當時仍是蘇聯）。蒙古無法無視中國已經成為東亞乃至歐亞大陸上的主要經濟強國這一事實。雖然巴特圖勒嘎強調和俄羅斯的關係，但是他的政府仍然鼓勵來自中國的直接投資，同時在兩個大國之間取得平衡，維護自己的政治和經濟獨立。除了與俄羅斯和中國的商業經驗外，巴特圖勒嘎還參與了俄中的雙邊商業協議。

在一些競選文宣中出現的狂熱反中偏見並不一定為全民所認同，但是大家都認為蒙古國不能過度依賴這個巨型鄰國。中國國家元首習近平在二〇一四年對蒙古進行了國事訪問，二〇一五年十一月，額勒貝格道爾吉總統對中國進行了回訪。他們的討論集中在蒙古打算宣布自己成為「永久中立國」，同時對中國和俄羅斯保持「全面戰略協作夥伴關係」。蒙古官方的政策認為這是穩定「蒙古周邊局勢」的最佳方式，也說明了一個小國夾在兩個巨人之間所需要的複雜外交手腕。作為補充，它還將恢復「第三鄰國」政策的舊概念，與其他國家建立更多政治和經濟聯繫。

二〇一六年六月在塔什干達成的中蒙俄經濟走廊協議也加強了和中國的關係，該協議將在中國雄心勃勃的「一帶一路」計畫和俄羅斯歐亞經濟聯盟的範圍內運作。蒙古國提出為這一走廊貢獻五條「通道」：鐵路、高速公路、電網、石油管道和天然氣管道。二〇一六年十月一日和二日，中共政治局常委劉雲山率領中國代表團對蒙古進行正式訪問，他們會見了額勒貝格道爾吉總統，批准了落實兩國官員此前達成的雙邊協議措施。

然而在達賴喇嘛當年晚些時候到蒙古進行為期四天的訪問後，中蒙不和諧的關係就顯現了出來。達賴喇嘛受到了遵循藏傳佛教儀式和傳統蒙古佛教徒的禮遇，並得到蒙古寺院代表和印度駐蒙古大使的熱烈歡迎。達賴喇嘛在蒙古國最大的寺院，位於烏蘭巴托的甘丹寺發表了演說，然後前往了他的宗教地點。達賴喇嘛和蒙古的佛教領袖們都強調這次訪問是完全純粹的宗教活動，但是北京方面仍然嚴厲批評，因為達賴喇嘛和西藏的獨立運動有關係，所以被視為是一個分裂政治人物。在北京提出了抗議並且取消了貸款和發展計畫的雙邊會議後，蒙古外長曾德·蒙赫奧爾吉勒（Tsendiin Mönkh-Orgil）宣布蒙古政府將不會再向達賴喇嘛發出任何邀請，儘管邀請他來訪的並非蒙古政府，並且暗示這位佛教領袖大概不會在「本屆政府執政期間再次造訪蒙古」。他承認，這種「誤會」有可能破壞兩國關係。在儀式性的抗議和道歉後，經濟現實蓋過了中國的政治言論，中國的這種論調已經成為達賴喇嘛每一次出國訪問的慣例。中蒙關係沒有受到持久性的損害。二〇一七年二月，北京同意向蒙古提供據說是特優條件的財政援助和貸款，但是國際貨幣基金組織拿出了價值五十五億美元的緊急救助，此舉將會在一定程度上抵銷中國的影響力。[28]

第七章

蒙古經濟的崩潰和恢復

蒙古在一九九〇至一九九一年民主革命的直接結果是一黨專制的國家體系消失了，取而代之的是一個多黨制的政治制度，雖然遠非完美，但總的來說，這種政治制度還是發揮了作用。絕大多數蒙古人沒有直接參與到政制發展中，但是沒有一個人能夠免受政治的影響：儘管許多人對變革表示積極歡迎，但多數人更關心的是糟糕的經濟狀況對他們日常生活的影響。

一九九一年蘇聯解體後，莫斯科和東歐盟友對蒙古的援助和貿易戛然而止，而這樣的經濟活動已經維持了蒙古經濟長達幾十年之久。在缺乏足夠數量可兌換貨幣的情況下，以物易物的方式成了更普遍的內部和對外貿易方式。貧窮本就是蒙古一個嚴重問題，在農村和小城鎮尤其如此，如今這樣的情形變得更令人絕望了。蒙古對此一危機的反應是實行全面私有化和改革方案，這樣的措施和波蘭、羅馬尼亞及當時的捷克斯洛伐克等真正獨立的新國家所採取的措施類似。這項措施有潛在的危險性，因為蒙古甚至缺乏國家體制之外的最基本的金融和銷售基礎設施，但是它得到了世界銀行和其他國際金融組織的熱情支持。對於國際機構所倡導的經濟政策當地的反應並不熱切——有人提出了質疑，建議人們不要對這樣一個迅速的私有化方案抱持不切實際的期望。一九九〇年後出現的眾多政黨反映出蒙古的領導人對於發展政策以及經濟成長有各種各樣、往往又水火不容的期許。[1]

這一崩潰的社會後果是相當複雜的，但對許多蒙古人來說，這些後果在短期內是災難性的。在一九九〇年以前，蒙古的城市化作為計畫經濟的一部分，已經取得不明顯但是重大的進展：在蒙古人民黨一九二四年創立的時候，很少有蒙古人生活在城鎮裡，但是到一九九〇年的時候，國家有五十五至六十％的人口是城鎮居民。這個數字主要是由於首都烏蘭巴托的擴張。城市化的規模和蘇聯的發展同步，被認為是經濟、社會進步和現代化的標誌。

對市場經濟的採納所造成的即刻影響就是這一城鎮化進程的逆轉。羅爾夫．基爾伯格（Rolf Gilberg）和揚．歐洛夫．斯文森（Jan-Olof Svantesson）指出，在一九九〇年代中期，「因為命令式經濟的消亡，人們重新投身到牧業經濟中，出現了一種顯著的城鎮遭到拋棄的現象。」[2]幸運的是，許多城市裡的蒙古人繼續保持著與居住在農村的大家庭聯繫；一些人在城裡工作的同時也擁有牲畜。這使得草原上牧業經濟的回歸沒有造成大災難；對很多人來說，這證實了蒙古人高度重視牲畜所有權的傳統觀念是正確的。

並不是所有失業的城鎮居民都能被安置在牧業部門中，特別是那些在大城市裡為政府和國有企業工作的人，他們突然發現自己被裁員了。許多人找到了其他工作，比如司機、商人或是在其他的什麼崗位上，他們得到的薪水大多比以前低，地位也不如原來。烏蘭巴托和其他城市外圍的蒙古包定居地有時候被比喻是其他發展中國家的鐵皮棚戶區，但是作為以傳統風格建造的家庭蒙古包聚落，它們雖然沒有現代化的設施，但是卻更為有序。蒙古包定居地社區的擴大，是為了收容那些無法負擔城裡高漲租金的人，以及容納那些從草原上來找工作的人。作為替代性的收入來源，採礦和伐木變得越來越重要，但是它們可能在本就脆弱的生態系統裡造成了嚴重的環境退化。

牧業經濟的命運

牧群的集體化政策始於一九三〇年。在被莫瑞斯．羅薩比描述為「集體化的計畫不周和殘酷的努力」後，最初的牧業經濟重組嘗試以失敗而告終。到了一九五〇年代末，當強迫性集體化被「經濟獎勵、勸說、教育和宣傳」所取代時，集體化的過程實際上已經完成了。在一九六〇至一九九〇年期間，大多數的牧業家庭是屬於二五五個集體農場（*negdel*）中的其中一個，集體農場是生產合作社，這裡的牲畜總數占全蒙古牲畜總數的七十五％。到一九九〇年代時，牲畜放牧的經濟可以說是半游牧的經濟，不是像以前那樣的完全游牧，但是放牧仍然是蒙古約三分之一人口的典型生活方式，這些人大約有十五萬戶。[3]

集體農場最終和農村地區地方政府的基本單位蘇木（*sum*）合併在一起，這種組合被稱為蘇木－集體農場（*sum-negdel*）。和蘇聯模式一樣，它不僅是一個政治和經濟單位，它也為成員提供教育、保健和養老金。它還負責提供飼養和照顧牲畜所需的服務，例如獸醫、動物收容所、飼料和行銷服務。牲畜的畜舍並不是完全由集體所有，到實施更自由的經濟政策的一九八〇年代時，畜舍飼養的牲畜中有多達三分之一是由其成員私人擁有的。[4]

集體農場的私有化過程，或者說其中的非私有部分的私有化過程是在一九八七年開始的，這個時間要早於蘇聯模式或是與之對應的蒙古模式顯現出嚴重危機跡象的時間。最初的安排包括一種在集體農場的管理部門和牧民個人家庭之間就生產配額和應該支付給牧民的工資水平的協議。在一九八九年時，這種協議被租賃制度所取代，根據這種辦法，牧民開始負責創造自己的收入。到一九九〇年民主革命時，集體農場的私有化進程已經開始了。集體農場的管理和地方政府的管理在一九九〇年正式分離。全面私有化進程持續到一九九一和一九九二年，牧民此後是完全受制於市場的力量。一方面，他們不再受到國家規定的限制，另一方面，他們也不得不在沒有配額保障（先前國家統一向他們購買的動物產品數量）的情況下生存。雖然私有化進程是循序漸進的，但是它進行得並不完全順利，在集體農場被解散後，發生了很多集體資產分配給個人和公司等問題上的衝突。

在嚴重的經濟衰退壓力下，牧民家庭發現自己不得不拋棄集體農場（集體農場鼓勵專業化、機械化和科學技術應用）使用的一些現代系統化和流水線方式的做法。為了謀生，他們又恢復了蒙古人傳統上為飼養五種牲畜（綿羊、山羊、牛、馬、駱駝）組成的歷史悠久的混合牧群制度。這種體系從表面上看來不那麼高效而且需要更多的人力，但是反諷的是，這有助於從城市裡吸收一些多餘的勞動力，因為計畫經濟崩解後，有許多人失業了。牧民家庭需要多餘的人力，因此他們非常樂意接納先前搬到城裡去找工作的親戚們。[5]

除了管理牧民生產商品的分配銷售外，集體農場也曾對牧場的使用加以管理，從而盡量減少對環境的破壞。在計畫經濟消亡以後，就需要建立新的機構或是依靠舊的制度來處理這些問題。有一些新成立的實體是私營公司，另一些是合作社，它們可以按照已有的集體農場為基礎，也可以合併成為新的。以前由集體農場提供的公共服務，包括通訊基礎設施、人畜保健和文化活動都被大幅度地削減，有時甚至不復存在。在緊急情況下保證牲畜可以吃飽的國家飼料基金崩潰了，這讓牧民家庭在發生自然災害時只能自力更生，而自然災害在蒙古的環境中並非罕見。雖然恢復到近乎自給自足的畜牧方式讓大部分的農村人口能夠合理地生存，但是市場力量的影響力分布是不平均的，這讓蒙古的農村在幾十年來經歷的貧困和不平等程度更高。牧區經濟受制於變幻莫測的市場關係，一般而言，牧民對市場的影響是沒有準備好的。然而，在向市場經濟過渡的過程中，牧民在面對劇烈變化時比一些城市牧民更有彈性。[6]

市場試驗和經濟危機

在蘇聯貿易和援助消失以後，改革者們是第一次掌權，在許多情況下對於政府管理和經濟事務都缺少經驗，因此他們不得不尋求新的夥伴。可選擇的方案諸如和中國建立更緊密的關係——由於偏見、歷史原因或是出於對崛起中的中國經濟力量的真實擔憂，許多人認為這是不可接受的——或是接受來自國際機構的投資——主要是來自西方的投資。在聯合國開發計畫署、國際貨幣基金組織、亞洲開發銀行和世界銀行等國際機構的影響之下，新的領導層開始了經濟的自由化和私有化。蒙古成了熱情的西方市場經濟學家的試驗場，但不可避免的是，蒙古人民承擔了最大風險。然而，他們對政策的控制力非常有限。

勸說進行私有化的專家們在蒙古進行大力的遊說。國際上的各種捐助組織提出給予援助和投資，以換取承諾共同的經濟自由化的意識形態和拋棄計畫經濟。雖然缺少經驗，但蒙古的第一副總理鋼寶勒德（D. Ganbold）是米爾頓·弗里德曼（Milton Friedman）市場經濟風格最熱心的擁護者之一（他參加過一九九〇年十月的「漢學家」會議）。面對著信譽掃地的蘇聯體制和大規模投資的外表吸引力，檯面上幾乎沒有其他的現實替代方案可供選擇。跟後蘇聯世界裡的其他國家裡一樣，蒙古也有大量的米爾頓·弗里德曼私有化和新自由主義思想的門徒，這並不奇怪。不過，在採取這條路線時，蒙古被戰後最成功的亞洲經濟體——亞洲四小龍：日本、韓國、香港、新加坡甩遠了，這幾個國家的企業和經濟成功受到了普遍的讚揚，但是它們都十分依賴國家的投資和干預。

蒙古民主反對派的其他成員多沒有鋼寶勒德那麼熱情，他們強烈反對將一種國際模式套用在所有的經濟體上。引人關切的是，海外的經濟學家沒有考慮到蒙古經濟的具體情況，尤其是牧業經濟占據主導地位。很少有訪問的專家對這種經濟模式有過任何的經驗，這種經濟表面上雖然是個人主義的，但是它在傳統上是依靠高度合作來克服惡劣地理環境中的問題，而且在蒙古和蘇聯結盟期間，蒙古接受了一定程度的集體化。

主要是出於國際援助機構的堅持，經濟自由化政策的採用方式甚至被其擁護者們稱為休克療法。其直接影響是災難性的。物價急劇上漲，而工資水平維持在低水平；中央銀行的資本流動受到限制；社會福利方案被嚴重削減。貿易崩潰了，一九九〇年秋天烏蘭巴托商店裡空空蕩蕩的貨架就說明了一切。蒙古開始施行配給制，生活水平已經很低的普通家庭突然發現自己陷入了危險的貧困中。[7]

民主蒙古的經濟

在蒙古的政治圈裡，一九九〇年代主要意識形態糾結是關於經濟方向的。一方面，有一些人希望不顧這會給人民造成的短期問題而快速進入到自由市場經濟。正如前文提及的，持有這種觀點的人中最重要的是鋼寶勒德，儘管他缺少西方經濟學的專業知識和經驗，但是他有一大批強有力的國際贊助人。另一方面，在蒙古人民革命黨和民主黨裡都有不同的聲音，有些希望進行更緩慢的轉型，也有人根本反對轉型。意見十分的參差不齊又不完整。國內生產總值後續有著顯著增加，社會福利也有所改善：一九九〇年代明顯的赤貧現象在很大程度上有了緩解，但是許多蒙古人的收入仍然非常有限。

蒙古國駐美國大使館在二〇一三年時宣布，「自一九九〇年以來，蒙古國已經從中央計畫經濟成功轉型為市場導向型經濟。今天，蒙古是世界上成長最快的經濟體之一。」令人印象深刻的高增長率之所以能實現，是因為它的起點極低。二〇一〇年蒙古的國內生產總值增長了六·四%，二〇一一年增長了十七·五%。這主要是由於國際採礦業的投資和世界市場上銅、金和鐵的高價格。為了滿足其他產業部門需求而進行的基礎設施建設，尤其是交通運輸方面的建設也在增長中起到了重大作用。二〇一二年十二·三%的國內生產總值增長率反應了礦物價格在國際市場的下降，但是這一增長率還是得到了農業、林業、漁業從二〇〇九年和二〇一〇年造成大量牲畜死亡的冬季不利氣候中恢復過來的支持，以及「建築、交通運輸、資訊技術行業的穩步增長」。[8]

幾十年來，蒙古的工業部門一直是一個相對不重要的組成部分，但是現在的增長十分迅速，其中包括採礦和採石業、製造業、建築業、能源業（電力、天然氣、蒸汽）。在這些產業中，礦業最重要，也是外國投資人最感興趣的。二〇一三年時，烏蘭巴托的政府在國際市場上出售了價值十八億美元的債券，這主要是基於採礦業的表現；未來，採礦業的商業開發預計會對所有部門的經濟產生最大影響。已知的礦產儲量包括金、銅、鈾、煤等主要礦藏，據政府估計，蒙古已經完全勘測出的礦產資源只有十五%。

最著名的兩個採礦工程是奧尤陶勒蓋（Oyu Tolgoi，Tolgoi 的意思是山丘或高地）和塔溫陶勒蓋（Tavan Tolgoi）。奧尤陶勒蓋位於南戈壁地區，在烏蘭巴托以南五百五十公里處，距離中國的內蒙邊境只有八十公里。在二〇一八年，也就是這個礦達到最大生產效能時，其推斷年產量為六十萬噸銅，二十．三噸金和九十三．八噸銀。塔溫陶勒蓋位於奧尤陶勒蓋西北約一百公里處。蒙古的消息來源稱它擁有世界最大的煤礦儲量之一，有七十四億噸焦煤和熱煤可供開採。塔溫陶勒蓋的大股東是蒙古政府所屬的蒙古額爾德尼公司。

即使是考慮到對潛在產量過於樂觀的預測，採礦業也毫無疑問地在蒙古的經濟發展中發揮了關鍵作用。自從二〇〇〇年以來，礦業部門對國家國內生產總值的貢獻率已經從十四％增加到了二十五％。銅、黃金和煤炭是該國的主要出口產品，蒙古對中國而言是最重要的煤炭出口國之一。這自然也引起人們對於蒙古人日用商品過度依賴這些出口品的關注，這些出口品在世界市場上的價格更是不可預測和波動的，這給蒙古人的日用商品帶來了潛在風險。[9]

人們曾經的擔憂在二〇一六年成為事實。烏蘭巴托曾在世界金融市場上借貸，來為後續的基礎設施建設提供資金，但是隨著世界礦產價格的下跌和需求減少，尤其是來自中國需求的減少，讓蒙古面臨債務危機，有可能無法履行其財政義務。財政部長巴圖高科・喬伊吉勒蘇倫（Choijilsuren Battogtokh）承認蒙古「深陷經濟危機中」，政府可能「無力支付政府部門的工資和運營成本」。由於蒙古在不穩定的國際市場上依賴礦產出口，其經濟成長在二〇一六年急劇減緩到了一％；次年，作為蒙古主要的投資來源的世界銀行提出了一份分析報告，該報告認為「短期內，蒙古經濟將繼續和持續性的經濟失衡做鬥爭。」雖然經濟在二〇一七年年初出現了復甦，但同樣是因為採礦業的增長，缺乏多樣化被認為是蒙古經濟面臨的根本問題。減少貧困的步伐緩慢仍舊是重大的關切事項。[10]

為蒙古發展注入資金

在二十一世紀初，蒙古經濟的成長開始停滯，甚至在二〇〇八年全球經濟危機到來之前就已經如此了，烏蘭巴托的政府在二〇〇九年時發現自己不得不申請國際貨幣基金組織的貸款。自從那時候開始，外國投資就被視為蒙古經濟困難的救贖，在採礦業尤其如此，農業生產和基礎設施發展方面也是這樣。林業部門一直是重要的，但是非法採伐和森林退化已經讓該行業墜入了危機之中。蒙古平衡其發展需求和環境保護需求之間衝突的困境已經讓世界銀行表示關切，並關注了發展採礦業所造成的社會和環境影響；烏蘭巴托的空氣汙染問題正在以嚴重失衡的比例影響著那些住在蒙古包郊區的居民以及人們的用水網絡。

國際貨幣基金組織在二〇〇九年向蒙古提供了二・四二億美元的貸款，次年於烏蘭巴托舉行的招待會上，蒙古政府慶祝了這一資金輸血的成功。在隨後的三年裡，蒙古的經濟持續成長，增速達到了兩位數，但是在國際金融危機的影響下，其成長的速度減緩了；二〇一六年十月，蒙古國政府再次向國際貨幣基金組織申請了援助。在撰寫報告的時候，國際貨幣基金組織準備提供貸款的條件尚未明確。二〇一六年六月的議會選舉之後，政府發生了變化，當時蒙古人民黨（共產黨時期的蒙古人民革命黨的繼承者）在扎爾格勒圖勒嘎・額爾登巴特

（Jargaltulgyn Erdenebat）的領導下取得了對民主黨的壓倒性勝利，贏得了總共七十六個席次中的六十五個：這使得新一屆的政府在政治上更有可能接受嚴厲條件並同時將國家面臨的經濟困難歸咎於前任政府（也就是當前的反對派）。無論外部的出資人提出怎樣的條件，如果中國是唯一現實的選擇，那麼蒙古很有可能傾向於接受國際貨幣基金組織的資金支持。因為烏蘭巴托的大部分出口已經依賴中國，因此它不願意對北京簽下更多的財政或政治債務。

經濟分析師齊美德道爾吉（M. Chimeddorj）在二〇一六年十月評估蒙古經濟所面臨的困難時，接受了「輕微衰退」的可能性。國家經濟高度面向第一產業，礦業出口在國家預算中占如此大的份額，對於世界市場上不斷下降的原材料成本變化是高度敏感的。他敦促政府嚴格遵守財政紀律，削減預算，擲骰子重大基礎設施專案——這是對前民主黨政府財政管理的隱晦批評，同時也承認有必要維持目前的社會福利支出水平。他鼓勵政府著手重組其國際貸款，並參與到國際貨幣基金組織的備用計畫中。他也不建議依賴中國的貸款，因為這很可能涉及到中國公司或是合資企業，而且有人擔心他們會在其資助的任何計畫中輸入外國勞動力，對蒙古經濟或是正在尋找工作的蒙古人沒有足夠的益處。出於類似原因，他支持拒絕外國銀行（特別是中國銀行）在蒙古設立分行的現行政策，認為當地的銀行系統不夠健全，無法在平等基礎上和它們展開競爭。11

也許蒙古對於依賴中國持有謹慎的態度，但是它仍然願意在認為對國民經濟有利的計畫上和北京合作。二〇一六年十月十三日，額勒貝格道爾吉總統招待了中共政治局常委劉雲山，後者當時在中國領導層中排名第五，他在烏蘭巴托最終批准了合作及地區發展戰略上的重大項目，這些內容已經被官員詳細地研究過了。[12]

烏蘭巴托：首都的當前經濟和社會

二十一世紀初的烏蘭巴托遠比民主革命前夕的一九九〇年時繁榮。但是，這種繁榮的分布並不是平均的。在城市中心，在蘇赫巴托廣場周圍，似乎發展得很好，規劃得很好，將「蘇聯衛星國」時代建造的大部分建築和現代化高層建築結合在一起，其中最顯眼的就是超現代的藍天塔和酒店（Blue Sky Tower and Hotel，將在第十章詳細介紹）。這棟大樓是在二〇〇九年竣工的，位於烏蘭巴托廣場的南面，緊挨著一九二九年建成的前列寧俱樂部，這個俱樂部是培養幹部計畫的一部分，他們將把現代「社會主義和國際文化」——一種俄羅斯文化的變種——傳到蒙古。[13]除了酒店外，它還為最富有的客戶提供辦公場所和住宅，並被行銷為獨特豪華生活的縮影。它的建設和蒙古新政治制度的演變息息相關。工程在二〇〇六年破土動工，但後來在民主黨輸掉二〇〇八年大選後的政治爭吵後被喊了暫停。

在遠離市中心的納蘭圖市場附近的城市東南部，或是在西北部靠近經過大規模擴建和整修的甘丹寺附近，仍然有一些幾乎未開發的地方，那裡仍然保留著一九六〇年代的公寓樓和商店，以及低矮房屋或蒙古包。

現在，城市大部分人口的穿著風格在亞洲和世界其他地方的大多數城市都是現代或時髦的；雖然一些老人仍然喜歡穿蒙古袍，但是蒙古袍一般不再是街頭的日常服裝，而是保留在正式場合上。一九九〇年代蒙古國經濟崩潰時的小偷和兒童乞丐依然存在，不過現在已經少了很多。有許多咖啡店、酒吧和商店裡都配備了精心準備的監控攝影系統以打擊盜竊和暴力，但是效果有限。[14]

今日的蒙古包

蒙古人的特色民居是蒙古包（*ger*）。蒙古包是適應蒙古人生活方式而發展起來的，數百年來，蒙古人的生活方式都是以游牧及在冬季牧場和夏季牧場之間的轉移為基調的，蒙古包便於攜帶，比較容易搭建、拆卸和運輸。在哈薩克人、吉爾吉斯人、土庫曼人等同樣游牧生活方式的突厥語系民族中也能找到類似的結構。它們的設計略有不同，這些民族將之稱為

「yurts」，這個名詞在西方比「*ger*」（蒙古包）更廣為人知。

蒙古包是為游牧生活方式而設計的一種住屋形式，在現代化和日益城鎮化的社會中似乎是沒有地位的，但是在蒙古，甚至在首都烏蘭巴托這樣的大城市裡，蒙古包仍然是生活的主要特徵。蒙古包已經成為蒙古人的民族象徵，他們不願意看到它消亡，它的基本結構已經被納入到了更大、更持久的建築設計中。現代建築往往有一個蒙古包附在後面或附近。在蒙古人民共和國時期，國賓館的一翼屋頂上就有一個蒙古包。博格多汗冬宮的一個大房間裡，有一個用一百五十隻豹子皮鋪成的蒙古包，它能夠在冬天使用，也可以在天氣好的時候放置在宮殿門外。

首都烏蘭巴托曾不斷地用舊蘇聯時代公寓樓的區塊開發，現在則是在其間補充或是替代了更現代的高樓。蒙古包區在城市外圍存在了好幾十年，現在也依然存在。在一九八八年出版的一本關於蒙古建築的書中插圖清楚顯示了該城西北部郊區在群山背景下的樣子。在靠近市中心的地區，有比較新的建築拔地而起，但是視野所及的其他地方都充滿了蒙古包。其中有一些已經被拆掉，為新的建築工程讓路，但是仍有一排排的蒙古包和棚戶保留著，其中許多是用木頭或是波紋鐵皮圍欄分隔。

有一種誤解是說這種蒙古包居住區是新近的發展，與一黨專制統治和與蘇聯的緊密連繫結束有關。但事實並不是這樣。雖然在一個遲遲不採用定居生活方式的社會裡，城市化是一個相對較新的現象，但是在一九六〇年的時候，工業發展和建設已經吸引了許多來自郊野地區的人到烏蘭巴托尋找工作和商業機會。歐文・拉鐵摩爾是在一九六一年夏天來到烏蘭巴托，他觀察到工業的發展似乎是「附近的納賴哈煤礦帶來的計畫之外的結果」，但是他仍然覺得可以把它描述為「獨具特色的美麗城市」，以今天的景象來看，上述這樣的描述是很難被證明的。傳統和現代住房之間的對比已經明顯：

由於人口的增長遠遠快過新建工程，現在還有很多木柵欄圍起來的長方形區域，人們住在裡面的古老白色蒙古包裡，它們和現代建築形成了鮮明對比……新舊對比最鮮明的是，在很多人還住在蒙古包裡的同時，有暖氣和熱水從中央供暖、供電、照明的工廠輸送到現代建築的地下管道中。[15]

這種不平等在蘇聯式的計畫經濟時期又延續了三十年，並在蒙古民主革命後又持續了二十五年。除了對水電等基本設施的需求外，蒙古包居民人數的迅速增長也給社會服務構成壓力，其中包括對醫療設施和當地學校的壓力。道路的狀況不佳，公共交通有限。地方政府的組織不力，給蒙古包分配地址的系統又前後不一，這又加重了通訊問題，居民發現他們無法收到來自當地政府的重要訊息。對於這些社區的研究強調了蒙古包居民無法完全參與到社會活動中的擔憂，而且處於長期被排除在社會之外的危險中。在本書寫作時，基礎設施計畫正在規劃之中，其中將會包括給目前的蒙古包居民提供新的私有住房社區。

烏蘭巴托的九個行政區都有蒙古包區，但北部的青格勒泰（Chingeltei）、西部的松根海爾汗（Songinokhairkhan）、東南部的巴彥珠爾赫（Bayanzürkh）以及中部蘇赫巴托區的發展尤為顯著，該區也是大多數主要政府和文化機構的所在地。這些城市地區一直延伸到首都周圍的山區（根據蒙古族傳統，其中有四個山區被視為聖地），正是在這些地區極端的空谷和山腳下，建造了大多數的蒙古包。

關於蒙古包居住區的存在，人們的意見分歧很大。一些蒙古人，以及許多來自海外的蒙古人，會為這些地區的存在而辯護，認為它們與游牧民族的過去產生著連繫，但他們被指責太浪漫主義了，有人認為這些地區的住宿條件差、設施少，在最糟糕的情況下可以被說成是貧民窟。還有其他人則是對於這些地方缺乏規劃，從而讓這些棚戶區在首都的郊區發展蔓延，以及蒙古包居住區的居民實際上被邊緣化了的事實表示遺憾。必須要指出的是，雖然設施相對較少，但蒙古包居住區的外觀遠比許多第三世界的棚戶區要有序得多，屬於各個家庭的蒙古包之間的間隔也遠比許多第三世界的棚戶區要寬敞得多。許多蒙古包居民都是以前的牧民，由於牧業經濟衰退，他們被迫放棄原來的生活方式。其他人則在烏蘭巴托受僱於政府和從事其他的工作，他們堅持認為是自己選擇了這種傳統的生活方式，他們不願意搬進高樓裡去。這可能是迫不得已而為之：烏蘭巴托對住房的需求非常大，可負擔得起的住房供應有限，而城市中心的發展主要是為了滿足日益增長的富裕中產階級的需求。

無論蒙古包社區持續存在的實際和經濟原因是什麼，蒙古包居住區仍然得到民眾的支持這一事實顯示，傳統的生活方式對正在經歷現代化考驗和磨難的民眾來說具有心理上的支配作用。[16]

第八章

蒙古國和新東亞秩序

蒙古人非常清楚自己國家所在的地理位置對於他們的限制，但他們也想要探索這樣的地理環境會在多大程度上決定他們國家的未來。蒙古被夾在俄羅斯和中國之間，過去它的外交政策幾乎完全集中在這兩個國家之間的關係平衡上，這兩個國家一個直到不久前還是超級大國，另一個則迅速地成為世界兩大強權之一。對於烏蘭巴托的任何政府而言，主要的全球挑戰是如何將內陸蒙古和更廣闊的世界連結起來，以及出於經濟和政治上的原因，應該優先考慮和哪些國家建立聯繫。這其中有地域性的考慮，也有國際性的考慮。蒙古國位於東北亞地區，這裡的許多現任領導人都有為整個地區的經濟和政治關係做出積極和重要貢獻的願景。俄羅斯和中國將永遠是重要角色，但是烏蘭巴托也期待日本、南韓，甚至是北韓來平衡其與大國之間的關係。蒙古的許多政治人都設想蒙古將在區域衝突中發揮越來越重要的誠實調解人的作用，尤其是在世界上最危險的爭端之一——朝鮮半島衝突中扮演此一角色。

然而，烏蘭巴托的政治菁英圈裡並沒有一致意見。鋼寶勒德和總理恩赫賽汗（Enkhsaikhan）、恩赫巴亞爾等堅定的自由市場擁護者主要是（如果不是完全的話）把政治聯盟和經濟支持的目光投向美國和西方。大體而言，這些改革者並不教條式地拘泥於自由市場或是新自由主義的經濟政策，他們試圖在國家的國際關係中找到平衡，包括與第三世界的開發中國家建立聯繫。他們承認保持蒙古和俄羅斯及中國傳統關係的重要性，但他們堅稱這樣的關係需要做出相當大的調整才能適應現代條件。

二〇〇九年和二〇一三年的總統選舉都是民主黨的資深民主活動家和議員額勒貝格道爾吉最終成為獲勝者。額勒貝格道爾吉曾經兩度擔任總理，從一九八九年的遊行示威至今，他可以說是蒙古最有影響力的政治人物，在國際舞台上尤其如此。

蒙古政府對於地區關係的看法，以及它所提出想要扮演的角色被闡述在「烏蘭巴托對話」（Ulaanbaatar Dialogue）中，這是額勒貝格道爾吉在二〇一三年提出的一項倡議。額勒貝格道爾吉承認東北亞的政治局勢十分複雜，他將南北韓關係作為烏蘭巴托的主要關注點。雖然蒙古和北韓之間沒有邊界，而且兩國被中國的東三省（原滿洲）隔開，但是兩國政府一直在參與聯合經濟計畫。蒙古早就對於「大圖們江計畫」感興趣，該計畫旨在開發俄羅斯和朝鮮邊境上的圖們江周邊地區，這可以為蒙古的出口品提供一個出口集散地。蒙古人也和其他地區近鄰——中國、俄羅斯和日本一樣，擔心核擴散和南北韓之間潛在衝突的影響。

「烏蘭巴托對話」是額勒貝格道爾吉的標誌性戰略，是他國際態度的代表。該主張為南北韓之間的對抗衝突提供了一個獨特的蒙古解決方案。額勒貝格道爾吉認識到，作為東北亞地區的一員，穩定的政治環境符合蒙古的最大利益。區域安全對話的最初概念是在一九八〇年代出現的，當時的蒙古「呼籲制定出一項禁止使用武力預防衝突的全亞公約」。在新的千年裡，這一概念又被重新提出並促成了一場「中亞和東北亞的安全前景」會議的召開。二〇〇八年時，在蒙古戰略研究所的主持下，召開了「中亞和東北亞安全展望：烏蘭巴托作為新的赫爾辛基」（Security Perspective of Central and Northeast Asia: Ulaanbaatar as a new Helsinki）的會議。額勒貝格道爾吉進一步推進了這個想法，並且於二〇一三年四月二十九日在烏蘭巴托舉行的民主政體共同體第七屆部長級會議上宣布成立烏蘭巴托東北亞安全倡議對話。[1]

該會議提出，烏蘭巴托是這樣一個倡議的理想地點。作為一個公開宣告的中立國，蒙古和所有東北亞國家都有良好的關係，不存在現存的領土爭議，而且在包括聯合國、亞歐會議和歐洲安全與合作組織在內的國際組織中扮演了積極角色。後兩個組織的會議是在二〇一五年和二〇一六年計畫於烏蘭巴托召開的。雖然額勒貝格道爾吉並不尋求和正在進行解決南北韓爭端的六方會談競爭，但是他認為，烏蘭巴托對話可以在這些會談擱置的時候發揮「積極接觸和相互信任」的作用。從長遠來看，對話應促成建立永久性的對話「制度性機制」、「建立信任措施」、「緩解軍事緊張局勢」和「促進區域合作」。促成和區域安全主題相關的國際會議，讓核心與會者和其他國家的代表團舉行會談。參與方和觀察員據說對蒙古作為區域誠實中間人的潛在角色給予了好評。

外交部和戰略研究所於二〇一四年六月十七日在烏蘭巴托舉辦的一次會議說明了烏蘭巴托

對話的可能性和局限性。雖然一些與會者，其中包括來自中國和日本的與會者認為他們必須利用這個機會來宣洩一下他們對於歷史爭端的不滿，但是北韓代表團的出席則鞏固了烏蘭巴托對話能夠成為一個建立起信任機制的說法。該代表團的成員之一李永弼是北韓駐烏蘭巴托外交機構的成員之一，他曾經在平壤和平與裁軍研究所工作，他表示支持烏蘭巴托的進程，並且有機會和美國代表進行私下對話。相較之下，韓國代表對於通過該進程取得進展的可能性持悲觀態度。[2]

和俄羅斯的關係

除了已經討論到的經濟影響外，蘇聯在一九九一年的解體給蒙古產生了即刻且劇烈的影響。由於蘇聯軍隊從蒙古撤出，蘇聯的軍事設施被遺棄在蒙古；這個過程從那時候起就成了爭議問題，因為它造成環境上的破壞。蘇聯為建設計畫提供的貸款經過評估是在一百至二百億美元之間，俄羅斯聯邦的政府認為，作為蘇聯的繼承政權，這筆錢是蒙古欠他們的債務。而蒙古認為，這種為了蘇聯利益而做出的「援助」扭曲了蒙古的經濟。隨著蒙古對中國貿易量的增加，對俄羅斯的貿易量減少了，但這是由於中國和俄羅斯經濟發展的相對速度比較造成的。

外交關係還集中在邊境安全和能源供應的問題上。位於額爾登特的採礦區是蘇蒙合作的最佳象徵。這個礦區是一九七三年一家蘇蒙合資企業建立的，這意味著它是由蘇聯部分持有，以合作方式經營，但是蘇聯的控制一直是不受歡迎的，許多蒙古人對它似乎具有的半殖民地經濟關係象徵感到失望。在蘇聯解體後，兩國對合資合同進行了修改，蒙古擁有五十一％所有權，俄羅斯持有四十九％。在實際運作中，俄羅斯是無法行使控制權的，蒙古則是在經濟上受惠，將額爾登特收歸國有是烏蘭巴托的高度優先事項，因為需要它繼續從銷售產品中賺取強勢貨幣。

雙方的談判一直持續到二十一世紀。二〇一六年六月二十八日，蒙古總理其米德・賽汗畢力格（Chimedeiin Saikhanbileg）宣布，兩國終於同意將該礦區的所有權完全轉讓到蒙古手中。當賽汗畢力格在次日的選舉中失去總理職位和議會席位後，人們對這一說法的有效性產生了懷疑。俄羅斯似乎是在二〇一六年六月在塔什干舉行的上海合作組織會議上最終同意交出該企業的所有權。促成這一協議的磋商過程十分晦澀不明，它們是從國與國之間的磋商變成俄羅斯寡頭和一個叫作蒙古銅業公司的新實體之間的讓渡，後者得到一家私有貿易發展銀行的支持。當原本的國家資金開始流入私人手中，隨之而來的財務醜聞導致額爾登特礦區在二〇一七年二月經議會投票後被收歸國有。[3]

和中國的關係

現代蒙古國，在一九二四至一九九〇年間全面地倒向蘇聯並盡可能地和中國保持一定距離。這也許是不可避免的，因為革命的蒙古人在自己的革命時從莫斯科和伊爾庫茨克的布爾什維克分子那裡得到了支持，而且蒙古也決心要在一九一一年擺脫中國控制後避免再受制於中國。在一九一九年的中國入侵後，中國對蒙古的重新占領只是加強了蒙古人對中國影響力的抗拒。關於整個蘇維埃時期的傳統說法是蒙古緊緊地抓住俄國以抵禦其歷史上的敵人中國。

儘管這裡面有著雷打不動的道理在，但是中國人和蒙古人社群之間的關係要遠遠比看起來的要複雜。歷史上，中原王朝的政府把蒙古人等邊疆部落及其政權視為對自己生存的威脅。這樣的看法有其正當理由：在過去，中國曾多次被源自邊境地區的政權所統治。然而兩者之間的分野也遠非涇渭分明，在邊境地區，定居的中國人和以游牧為主的蒙古人之間存在著共生關係，但這也並不意味著雙方沒有衝突。兩個民族之間的貿易是邊境地區生活的一貫特點，其核心是蒙古人賣馬，中國人販茶。[4]

蒙古人民共和國對中國並沒有一個獨立的政策；它對中國的態度取決於並且參照的是莫斯科方面對於北京的看法。理論上，三個國家是博愛的社會主義國家，有著以相互支持為特徵的緊密關係。但在實際操作上，莫斯科和北京之間存在著巨大的分裂，這一裂痕在一九五〇年代中期開始變得明顯，最後造成各個共產黨國家不得不選邊站；最後只有阿爾巴尼亞和中國站在了一邊。隨著中蘇爭端在一九六九年上升到邊境軍事衝突的程度，蒙古和中國的關係也變得愈發緊張，主要是因為蘇聯在蒙古駐軍，從而防禦潛在的來自中國的進攻。儘管這件事被很多人看作是不太可能的事情，但是中國一九七九年對越南的侵略讓事情表現得很清楚，北京方面在北方前線動武的可能性並無法被排除。[5]

在一九八〇年代時，烏蘭巴托政府曾試圖與北京建立更密切的關係，但在一九八三年，至少有一千七百名中國居民被驅逐出蒙古，他們主要是合同工，這件事使雙方關係惡化了幾年。蒙古聲稱，它是在遣返那些沒有定居或不遵守當地法律的中國人，但其他的報導顯示，這些被驅逐的人是從事農業或建築工作，他們拒絕被轉移到該國北部的國有或集體農場去。[6]

在蘇聯解體後，蒙古國意識到不能再依靠莫斯科的經濟援助，因此它與中國的關係開始逐漸接近蒙古與周邊國家保持的正常關係了。隨著中國經濟的飛速發展，其資本開始向海外投資，蒙古顯然也是一個投資的地方。從雙邊關係的歷史來看，蒙古對中國金融邀請的反應也是矛盾的，這並不奇怪；蒙古歡迎對關鍵計畫的投資，但對任何利用這種投資來獲取政治優勢的企圖保持著警戒。自一九九〇年以來，蒙古和中國之間的貿易顯著增加；一九九五年當烏蘭巴托新的證券交易所開設時，人們擔心它將被中國的投資淹沒。

這種擔憂的背後是蒙古人的一種信念，即儘管中共和毛澤東在一九五〇年的中蘇友好互助條約談判中承認了蒙古的獨立，但北京仍然對蒙古領土有所圖謀。加布里埃爾·巴馬納（Gabriel Bamana）在評論弗蘭克·比萊（Franck Billé）的《恐中症：焦慮、暴力和蒙古身分的形成》（*Sinophobia: Anxiety, Violence, and the Making of Mongolian Identity*）一書時，把這種感覺說得更強烈：

關於中國即將接管蒙古的傳言是蒙古人日常生活中的一部分，在該國首都烏蘭巴托的居民尤其如此。事實上，蒙古人懷疑他們的南方鄰國陰謀屠殺他們的人口，從而最終將他們的國家併入中國來消滅他們的國家。[7]

這是一種很極端的立場，儘管中國政府在幾十年來並沒有表現出任何實施這種吞併的傾向，但人們對於中國要收復蒙古的殘餘夢想的擔憂並非完全沒有根據。[8]習近平在二〇一四年訪問蒙古，額勒貝格道爾吉則在二〇一五年十一月回訪了中國，並解釋了蒙古的永久中立地位和不結盟立場，以及表達烏蘭巴托決心保持「與中國和俄羅斯的全面戰略合作關係，通過這種方式可以穩定蒙古周邊局勢」的態度。會議承認中國是蒙古最大的貿易夥伴，蒙古生產的商品有多達九十%是出口到中國，這凸顯了蒙古承擔著中國經濟任何變化會帶來的風險，[9]兩國在二〇一八年三月宣布了發展貿易的實際舉措以及河北省和烏蘭巴托之間鐵路貨運服務的啟動。中方強調了他們將向蒙古國銷售的產品，也強調了這條鐵路通道將成為中蒙俄經濟走廊的一部分。[10]二〇一九年二月在烏蘭巴托舉行的兩年一度的蒙古－中國博覽會上，雙方就擴大「雙邊經貿關係」的話題老調重彈，定下了到二〇二〇年時貿易額目標達到一百億美元的水平。蒙古代表表示，烏蘭巴托願意實現出口的多樣化，增加非礦業產業部門的出口量，以協助實現這一目標。[11]

上海合作組織

蒙古國際關係基本框架的基礎在於和中國、俄羅斯間關係的平衡；烏蘭巴托對上海合作組織的態度就是一個很好的例子。中國提出蒙古應該成為上海合作組織的成員國，但是烏蘭巴托對此並不熱心。蒙古人擔心加入一個中國起主導作用的組織會損害他們獨立執行外交政策的能力。

另一方面，中國和俄羅斯意圖通過蒙古來加強彼此間經濟合作的建議引起了比較積極的反應。蒙古的新聞機構蒙通社（Montsame）在二〇一四年九月十二日報導：

在和蒙古、俄羅斯總統的會晤中，中國主席習近平提議建設一條連接中國、蒙古和俄羅斯的經濟走廊。習近平週四在上海合作組織第十四次峰會上提出了這一建議。習近平強調，三個鄰國的發展戰略高度契合，並且指出，俄羅斯和蒙古都積極響應了中國建設絲綢之路經濟帶的願景。[12]

三國還討論了建設一條穿越蒙古的天然氣管道事宜。這些管道將用於從俄羅斯向中國供應天然氣，在烏克蘭危機之後，天然氣供應的控制權成了重要的政治槓桿：這些管道對於莫斯科和北京而言都特別重要。莫斯科可能需要新的客戶，而北京則需要大量的能源用於其可持續的經濟發展。習近平統治的中國在連接東亞、中亞和西方的一帶一路上投入大量的政治資本，蒙古作為橫跨這片廣袤領土的交流走廊之一，可以在其中發揮作用。[13]

蒙古和西方

當俄羅斯的投資和援助中斷，蒙古不可避免地要到其他地方尋求財政支持，經濟發達的西方國家似乎是明顯的選項。雖然這些國家很自然是自由市場愛好者的最優選擇，但實際上，政治菁英圈的所有成員都認為必須要制定和西方打交道的政策。以經濟條件而言，蒙古和歐洲的關係並不重要，烏蘭巴托和已開發西方國家最重要的關係是對美關係以及和國際組織的關係，其中主要是以美國為基地的各種捐獻機構。贊成市場化的改革者和捐助機構建立了緊密聯繫，雖然它們能夠為蒙古吸引援助和投資提供幫助，但是當這些關係沒有獲得預期效果時，它們也會被指責。對私有化速度的關切和對金融貪腐行為的指控，有時候會讓援助的積極效果黯然失色。[14]

蒙古和日本

和其他選項相比，雖然蒙古和近鄰國家的關係似乎沒有帶來巨大的投資回報，但是這種關係對蒙古的經濟和政治安全做出了貢獻。就像是在二十世紀初作為擴張主義的殖民國家時一樣，日本對蒙古能夠產出的天然資源很有興趣。今天的日本十分謹慎地讓自己和過去的殖民角色保持距離，不僅願意用國際商定的商業價格購買資源，而且還能給蒙古提供援助和人道主義協助，但是在任何這樣的角色上，日本都無法和中國或俄羅斯競爭。

日本直到一九七二年才和蒙古建交。在日蒙關係的初期，除了對國營戈壁克什米爾羊絨工廠的贈款外，日本幾乎沒有給予直接援助。隨著蒙古在一九九〇年代進入私有化時期，「日本開始廣泛的雙邊援助」：這種援助的原因主要是外交和政治上的，目的是促進「亞洲的和平與穩定」。日本對蒙古的官方發展援助（Official Development Assistance）水平因年而異，其中包括：「對體制建設和促進市場經濟發展所必需的人力資源的支持；對農村發展的支持；對環境保護的支持；以及對促進經濟活動的基礎設施發展的支持」。這種援助中比較明顯的內容包括在烏蘭巴托蒙古國立大學建立蒙日中心，以及改善小學設施。日本還通過聯合國教科文組織和其他國際組織的工作為蒙古發展做出貢獻。日本駐烏蘭巴托大使館也積極地參與文化和社會活動。[15]

蒙古和南北韓

由於半島在歷史上的分裂和冷戰期間大國的政治立場，烏蘭巴托與南韓、北韓的關係十分複雜。蒙古是直到一九九〇年從蘇聯的外交政策中解脫出來以後才正式承認了首爾的南韓政府，而蘇聯則從來沒有承認過南韓。蒙古與南韓的貿易變得越來越重要，有許多企業在蒙古有業務，包括很多低調經營的餐館和咖啡店等。蒙古有移民工人在南韓就業，來自他們的匯款對蒙古在一九九〇年民主革命後的困難時期十分重要。

在一九九〇年之前，平壤的北韓政權是烏蘭巴托唯一承認的政權，但由於兩國在外交活動中都服從蘇聯，因此雙方都沒有對對方產生很大的影響。

對南韓的承認造成蒙古和北韓之間出現政治緊張局勢，但烏蘭巴托將自己視為南北韓政府之間的中間人，利用其作為永久中立國家的地位和無核國家的「小國外交」身分扮演該地區的誠實中間人。烏蘭巴托的正式立場是推動重啟半島南北關係的「六方會談」，但有證據表明，它也一直在悄悄地充當中間人，在平壤和華盛頓之間傳遞機密外交信息。

蒙古也有興趣發展與北韓的經貿關係，作為其「第三鄰國政策」的一部分，蒙古尋求使自己的海外經濟關係多樣化，從而減少對中國或俄羅斯的依賴。在二〇〇九年與平壤簽署的條約中規定了蒙古向北韓出售煤炭並使用北韓的羅先特別市不凍港，這對尋求增加出口的內陸蒙古來說是一個重要的發展。[16]

蒙古和中亞

蒙古被歸為內亞（Inner Asian）國家，而不是中亞國家（Central Asian），儘管這種區分的標準相當微妙。這兩個地區的國家在語言、宗教和文化等方面存在許多差異，但都有著共同的游牧傳統，大多數國家都經歷過俄羅斯和蘇聯的統治。唯一與蒙古有重要關係的中亞國家是哈薩克，它是蘇聯中亞繼承國中最大、最強大的國家；由於蒙古西部也有大量的哈薩克族少數民族並有跨境聯繫，所以一些聯繫是不可避免的，也是必不可少的。哈薩克和蒙古一樣，在蘇聯解體後經歷了嚴重的經濟問題，但儘管困難重重，還是有大量的蒙古哈薩克族人移民到哈薩克尋找工作。到一九九〇年代末，當蒙古經濟開始從最初的初期問題中恢復過來後，許多人又回到了蒙古。[17]

第九章

蒙古和中國

內蒙古和烏蘭巴托與北京的關係

雖然本書主要關注的是獨立的蒙古，但是既然它是和蒙古人有關的書，如果不仔細看看更廣闊的位於中國內蒙的蒙古人群體的話，那麼本書就不能算是完整。中國的蒙古族人口比蒙古國更多，這也是烏蘭巴托方面接觸其南方鄰國的一個重要因素。這兩個社群生活在不同的政權下，雖然他們在名義上都是「共產的」（蒙古國是到一九九〇年為止），但他們很難有密切接觸，而且他們之間的差異被兩國政府政策誇大。然而，蒙古人在蒙古國以外土地上的存在對蒙古和中國都產生了影響，因此，將兩個社群之間的關係納入考量是很重要的。

在二十世紀以前，內蒙古的社會和政治結構和外蒙古相比更接近中國帝制。有一部分原因是因為地理上的接近，也正因如此，內蒙古早在外蒙古之前就被滿清王朝吸收了。用歐文・拉鐵摩爾的話來說，「相比外蒙古的行政結構，內蒙古的行政結構與滿洲人在中國建立的制度有更密切的連繫」。[1]一九一一年的革命造成清王朝的滅亡，這場革命也「把『內蒙古的』蒙古人交到了擁有有限地方利益的中國軍閥手中」。這與外蒙古完全不同，外蒙古「立即就脫離了中國的控制。」[2]

當然，滿洲時期的內蒙古和今天內蒙古自治區的版圖並不完全相同：內蒙古被分割到幾個中國省分中，並經歷了巨大的政治變動，而且從一九一一年到中國共產黨在一九四七年（中華人民共和國成立的兩年以前）創造出新的內蒙古自治區這段時間裡，歷經了領土上多多少少的變動。

內蒙古的蒙古人在一九二〇和三〇年代的革命時期一直處於中國人的統治下，外蒙古在當時正在努力打造一個獨立國家。當時內蒙古並不直接處於蔣介石一九二八年在南京建立的中華民國國民政府的統治下。日常的控制權掌握在中國軍閥手中，他們可能形式上與南京政府結盟，但是並不接受南京在所有事務上的權威。在軍閥統治下，漢人的移民和殖民發展得很迅速。內蒙古的土地很容易獲得，要麼是可以廉價買來，要麼就乾脆搶來，不論當地的蒙古人是否認為這是他們傳統上的放牧地點。這鼓勵了漢人往這裡移民。理論上，中國國民黨關於少數民族問題的政策是促進同化，這在實際上就意味著鼓勵使用漢語，不鼓勵使用任何少數民族語言，例如蒙語或藏語。

蒙古人開始對這種殖民化加以抵制，但傳統蒙古貴族的勢力很薄弱，顯然沒有能力保護其封建臣民免遭中國殖民者的侵擾。內蒙古鄂爾多斯地區的蒙古人發展了「抵抗組織」或「俱樂部」，它們的名字取自被稱為「獨貴龍（*duguilang*）」（來自蒙語「圓圈」的詞，*dugui*）的文件；這些組織得名於它們的成員圍坐成圓環，用這樣的方式，沒有人可以在政治活動中被辨認出是圈子裡的領袖。人們在這樣的組織是單獨行動的，圈子的成員不知道其他圈子成員的身分。

德王（De Wang）

那些羸弱的貴族也是蒙古人起義的打擊目標，尤其是那些無力保護臣民免遭中國殖民的貴族，但是有一些貴族也成了反抗的領袖。其中最著名的——或說最惡名昭彰的——要算是年輕的親王德穆楚克棟魯普（Demchukdonggrub，一九〇二－一九六六），他是正白旗的察哈爾蒙古人，人們常常以他名字的中文版本——德王（Te Wang或Prince De）來稱呼他。德王是在一九三一年日本準備入侵滿洲的時候成為領導者，他向蔣介石要求給予內蒙古自治權利，而此時的內蒙古並非一個政治實體，不同的蒙古地區隸屬於中國的各個省分。德王認為，一旦日軍入侵，內蒙古就會在戰略上處於弱勢，如果蒙古人有自己的政府，那麼蒙古人的抵抗力就會更強。他認為，蒙古人會更願意保衛一個這樣的政府，而不是保衛中國的軍閥政權免受日本人的侵犯。德王的位置並不穩固：他嚴重仰賴高階喇嘛和舊有部落貴族的支持，但這些人並不認同德王手下一些更為激進的支持者所提出的社會變革。作為南京國民政府的首腦，蔣介石則完全沒有立場強迫地方軍閥出讓德王提出的自治權，而且軍閥們也計畫要反對這位蒙古領袖。

從一九三一年日本占領滿洲而開始的入侵行動在一九三四年時到達了內蒙古。

日本人做足了對蒙古人有利的動作，從而阻止反日的蒙古人和中國人團結起來，與此同時，日本人也在內蒙古進行細分，從而阻止蒙古人的統一，他們打交道的德王只是這些細分的蒙古人中的一個。到戰爭結束的時候，德王被中國人敵視，認為他是「日本傀儡」，但是他受大多數的蒙古人尊敬。在他們眼中，他絕不是日本傀儡；他是因為沒有足夠的能力抵禦日本人，所以退而求助迴避的辦法。[3]

對德王而言，他的所作所為是有充分理由的，但他在二戰期間所控制的以喀拉干（Kalgan，張家口）為首府的蒙疆地區，在大多數中國歷史學家看來只不過是一個日本傀儡政權。和日本占領者合作的指控自此以後就成為中國人對這個地區的主要態度。這樣的態度也影響北京方面對內蒙古要求從中國得到自治權利的施壓，這種施壓幾乎被視作是二戰期間叛國行為的延續。中華人民共和國在一九四九年成立之後，曾經也打擊過共產黨勢力的德王被宣布為「戰犯」。他在國民黨政權的最後幾年住在北京，但是在共產黨前來接管時迅速逃往蒙古。蒙古人民共和國政府隨後把他遣返中國，他在中國被審判和關押。在被提前釋放後，德王在內蒙古首府呼和浩特的歷史博物館工作。[4]

內蒙古自治區

生活在中華人民共和國的蒙古人被中國政府視為五十五個官方少數民族或中華「民族」之一。政府官員避免承認他們事實上是屬於範圍更廣的蒙古民族，廣泛蒙古民族的範圍要遠大於中華人民共和國的國界。內蒙古人知道最重要的蒙古人社群——無論是文化上還是地緣政治上——一直是獨立的蒙古國，他們與之打交道，但並不了解俄羅斯聯邦裡的布里亞特和卡爾梅克共和國裡的其他社群。[5]內蒙古是眾所皆知中國境內蒙古人最重要的生活地區，另外在東北（滿洲）也有蒙古人社群，其他省分裡也有其他說蒙古語系內小語種的社群。歷史久遠但力量薄弱的蒙古獨立運動支持者排斥「內蒙古」這個名字，他們認為這個詞表現了傳統中國殖民思維；他們更願意稱呼這個地區為「南蒙古」。

內蒙古自治區是一九四七年正式成立的，正如前文中已經提到過的，這是在中華人民共和國成立的兩年前。這個地區的管理者是蒙古人烏蘭夫（Ulanhu，Ulanfu），他曾經積極抗日，而不是像其他蒙古人那樣準備和日本人合作。對於一個非漢族人而言很不尋常的是，從一九四七年開始，烏蘭夫既是內蒙古自治區的書記，也是自治區主席，直到他於一九六七年在文化大革命中被清洗掉為止。

內蒙古目前的人口約為二千五百萬。其中蒙古族只占不到二十%的比例，但諷刺的是，其四百萬人口比蒙古國的總人口三百多萬還要多。雖然蒙古族在內蒙古是總體上的少數，但是在一些行政區劃、旗縣裡，蒙古族占了大多數。漢族人不僅在人口上占主導地位，還控制了除牧業以外的大部分經濟活動。尤其是他們掌握著在中華人民共和國時期發展起來的、對現代經濟貢獻最大的採礦業和其他的採掘礦產活動。這些企業已經成為中國政府和開發商（主要是漢族）及傳統牧民（完全是蒙古族）之間日益激烈的爭端焦點。[6]

自治區的建立是第二次世界大戰及之後內戰的結果之一。一九四五年日本無條件投降後，占領蒙古地區的日本軍隊被解除了武裝，該地區出現了實際上的權力真空。內蒙古被蘇聯、蒙古和最後從滿洲里基地調來的中共軍隊聯合起來重新占領，並同意把這片領土送還給中國。也許出乎意料的是，一個統一而獨立的內蒙古——這個想法比和蒙古人民共和國統一更受當地蒙古人的歡迎，當時蒙古人民共和國是形式上獨立的國家，但是自從一九二四年以後就在意識形態和實踐中都和蘇聯密切相連。就蒙古人民共和國而言，它本身也不希望吸收內蒙古，原因很多，最重要的原因無疑是因為內蒙古有眾多的漢族人口。雖然不願合併的觀點占了上風，但是它並不具有普遍性，泛蒙古主義和大蒙古概念仍有殘餘力量支持，它要求所有被接受為蒙古語言和文化的人都囊括進來。不過，這樣的泛蒙古政策是不被當權者接受的。

烏蘭夫

烏蘭夫（一九〇六－一九八八）是內蒙古自治區的第一任主席。他是一位來自土默特左旗真正的蒙古族人，這個地方是一個靠近呼和浩特市的行政區域，該區域以前的中文名稱叫「歸綏」，一九五二年成為內蒙古首府後恢復了蒙古名稱，德王的政府以前就一直使用呼和浩特的名稱。烏蘭夫自從一九二五年以來一直是中國共產黨員，儘管有一段時間他也是國民黨黨員；這在一九二〇年代兩黨合作的統一戰線時期並不罕見。他還曾與內蒙古的其他革命組織和民族主義組織有聯繫。烏蘭夫曾經在莫斯科中山大學和東方工農大學學習，一九二九年起在內蒙古從事中共地下政治工作。由於他擁有在抗日戰爭和後來國共內戰中的軍事經驗，因此在一九五五年被擢升到上將軍銜。

烏蘭夫在一九四七年建立自治區的談判中發揮了關鍵作用，他一直擔任自治區的主席，是共產黨的忠實支持者，到一九六六年時，他和許多共產黨老一輩領導人一樣，在文化大革命中成為政治攻擊的目標。他是周恩來保護的高級政治人物之一並在文化大革命中活了下來，一九八三年獲得平反，一九八八年死亡，期間他一直擔任中國的國家副主席。

墨爾色（Mersé，郭道甫）

在中共看來，烏蘭夫是內蒙古最重要的人物，也是蒙古人真正忠誠的英雄領袖。然而，和該地區另一位不那麼知名的活動家生涯相比較的話，就可以看出該地區民族和政治關係的複雜性了。此人本名是墨爾森泰（Mersentei），簡稱墨爾色，中文名字叫郭道甫。他是一個十分晦澀不明的人物，一八九四年出生在內蒙古東部呼倫貝爾盟的一個蒙古下屬的達斡爾族貴族家庭裡。他早期受到的影響包括蒙古青年團體和中國民族主義之父孫中山，他在一九二五年創建內蒙古人民革命黨的過程中發揮了關鍵作用。這個組織旨在以中國國民黨、共產黨和共產國際為後盾，作為統一戰線開展活動。和烏蘭夫不同的是，墨爾色主要的政治聯盟是和蒙古人民共和國和共產國際，這讓他和內蒙古人民革命黨的其他成員產生了衝突，這些成員認為和國民黨結盟才是未來。一九二八年時，墨爾色領導了一次反對中國國民黨的起義，但是他對蒙古人民共和國和共產國際的支持並沒有得到回報，而且他發動的起義也被中國軍隊鎮壓。一九三一年時，墨爾色反對日本占領滿洲，並跑到了滿洲里的蘇聯領事館尋求庇護。他後來的命運很模糊，但最有可能的結局是他消失在蘇聯古拉格，並且死在那裡。他後來被批評為蒙古人民和中國共產黨的叛徒，但是並沒有可靠證據證明他在那段動盪歲月中改變了自己的政治效忠。兩位內蒙古領導人的對比再次充分地顯示了和中國以及中國人的關係是如何破壞涉及蒙古人的政治運動。[7]

內蒙古的語言和文字

在蒙古（前蒙古人民共和國），國家標準語言是喀爾喀蒙古語，所有其他蒙古語別，如布里亞特語、衛拉特語和卡爾梅克語，不是被視為方言，就是被視為獨立的語言。但喀爾喀蒙古語在內蒙古並不被視為標準語；該地區的官方語言被稱為南蒙古語，其基礎是南方蒙古人使用的一組蒙古語和方言，包括察哈爾、鄂爾多斯、巴林、科爾沁、喀喇沁衛拉特、土默特和阿拉善。這些不同形式的蒙古語言之間，可理解性比單獨的語言列表所顯示的連續性要更大，而內蒙古語的標準發音是以一種蒙語方言為基礎的，它與烏蘭巴托的方言沒有太大區別。辭彙方面不可避免地存在差異，語法方面也有一定程度的差異，但這些差異並沒有大到能阻礙兩個地區（受過教育）的蒙古人作交流。不過，這些區別對於不同族群來說，是重要的民族和文化標誌，同時也反映了蒙古和中國之間存在政治差異的事實。

二十世紀著名的蒙古學家尼古拉斯・鮑培（Nicholas Poppe）認為：「這些語言之間並

無差別。差別主要是在發音上。因此，這些部落之間的相互理解是很容易的。」蒙古人與漢人之間的交流則不然。正如第一章所指出的，蒙古語與滿語接近，與漢語沒有任何關係，也不是用漢字書寫的。傳統上，它是用豎式文字書寫的，最終來源是中東文字，例如敘利亞文（Syriac）。這種蒙古文字很複雜，而且經常含糊不清，在（外）蒙古嘗試使用拉丁字母以後被廢棄了，在俄語主導的蘇聯影響下，又被西里爾文字取代。然而，出於各種原因，主要是為了區分中國蒙古人和蒙古人的需要，內蒙古一直保留了蒙古傳統文字。中國沒有使用西里爾文字的既定傳統，而且在一九五〇年代當中國政府積極地研究改革漢字的方法時，任何引進西里爾文字的想法都受到了很大阻力。中國沒有使用西里爾字母，而是在拉丁字母的基礎上創造了拼音系統，但這從未取代漢字，也沒有被用來書寫蒙語。

自一九九〇至一九九一年蒙古民主革命以來，獨立的蒙古政府出於民族自尊和強調當代蒙古文化與蘇聯時期以前文化的連續性，試圖恢復舊文字，但從實用目的來看，它並沒有取代西里爾字母。傳統蒙古文字已被重新引入學校課程，但除了作為裝飾，仍然很少使用。相比之下，內蒙古在出版物和日常生活中有使用傳統蒙文的傳統，但是漢語作為該地區多數人口的語言和中華人民共和國的國家語言，才是內蒙古自治區的主要習慣用語。[8]

內蒙古阿拉善地區的宗教機構

內蒙古信仰宗教的蒙古人，和獨立的蒙古國相同，奉行的是西藏的藏傳佛教。儘管內蒙古在數百年來受到中國文化影響，但是這裡的佛教信仰和漢傳佛教不同，且使用的是藏文和梵文的經書。在內蒙古仍有一些佛教寺院還在開放，但大多數寺廟已經關閉，許多寺廟在文化大革命期間被毀。上世紀八〇年代中國開放以來，隨著經濟的振興，部分寺廟有了恢復的動向，這在巴彥浩特市及周邊的阿拉善地區可以看到。

阿拉善盟是內蒙古人口最稀少的地區，但即使在這個相對不發達的地區，人口也以漢族為主，蒙古族只占總人口的二十％多一點。全盟共分為三個行政區，這三個行政區都有傳統的蒙古族名字。它們分別是阿拉善左、右旗和額濟納旗。

阿拉善地區在內蒙古首府呼和浩特市西南方六百多公里之遙的地方，從呼和浩特出發，經過漫長的鐵路旅程可以到達。從相鄰的寧夏回族自治區首府銀川出發，走公路則比較方便。從銀川到阿拉善的公路要經過一段破舊的長城。在內蒙古境內的阿勒泰盟，可以很容易找到當地說漢語的回族穆斯林社群的清真寺，他們通常與寧夏有較多的聯繫。

阿拉善盟的主要城市和行政中心是巴彥浩特市，巴彥浩特市的蒙古語名稱也叫阿拉善，位於阿拉善盟左旗。城內大部分人口為漢族，但在喇嘛教寺院周圍仍能看到蒙古族古鎮的遺跡，喇嘛寺院的漢名叫延福寺。它被保存得像博物館一樣，但它仍然是一個禮拜場所，蒙古人，主要是老一輩蒙古人，仍然到這裡祈禱。附近有一座博物館，裡面有阿拉善巴拉袞喜德（*Alxa Baraghun Hiid*）——中文被稱作南寺（廣宗寺）——在文化大革命中遭到嚴重毀壞的照片，這是一座位於分隔內蒙古和寧夏的阿拉善山（賀蘭山）間的大型蒙古佛教寺院。到二〇〇一年時，這座寺廟正在用來自地方和國家政府的資金修復。大規模的重建為許多年輕的漢族和蒙古族工匠提供了工作機會，這些工匠接受過專門的傳統技術培訓，以替換和複製古寺的受損結構。[9]

蒙古包和駱駝

在內蒙古，傳統蒙古包的身影不如在更北邊的蒙古國常見，因為在那裡，包括首都烏蘭巴托在內的城鎮和城市郊區有大量的蒙古包居住區。然而，它依然是蒙古文化的獨特象徵。當代內蒙古的蒙古人更多的是生活在和漢族鄰居相似的公寓或其他住所中。蒙古包仍然可以看到，而且它的靈活性很強，可以作為建築工地中安置工人的臨時住房。

駱駝曾經是蒙古游牧民不可缺少的牲畜，但是隨著許多蒙古人接受定居生活方式，駱駝顯得越來越多餘，在內蒙古的鄉村經常可以看到被遺棄的駱駝，這些駱駝被遺棄後回歸野外生活。馬術曾經被視為蒙古文化的重要組成部分，因為馬是戈壁和草原上快速高效的唯一交通工具。對於年輕的城市蒙古人而言，出於文化和體育的原因，馬仍然受歡迎，但是在實用層面牠們已經被摩托車取代了。[10]

內蒙古人的抵抗、民族主義和發展

自從一九五〇年代以來，內蒙古就存在爭取獨立的組織；中國人將這些組織叫作「分裂分子」。和中國控制下的其他兩個地區——新疆和西藏——的類似運動相比，蒙古活動人士的人數要少得多，他們的地位也低得多。每當他們有獲得支持的跡象時，中國當局就會對其展開鎮壓，通過逮捕少數領導成員來使其失去作用。

一九八九至一九九一年蘇維埃政權的崩潰重新喚醒了內蒙古對於分離的意念，這場運動和獨立進行的蒙古國民主革命是並行的，兩者沒有直接連繫。一九九〇年，烏蘭巴托的民眾抗議活動最終讓蒙古人民革命黨倒台，在這一年，內蒙古也發生了要求南蒙古獨立的示威活動。有一些具有泛蒙古視角的分離主義團體公開要求能夠加入當時正處於最後階段的蒙古人民革命運動，但是烏蘭巴托的任何政治人物都不鼓勵這樣做。一九九一年，以內蒙古首府呼和浩特為基地的一個團體的領導人因為分裂活動被監禁兩年，另有二十六人被軟禁。一九九五年，第二批活動分子也被打散了，他們的領導人也被捕入獄。最著名的成員哈達（Hada，他沒有使用父名為姓）在一九九六年被指控分裂活動和間諜活動，此前他曾經參與討論是否有可能建立一個新的內蒙古人民革命黨來爭取獨立。哈達被判處十五年監禁，他本應該在二〇一一年獲釋，但是他一直到二〇一四年才終於獲釋。[11]

內蒙古的獨立運動比較羸弱。這裡沒有強烈的民族意識，脫離中國沒有得到廣泛的支持。有一部分原因是國家的鎮壓抑制了公開的政治討論和組織，但是也反映了蒙古人之間的分裂，以及他們的人數遠遠不及漢人這一不可避免的事實。此外，在蘇聯解體後，蒙古的經濟遭受沉重打擊，而內蒙古的經濟相對成功，儘管該地區的蒙古人可以有理由認為這種成功有利於多數漢族人而不是他們。大體上而言，儘管蒙古族和漢人之間存在著種種難處，但內蒙古的蒙古族接受他們的未來是在中國，而不是在蒙古。一九九〇年後的烏蘭巴托政府對於合併內蒙古的收復領土運動並不比前任們更熱衷。這麼做無可避免地會和中國對立，讓該地區的外來投資受到風險。如果成功的話，將會有四百多萬個來自中國的蒙古人進來，這會給獨立的蒙古國帶來無法預期的經濟和社會問題。[12]

中共的長期目標是迫使蒙古人和其他的游牧民從放牧經濟向現代農業和工業轉型；他們的傳統生活方式和現代化要求之間的利益衝突是內蒙古抗議活動的根源。當然，這一政策也是源自於蘇聯強加給蒙古人民共和國的模式。

根據南蒙古人權資訊中心的說法，二〇〇一年有六十四萬名牧民被迫離開草原搬到城鎮裡。這種做法被稱作「生態移民」並且被宣布說是為了減少過度放牧、避免沙塵暴和該地區脆弱的草原沙漠化的必要手段。那些流離失所的蒙古人不得不在農村尋找非技術性的工作，或是在快速發展的採礦業及城鎮裡找工作——所有的這些選擇都會將以前基本上是獨立牧民的蒙古人置於漢族商人和官員的控制下。蒙古族的活動人士拒絕接受生態的觀點，他們認為放牧對於環境的破壞遠遠小於採掘業，甚至是集約型農業。[13]有許多蒙古人抱怨他們被「邊緣化、被排擠、被忽視……」，隨著草原的消失，他們的生計、家園也受到了威脅。一些蒙古人成功地應對了這些挑戰，進入「現代」的工作崗位，但是許多人卻被新經濟部門的快速發展拋棄了。無疑地，政府政策引起的不滿導致了抵抗，甚至是暴力騷亂。[14]

二〇一一年五月在內蒙古的騷亂

在二〇一一年五月十日內蒙古北部錫林郭勒盟蒙古族牧民莫日根（Mergen）死亡後，大規模的示威活動引起國際社會對蒙古人主張的關注。[15]錫林郭勒是內蒙古的一個地區，該地區設法保留了興旺的游牧文化，莫日根是二十名牧民夥伴的首領，他們抗議採礦作業中產生的噪音和汙染程度，以及採礦作業對其牧群的影響。抗議者試圖阻止運煤的卡車穿越傳統牧場；莫日根被一名漢族人駕駛的卡車撞倒，然後被卡車拖行致死。示威者包圍了右翼烏珠穆沁旗的政府辦公室，當地一所中學的孩子們在地區中心錫林浩特市的政府辦公室外進行了抗議。[16]警察來到學校和大專院校中，許多學生被強制留在教室裡，直到抗議活動結束。[17]

防暴警察進入自治區首府呼和浩特市中心，以對付那裡的抗議活動；加強對所有高校學生的監視、暫停了網路使用。人民武裝警察部隊也從內蒙古的主要工業城市包頭調到呼和浩特。政府將這場危機歸咎於外國對該地區的干涉，並警告說，任何參與「外部敵對勢力和極少數內部極端分子的政治陰謀」的人都將受到懲罰。二〇一一年的六月四日，也就是一九八九年北京天安門廣場民主運動被鎮壓的周年紀念日時，呼和浩特、錫林浩特和其他城鎮已進入戒嚴狀態。中國人民解放軍的步兵部隊從河北省調入，抗議者和任何被懷疑同情他們的人都被拘留。

兩所主要用蒙古語教學的大學，即位於滿洲邊境通遼的內蒙古民族大學和位於呼和浩特的內蒙古大學被關閉。[18]

中國政府的公開反應

中國當局對蒙古族抗議者的公開回應是積極、和解性的，但官方媒體堅稱抗議是由經濟上的憂慮引起，並淡化任何有關於民族衝突的暗示。[19]漢族卡車司機李林東在匆忙審判後被判處死刑，據報導，他被處決了，沒有蒙古人受到審判，但是有許多人被捕。

內蒙古政府承諾「對採礦業予以約束」，並針對採煤造成的環境破壞對牧民予以補償。時任中共內蒙古委書記的胡春華認識到莫日根之死所激起的民憤，他宣布建立一個計畫，對全區的礦區進行檢查。[20]儘管與西藏或新疆的抗議者不同，蒙古人沒有重要的國際支持網絡，但這在北京方面還是引起了高度警覺。

烏蘭巴托政府受制於自身的經濟問題和政治不穩定，即使它想支持內蒙古的抗爭，也沒有任何能力。自一九九一年蘇聯解體以來，儘管不情願，但蒙古在經濟上越來越依賴北京。[21]一九九〇年代，蒙古的外匯奇缺，必須依賴和中國以及其他鄰國（例如哈薩克）的以物易物協定。[22]

二〇一一年六月，蒙古政府接受北京提供的五億美元貸款，以用於建設加工廠和改善包括道路在內的基礎設施。[23]蒙古總理蘇赫巴托爾．巴特包勒德（Sükhbaataryn Batbold）應中國總理溫家寶的邀請，於二〇一一年六月十五日至十七日對中國進行了正式訪問，討論「礦產開發、基礎設施建設和畜牧業技術共享」等方面的經濟合作。任何跟內蒙古有關的話題在動盪發生後都被避開了，但值得注意的是，聲明中提及了畜牧業以及畜牧業的那些方面需要引進高科技的需求。這是烏蘭巴托方面對於中國蒙古族所懷有的不滿之情已經得到北京重視的公開承認。[24]

第十章

面向未來

蒙古國的認同追索
和成吉思汗的當代崇拜

當我們在考慮蒙古未來可能的發展方向這個問題時，回顧一九九〇年以來該國所面臨的一些問題並深入考量其重要性會是一種有益的辦法。蒙古在一九九〇年脫離蘇聯這一艘母船時，面臨了重大挑戰。最緊迫也最明顯的是，在失去了莫斯科的財政支持後，國家需要調整其經濟結構。在這個重組過程中，出現了嚴重傷亡，雖然蒙古已經實現了一定程度上的經濟穩定，但是仍然面臨著相當多的問題，尤其是關於統治菁英內部普遍存在的貪腐和財務違規行為的指控。從長遠來看，這些挑戰並不那麼明顯，但是它會是決定二十一世紀蒙古的重要問題。蘇聯解體後的蒙古也不得不確認自己的民族和文化身分，以及釐清自己與蘇聯時代和蘇聯時代前的關係。

有一種可以理解的傾向是直接拒絕其與蘇聯的過去，但是這有可能是一種不分青紅皂白的做法。同樣存在的另一種誘惑是美化蒙古民族或蒙古人的歷史，特別是那些蒙古的權力和影響力占據上風的時期。這些時期往往是專制統治和殘暴血腥的時期，但專制和殘暴不符合現代新蒙古的願景。雖然成吉思汗作為一名世界聞名的軍事和政治領袖有很高的地位，但是他的遺產可以說是好壞參半。

蘇聯時期以前的宗教傳統復興也是如此。寺院的重新開放和藏傳佛教學術與僧侶教育的恢復受到了幾乎是呼聲一致的歡迎。這很重要，因為它糾正了一九三〇年代對於數千名喇嘛的不公正待遇，但是受過教育的蒙古人不太可能想要回到一個所有最聰慧的年輕人都被吸納到寺院裡的時代。在如今的世代，這樣的情況不太可能發生了，因為青少年可以選擇其他的職業道路；但寺院仍然會吸引那些傾向於學習和祈禱生活的人。雖然人們對於靈、鬼的信仰仍然流行（在都市之外的地區尤其如此），但是薩滿做法的回歸並沒有受到非常熱情的歡迎。在烏蘭巴托甘丹寺的院子裡，立有一根桿子，桿子上有一個裡面裝著聖物的盒子，這成了當地人崇拜的聖地，有些人的崇拜非常顛狂。過去的薩滿信仰為處理危機和生活中的棘手問題提供了儀式，但這種信仰的某些方面和殘酷的祭祀有關，如今這方面已經不再受人推崇。[1]

蒙古面臨的其他挑戰則是地緣政治上的。新的蒙古國在二十一世紀的亞洲乃至世界應該占有什麼樣的位置呢？這些都是新的挑戰，但是蒙古人對各種選擇的反應是根據其歷史經驗決定的，其中最重要的經驗莫過於他們對於俄羅斯的歷史經驗，以及最重要的，即蒙古人對中國的態度所決定的。中國的實際或潛在影響仍然主導著蒙古的政治論述，儘管這種影響並非總是明確的，因為蒙古政府正努力地在本地區和更廣的範圍內協商扮演新的角色。

認同的再主張

為了簡明扼要起見，可以把一九二四到一九九〇年的時期稱之為蘇聯時期，在這段時間裡，蒙古人的傳統生活方式似乎已經被納入普遍的蘇聯文化中。這幾十年來的照片，特別是第二次世界大戰後的城市場景，照片中的衣服、建築、交通工具和其他物品和場景，在莫斯科、阿拉木圖或杜尚別和烏蘭巴托一樣顯而易見。政治菁英成員，以及那些希望加入他們或與他們一起工作的人，都渴望穿得像俄羅斯人一樣，在俄羅斯風格的建築中工作和生活，並乘坐俄羅斯製造的車輛。在遠離首都的地方，這些時尚需要更長的時間才能確立，傳統的生活方式也在繼續，但蘇聯風格和模式的影響在其他方面是無處不在的。對蒙古人來說，蘇聯版的現代性是他們唯一可以接觸到的現代性。

這並不意味著蘇聯文化消滅了蒙古文化。歷史悠久、獨具特色的蒙古習俗和禮儀依然存在，即使這些習俗和禮儀並不為當權者所欣賞。但一九九一年民主革命後上台的蒙古新菁英可以依靠這些在農村地區最為流行的傳統。他們開始重新主張某些方面的蒙古身分認同，這些方面在以前可能已經遭到了貶低，但從未完全喪失。許多城市裡的蒙古家庭與草原上的親戚一直保持著聯繫，一九九〇年代，由於經濟問題迫使許多失業的城市居民回到農村，這些親屬間的聯繫也得到了加強。最重要的是，儘管受過最好教育的蒙古人也能使用十分流利的俄語，但即使是老練的城市菁英階層也從未丟失過他們的蒙古語。

可以把蒙古拿來與它的鄰國哈薩克進行有趣的比較，哈薩克與蒙古不同，曾經是蘇聯的一部分。八〇年代時，在哈薩克，特別是在該國的城鎮和城市裡，事物已經變得極為俄羅斯化，甚至連哈薩克語都在衰退。一九九〇年代中期，雖然哈薩克人迅速取代了俄羅斯人的權威地位，但他們的工作語言，對一些人來說，他們唯一能夠完全勝任的語言是俄語。哈薩克的阿拉木圖社會科學院的學者們談到，如果他們想重新找到自己的語言和傳統，並理解作為真正的哈薩克人意味著什麼，就必須回到哈薩克的阿烏利（*aul*）去，也就是到鄉下去。[2]

烏爾嘎和烏蘭巴托：一座城市的兩段故事

在蒙古廣袤的領土上散布著幾個大型的城市中心，其中比較著名的有：礦業中心額爾登特；擁有眾多高等教育機構的北方工業城市達爾汗；靠近中國邊境的商業中心喬巴山；以及最西邊的省會科布多（Khovd）。到目前為止，最大的城市是首都烏蘭巴托。

在二〇一四年時，全國二百九十七萬人口中有一百三十萬人住在烏蘭巴托，這讓其他的城市相形見絀。就像前面討論過的，烏蘭巴托（紅色英雄）是在一九二四年的革命後才得到此名，這場革命是反中的民族主義激發起來的，而且得到了新生蘇聯的支持。在一九二四年以前，它有一系列不同的名稱，但是為了簡單記述，正如人們所見，革命前的這座城市主要被稱為烏爾嘎，這在西方的記錄裡是最常見的叫法。烏爾嘎的故事和烏蘭巴托的有顯著的不同，說明了蒙古現代史上深刻的，有時候是創傷性的政治變革和社會變革。

烏蘭巴托作為蒙古的政治和經濟中心，無可避免地吸引著國際金融和商業活動的大量注意力，這也給城市景觀帶來了明顯的變化。這些變化並不是普遍或一致的；幾十年來，蘇赫巴托廣場周圍中心區域的整體外觀沒有什麼明顯的變化。一些建築或部分建築的功能可能發生了變化，但是整體的影響依然存在：在寬闊的中央廣場上，矗立著堅固而雄偉的政府建築。

烏爾嘎：宮殿，大廟，首都寺廟

傳統的蒙古社會幾乎是完全的游牧社會，因此很少有長久性的定居點。即使是中世紀蒙古人的佛教寺廟也不是固定的，就像大多數人居住的蒙古包一樣，他們根據游牧民的曆法節奏而移動。

烏爾嘎的起源是宗教性質的，它最終演變成了一個大城市，但在最早的時候是蒙古藏傳佛教領袖哲布尊丹巴呼圖克圖的駐地，他後來成為世俗統治者時又被稱為博格多汗。烏爾嘎最初是一座宮殿式的蒙古包，隨著哲布尊丹巴的遷徙，逐漸發展成一個氣勢恢弘的帳篷寺廟群。烏爾嘎的發音是來自「Örgöö」的俄語唸法，在古典和現代蒙語中，「Örgöö」或是「ger örgöö」的意思是汗或者其他高級人士的宮殿。烏爾嘎的位置「每隔幾年就會改變一次，因為周圍的草場和樹林會枯竭」。它「沿著鄂爾渾河、色楞格河和土拉河的兩岸移動過二十多次，直到一七七八年……才長久定居下來，」地點就大致是今天烏蘭巴托的位置。十九世紀的旅行者注意到寺廟建築群的精巧結構和貧困地方的「泥屋和蒙古包」之間的對比，很少有人不會注意到泥濘或狹窄的街道。[3]

宮殿帳篷對住在簡單蒙古包裡的牧民家庭帶來的影響只能透過想像：

> 當烏爾嘎的喇嘛帳篷寺院……仍然是可移動的時候，他們一定非常大和絢麗奪目……從現代收集的照片中看，人們可以想像當初的場面，大汗和他們的政府在宮殿和宮殿之間旅行，外蒙古的活佛大哲布尊丹巴按照游牧風俗移動他的帳篷宮殿，那個時候，烏爾嘎還沒有定居下來，仍然是外蒙古各部落關注的焦點。[4]

到十八世紀末時，烏爾嘎已經成了一個城市定居地，並在接下來的一百年裡不斷發展，它的建設受到中國和俄羅斯的影響。這個城市通常被稱為「Urga」，在俄羅斯和其他西方國家的記載中尤其如此，但蒙古人通常稱它為「Ikh Khüree」（意思是大寺院）。它的地位不斷提高，除了宗教權威外，還成為了政治權力的中心。一九一一年滿清帝國崩解後，蒙古享有一定程度上的自治，烏爾嘎被稱為「首都寺院」——Niislel Khüree。[5]地區性的城市行政中心也開始在這個時期出現了，這些地方最初是蒙古的滿清統治者設立的，但是任何一個行政中心的發展都不足以和烏爾嘎相提並論。[6]

即使在定居的烏爾嘎，其城市化程度也十分有限，除了藏傳佛教的寺廟、活佛宮殿和最後出現的俄國領事館外，幾乎沒有別的可以稱得上是永久性的建築物。大部分人口仍然居住在移動的、非常實用的蒙古包結構中，但後來出現了包含了大量這種帳篷的住宅區，這些帳篷作為定居地而繼續存在，它們主要是在烏蘭巴托的郊區，一直延續到了二十一世紀。[7]

景雅各（James Gilmour，一八四三—一八九一）是倫敦傳教會的蘇格蘭新教牧師，一八七〇年開始到蒙古工作，他在他「福音之旅」的過程中走遍了蒙古。他認真學習了蒙語，但由於他很擔心要避免學習到汙言穢語而讓自己的學習有些受阻。一八八二年他在亞洲傳教會的休假期間出版了《在蒙古人中》（*Among the Mongols*），他觀察到：

從街道上幾乎可以看到每家店面都有擦得光亮的俄羅斯茶炊。街道上的人熙熙攘攘，中國人來來往往，蒙古人心裡想著各自要購買的東西……在烏爾嘎從事貿易的中國人都過著獨身生活。法律禁止他們帶著妻子和家人來，大部分人每隔五到十年就會回到自己的家鄉去。蒙古城中最顯眼的事物是寺廟，遠看高大宏偉，但走近細看就沒有那麼有氣勢了。在這些寺廟裡，還有在許多街角和繁華的地方，都樹立著許多轉經輪，據說裡面裝滿了禱詞，許多轉經輪外面都有裝飾，有的上面幾乎真的布滿了祈禱詞，他們認為有任何虔誠的信徒轉動那個轉經輪，他或她都相當於重複了所有的祈禱而得到功德。[8]

景雅各也對俄羅斯在烏爾嘎進行的貿易和領事館的存在留有深刻印象，當丹麥探險家和作家亨寧．哈士綸（Henning Haslund）在一九二〇年代到達那裡時，他也同樣被那裡混雜的人口感到吃驚：

世界上沒有任何一個城鎮像烏爾嘎一樣。對我們這些新來的人而言，它給我們留下了十分奇怪的印象。最保守的東方生活和習俗以及西方的創新，例如電報、電話和汽車等事物雜亂無章地並存。俄羅斯人的房子簇擁著有拜占庭式圓頂的教堂；巨大的佛教寺廟高高聳立在數千頂覆蓋有毛氈的蒙古包上。騎著馬的蒙古人、穿便鞋的中國人、大鬍子俄羅斯人和面帶微笑的西藏人在掛滿飄揚的祈禱旗幟的圍牆之間摩肩接踵。最東端的是中國人的買賣城，這是一個完整的中國城，漢人子弟在無數店鋪裡向騎馬經過的蒙古人出售商品。[9]

這段描寫十分形象地突出了社會和種族的分裂，這種分裂隨著時間的推移將會演變成巨大的不滿情緒並讓蒙古陷入革命。最深刻的不滿情緒是來自於人們對中國商人的不滿，因為蒙古人認為中國商人剝削他們，另外還有對於傳統貴族和有錢有勢的藏傳佛教菁英人士的反感。由此產生的革命得到了俄國人的支持，這類俄國支持者並不是那些典型的主宰沙俄領事館裡的老俄國人，而是那些同樣反對沙皇的俄國叛亂階層，蒙古人認為他們比一九一九年企圖吞併蒙古的中華民國軍隊更為可取。哈斯倫把這座城市叫作烏爾嘎，當他的探險隊靠近這裡的時候，他們聽說了城市改名的消息；一九二四年九月二十五日，他們進入的不再是烏爾嘎了，而是來到了烏蘭巴托，與他們之前訪問的地方相比，這個地方「少了一些喇嘛，多了一些穿蘇維埃制服的蒙古士兵」。[10]

從英雄城市到紅色英雄

烏爾嘎被命名為烏蘭巴托（紅色英雄），從而暗示作為一個革命國家和蘇聯盟友的重生。最開始的時候，一些蒙古革命者提議把這座城市稱為「Baatar Hot」（英雄城市），但是一九二四年十一月，在第一次人民大呼拉爾（大會）上，圖拉爾・里斯庫洛夫（Turar Ryskulov，一八九四－一九三八，出身於今天哈薩克阿拉木圖地區的哈薩克人，共產國際的代表）的建議，或者說是堅持，得到了批准，這座城市正式被命名為烏蘭巴托（紅色英雄）。

自從一九二四年蒙古人民共和國宣布成立，以及蒙古和蘇聯的積極結盟後，烏爾嘎的外觀逐漸地完全改變了。新的建築和城市規劃的整體方法要麼是西方的——主要是俄羅斯的——要麼是有意識地呼應蘇聯的中亞建築風格。一九三〇年代，有一條通往烏蘭巴托的跨西伯利亞鐵路支線開通，這不僅加強了蒙古和蘇聯的結盟，而且影響了首都的經濟發展。蒙古建立起了「以羊毛、皮毛、皮革等民族牧業產品為基礎的工業」，這些工業為蘇聯經濟提供了必要的供應，並吸引了蘇聯援助和其他的資金。[11]

自一九二四年革命以來，烏蘭巴托面貌發生的巨大變化在《烏蘭巴托的過去和現在》（*Ulaanbaatar Then and Now*）中看到了令人印象深刻的紀錄。在這本書中，巴亞斯加蘭・巴彥巴特（Bayasgalan Bayanbat），一位在烏蘭巴托出生和長大的電影放映師和攝影師記錄了在家鄉所發生的正面和負面變化。他展示了近四百張建築和地點的照片，這些照片拍攝於一九三〇年代至今的不同時期。大多數照片都是在城市的中心區域拍攝的，但也有一些照片記錄了城市郊區綠色空地的變化，有時甚至是退化。這些圖片展示了蘇聯風格建築的巨大影響，但也展示了一些傳統建築的存在，這些建築提醒著人們蒙古原來的亞洲遺產。

烏蘭巴托的街道上

二十一世紀初烏蘭巴托街道上人們的面貌與上世紀二〇和三〇年代截然不同，即使是與一九九〇年的面貌相比，也仍有明顯的不同。在一九九〇年，正如哈斯倫早在一九二四年時報導過的那樣，仍然有很多穿著蘇式軍裝的男人。在二〇一六年，除了現代建築裡的警察和保安外，穿軍裝的男人和女人已經少了很多。商務西裝和現代西式時尚是那些能買得起它們的人的必需品，最引人注目的新現象是數量越來越多的穿著英式制服步行上學或放學的兒童。一九九〇年，當蒙古開始向議會民主制過渡時，許多男女都穿著傳統的蒙古袍（*deel*）和皮帶服裝。如今在首都的大街上，這種情況已經少見了，不過偶爾還是能看到蒙古袍，通常是老一輩的人或來自草原的遊客穿的。首都的一些公民在正式場合會穿上傳統服飾，比如二〇一六年九月加拿大議會議長來訪時，蒙古議會的代表和其他人士有機會穿著傳統服裝，佩戴勳章和其他徽章、榮譽帶，出現在蘇赫巴托廣場上拍照合影。至於人口中最貧窮的那部分人、乞丐和扒手，他們一如既往地穿著他們所能得到的任何衣服。[12]

營造首都環境

從二十世紀初開始，烏蘭巴托開始出現蒙古以前所未曾有的現代建築風格。最初的時候，這些建築是為了外國企業和經理人的住所興建的，其中有一些被改造成蒙古人的機構使用。蒙古人也請來了西方建築師設計新建築。德國建築師卡維．馬赫（Kavel Maher）設計了一座國家印刷廠，匈牙利人約瑟夫．蓋萊（Joseph Gele）負責設計了國家電氣化委員會的總部，他還設計了蒙古的第一座國家劇院，即位於當時的城市廣場北邊的中央劇院。他設計了傳統蒙古包形狀的圖紙，該設計案經過比賽勝出。這座建築物有一個帶有窗戶的小圓頂，有兩層相連的包廂和座位，一共可以容納八百人。整個建築都是用木材建造的，但後來發生的火災導致了建築完全毀於祝融。

本土建築公司開始在一九二〇年代出現，它們被納入國家建設信託（State Building Trust）裡，並成立了規劃辦公室。這一時期的成就包括現代化道路和給建設提供材料的磚廠。在那個時期，很少有建築會注意到蒙古風格和審美，國家銀行和中央廣播局等建築完全是以歐洲風格為代表。一九四〇年代是烏蘭巴托建築的繁榮時期，外交部和國立大學都是在這段時期裡由蘇聯的建築師設計出來的。這些建築和其他的建築物受到了歐洲古典建築傳統的影響；愛奧尼亞式和柯林斯式的柱頭和柱子廣泛地使用在公共建築中。

一九五三年，一群蘇聯和蒙古的建築師開始為首都未來二十年的發展制定全面計畫。規劃者設想出一個環路系統，其中有四條相互連接的主要道路，並將其劃分為一系列相連的小區域。該計畫考慮了環境因素，包括影響烏蘭巴托的深冬霜凍和氣溫的劇烈波動，並包括供水、中央供暖、電力、無線電和電話網路的規定。

隨著蘇聯援助和影響的增加，歐洲——更具體而言就是俄羅斯——風格的建築數量也在增加。蒙古學生前往蘇聯接受建築和施工技術等方面的專業和技術教育。一九五〇年代末，當烏蘭巴托規劃的工作開始時，這些新的國家專家做出了巨大貢獻，但他們持續以歐洲的風格工作。這一代的蒙古建築師裡最有影響力的是參與了城市總體計畫的奇米德（B. Chimid），他還創建了蒙古建築師聯合會。他最著名的建築設計是蘇赫巴托和喬巴山的陵墓、中央工會委員會和戲劇院。烏蘭巴托飯店是多年來首都遊客最理想的住宿場所，它是一九六一年根據奇米德和他妻子的設計監造的；該建築確實結合了一些傳統的蒙古特色。讓今天許多蒙古人感到遺憾的是，蘇聯式的城市規劃和基礎設施發展成了唯一可以接受的模式。到了一九五〇年代末，烏蘭巴托的中央蘇赫巴托廣場被紀念性的建築所包圍，這些建築和蘇聯當代建築的風格遙相呼應。在整個七〇和八〇年代，按照這些路線進行的建設一直在繼續著，幾乎沒人嘗試建造包含任何有蒙古傳統設計元素的建築。

應該要記住的是，史達林時期的建築並不是俄羅斯對烏蘭巴托環境的唯一影響。有一棟著名的俄式建築物比蘇聯和蒙古的一九二四年革命都要更早。在一九二一年七月和八月的牧民起義期間，蘇赫巴托的軍事總部就設在一九一四年時還是一位俄羅斯商人房屋的建築物裡。這棟建築現在是烏蘭巴托歷史博物館，位於靠近市中心的和平大道的南側。

烏蘭巴托多數建築物的設計更為樸素，對於大多數的市民來說，住家就是許多以蘇聯或東歐模式設計的公寓樓房中的其中一間，這些公寓樓的樣式十分簡單樸素。這些樓房是用磚頭或混凝土建造的，通常會有一個貼白瓷磚的門面。並非所有的首都居民都住在這樣的現代建築中。如前所述，在烏蘭巴托，即使是在二十一世紀的第二個十年裡，仍有可能在市中心看到孤立的蒙古包，通常是在一堵牆的後面；更明顯的是，在首都的郊區，有一個大院子，一排排的蒙古包坐落在木頭柵欄的後面，裡面住著較貧窮或作風比較傳統的居民。這些社區是出於實用的原因而發展起來的，但它們如今象徵著蒙古的過去，也是傳統和現代住房和生活方式之間的有形橋梁。

蘇聯風格的建築並非都是一九五〇年代的呆板建築，但自從一九九〇至一九九一年的蒙古民主革命以來，烏蘭巴托有意識地放棄了這種風格，接受了新的建築模式，這些模式通常來自西方，但也借用了亞洲鄰國的現代設計。最引人注目的是藍天大廈，這棟建築物裡有辦公室、豪華公寓和酒店住宿，有二百個房間和十二個套房。它是與一家韓國公司合作設計的，在二〇〇九年竣工。整座建築物有二十五層樓，高一百零五公尺，在二〇〇七年開始的建築熱潮出現之前，藍天大廈是首都最高的建築物。它聳立在烏蘭巴托的市中心，從城市的許多不同地方看去，都能看到它占據著城市的天際線。它是由鋼和玻璃打造，形狀獨特，讓人聯想到一座帆或是魚鰭。它的名字得自於藍色的玻璃幕牆。這種顏色應該讓蒙古人想起他們引以為傲的藍天白雲，但建築的形狀並沒有典型的蒙古特色。如果說它象徵著什麼，那就是國際菁英和他們的蒙古合作夥伴。隨著烏蘭巴托的不斷發展，新的酒店、高層公寓樓、購物中心、休閒和辦公綜合體的出現，首都的面貌也更趨活潑，更加國際化。[13]

蘇赫巴托廣場和兩個名字的戰鬥

烏蘭巴托的大轉變影響了一九四六年開始的蘇赫巴托廣場的建設；它被設計為蒙古－蘇聯對城市願景的著眼點，也是蒙古人民共和國首都的核心。儘管在一九九〇年民主革命後發生了政治和物質上的轉變，但它仍然是城市的中心特徵。革命英雄蘇赫巴托的騎馬雕像仍然在廣場中心占據著重要位置：大人物和遊客等都會聚在雕像的周圍合影。廣場的北邊是政府綜合建築群；它的前身是人民大呼拉爾，相當於莫斯科的最高蘇維埃，如今是蒙古改為單院議會後的國家大呼拉爾，以及總統和總理辦公室的所在地。儘管廣場周圍很新穎，甚至有奇形怪狀的建築，但是這樣的發展並沒有完全破壞該地區的歷史。現代化的政府大樓占據了以前大庫倫矗立的地方，那曾是一九二四年以前世俗和宗教權威來源的宮殿寺院，原來的城市就是因之而得名。寺院有自己的寬闊空間，周圍有較小的寺廟和其他建築，供佛教神職人員和貴族們使用，這個開放空間和現在的廣場一起被保留了下來。即使行使這種權力的人和代表這種權力的物質形式發生了變化，但權力的中心仍然是不變的。[14]

整個寺廟建築群在一九三〇年代的反宗教運動中被摧毀了：一九二〇和三〇年代的空地照片顯示，它被用來作政治活動場地和腳踏車場。即使在一九四六年後擺放了蘇赫巴托紀念碑，這裡仍然有一段時間沒有鋪設路面。

蘇赫巴托（從他在烏蘭巴托阿爾坦奧爾吉公墓的原安息之地轉移）和他的繼任者喬巴山的陵墓是在喬巴山死後於一九五四年建成，位於蘇赫巴托爾廣場北側，國家宮門前。它與莫斯科的列寧陵墓有著不可思議但也許並不令人驚訝的相似之處。二〇〇五年，兩位前領導人的遺體被移出陵墓，他們的骨灰被重新安葬在阿爾坦-奧爾吉墓地。取而代之的是一座至今仍在的成吉思汗紀念碑。

自一九九〇年新政權上台以來，關於廣場名稱的爭論（往往是激烈的）生動地說明了新的政治菁英在接受蒙古的現代歷史，甚至是中世紀歷史方面所面臨的困境。二〇一三年七月十五日星期一，首都市民代表呼拉爾（市議會，也是一九九二年憲法所取代的人民代表呼拉爾的繼承者之一）召開了會議。對呼拉爾擁有立憲否決權的烏蘭巴托市市長辦公室的首腦格日勒楚倫（Yo. Gerelchuluun）拿出了一項決議草案，計畫更改烏蘭巴托市的一些街道和廣場的名稱。呼拉爾中的大多數成員同意蘇赫巴托廣場應該改叫成吉思汗廣場，「他的名字從大蒙古帝國建立已歷經八百年，如今是每一個蒙古人的驕傲和偶像。」支持這一舉措的有「科學機構、研究人員、市民和非政府組織」的代表，人們做出了決定，廣場的名稱應該改變，但是蒙古人民革命英雄蘇赫巴托的雕像應該要保留。雖然正式更名了，但是這個決定並不受歡迎。二〇一六年九月，蘇赫巴托的後人採取了法律行動，蘇赫巴托廣場成功恢復了原名，不管是否更名，烏蘭巴托的大多數居民一直都使用蘇赫巴托廣場這個名字。[15]蘇赫巴托和喬巴山的陵墓已經從政府大樓前消失並換成了一座成吉思汗的雕像，但是騎著馬的蘇赫巴托雕像仍然俯瞰著廣場的中心位置。在其東側，是一九六三年建立的新古典主義風格的國家歌劇和芭蕾舞劇院，它鮭魚粉色的牆面和白色的柱子仍然引人注目。在離廣場有一段距離的和平大道南邊，國家話劇團的建築風格和配色也和它很相似，但是後者的外牆是醒目的深粉色或紅色。

過去的蘇赫巴托廣場通常沒有人群和交通，除了在國家儀式時，可能會有穿著制服的軍隊或是學童在做體操，或是在領導人和觀賞人群面前遊行。如今，雖然廣場仍然用於禮儀場合，但是大多數的時候，廣場的氣氛已經不再那麼古板。外地和本地的遊客在廣場上漫步聚集，蘇赫巴托的雕像也成了熱門的聚會場所。廣場的南部也是一個市場，食品、飲料、手表、衣服和其他的各種商品都在一排排白色小帳篷組成的攤位上出售，這些小帳篷都有一個蒙古式的尖頂。計程車可以停在廣場的這一段，不過合法註冊的計程車很少，這就給有衝勁的私家車主留有賺外快的餘地。

廣場西側的建築具有相對現代的外觀，儘管所有的建築物都是在蘇聯影響最大的時期修建的。現在被用於國立蒙古歷史博物館的建築物是一九七一年修建的，裡面收藏了一批重要的文物：它們是如今正在進行的對蒙古歷史重新評價和人類學研究的基礎。博物館南邊的銀行和辦公大樓保持著樸素的外觀，但是一些建築物的底層和地下室已經變成了咖啡館或酒吧餐廳，為日益壯大的蒙古中產階級、國際商務人士和遊客服務。蒙古證券交易所曾經是一家兒童電影院。它在一九九一年初證券交易所成立的時候曾經歷了全面大修。原本粉紅色和白色的油漆後來被重新整修成比較沉穩的灰色。就在街角處，座落著具有鮮明蘇聯風格的郵局總局。

烏蘭巴托：兩座寺院的故事

蘇聯對烏蘭巴托施加的影響完全是世俗的，這種影響符合的是史達林主義俄國的無神論。在這種影響的初期，蒙古國有意識地、暴力地反對宗教，強調國家支持的工程和被莫斯科認為是屬於進步思想的內容。這樣的觀點得到了蒙古人民革命黨中最激進分子的熱情擁護，在和史達林蘇聯的統治最緊密貼合的喬巴山時期，這種熱情導致了駭人聽聞的政治過激行為和對人權的踐踏。最殘酷的運動是針對宗教機構和宗教人士的運動。即便沒有被拆除，大多數的寺院和廟宇也在一九三〇年代的反宗教運動中被關閉了。有一些寺院和廟宇倖存了下來，在一九九〇年的民主革命後，人們立即恢復了對於藏傳佛教的興趣。烏蘭巴托兩座寺院的命運，讓人看到了蒙古人對於宗教的態度變化。

甘丹寺

位於烏蘭巴托西北的甘丹寺建於一八三四至一八三八年間，其名稱是取自西藏拉薩郊外的甘丹寺（Dga' ldan Monastery），該寺院是一四〇九年由僧人宗喀巴建立的，此人正是大多數蒙古人信奉的藏傳佛教格魯派的始祖。它的全名叫做甘丹特格青林（Gandantegchinling），但是簡稱的甘丹寺是更慣用的叫法。這座寺院在一九三八年遭關閉，但幸運地在一九三〇年代的宗教迫害中保留了下來。它在一九四四年重新開放，一部分的原因是為了讓美國副總統亨利．華萊士參觀；批評者認為它只是象徵性的佛教機構，保留它是為了讓外國人相信政府並非完全反宗教。在一九六八年的蒙古手冊中，艾倫．桑德斯（Alan Sanders）將它列入「建築景點」的項目下，指出「該國最後的一些喇嘛集中於烏蘭巴托的甘丹（一九六六年時有八十二人）」，在那裡，他們舉行受限的儀式，但是也保存和維護了一個珍貴的佛教抄本圖書館。[16]

在蒙古國各地也能找到其他的宗教建築物，但有很多不是處於傾頹的狀態，就是亟需整體修復。到一九九〇年為止，甘丹寺一直是蒙古唯一運行的寺院，在舊政權結束後，人們見證了突然而前所未有的對於復興佛教儀式的熱忱。

在一九九〇年放寬對宗教活動的限制後，甘丹寺成為所有想要行使新宗教自由者最初的矚目焦點。身穿蒙古袍，腰繫彩色腰帶上了些年紀的人們排著隊轉動其中一座寺廟外的轉經輪，同行的還有一小群身穿新僧袍的男孩。在寺廟裡，可以看到幾乎所有的喇嘛都是老人，很多看起來有患病或是營養不良，也有一些十至十四歲的學員。牆上掛有達賴喇嘛的照片，空氣裡充滿了供養用的酥油氣味。在禮拜的休息時間裡，僧人們吃簡單米飯，米飯是從一個大金屬鍋裡舀到碗裡的。其他食物則由十幾歲的喇嘛分發，他們會毫不猶豫地用手肘清理任何可能阻礙他們前進的圍觀者。

到二〇一六年秋天的時候，對於那些曾在一九九〇年參觀過甘丹寺建築群的人來說，現在的樣子已經幾乎無法辨認了。現有的寺院仍在原地，已經被翻修過，寺院的莊園已經大大地擴展了，有新的學習和辦公建築。更重要的是，這些寺院正在被積極地用於祈禱和其他的儀式中，包括藏文經文的誦讀，以及鑼、鈸、鼓和海螺殼喇叭的伴奏。有三座經常使用的寺廟可供人們敬拜。有食品和飲料從寺院外運來並分發給僧人們，這裡的僧人有四百多人，這些儀式很受外國觀光客的喜愛，當地人經常坐在寺院牆邊的長椅上參加這些儀式。

甘丹寺最重要的標誌是二十五公尺高的觀世音菩薩（Magjid Janraisig）雕像，這座雕像曾擺在同名的寺廟中：在一九三〇年代的宗教鎮壓中被破壞，並被移到蘇聯。「Janraisig」是觀世音菩薩在蒙語中的稱呼，在藏語中叫 Chenrezig，在漢語中叫觀音，在梵語中叫 Avalokitesvara。這座雕像是在一九一一年根據博格多汗哲布尊丹巴呼圖克圖的指示而樹立的，以慶祝蒙古擺脫中國的控制。在蒙古總統的支持下，一九九一年啟動了修復雕像的方案和籌款活動，修復雕像的工作在一九九六年啟動。雕像現在被完全封閉在甘丹建築群北端修復後的觀音寺建築中。其餘的建築群包括吸引外國和蒙古學生的札那巴札爾佛教大學（Zanabazar Buddhist University）：它由六所教育和培訓佛教僧侶的學院、一個大禮堂和甘丹圖書館組成，該圖書館收集、保存和研究大量的蒙古、西藏和印度撰寫和編纂的佛教文獻。[17]

吹仲喇嘛廟

另一個佛教禮拜場所吹仲喇嘛廟靠近烏蘭巴托的市中心。它位於蘇赫巴托廣場和現在被稱為和平大道的主幹道南邊。它是首都僅存的幾座傳統風格的建築之一，位於最現代化的藍天大廈之下，與海外商務人士和外交官喜歡的時尚現代咖啡館隔路相望，兩者看起來很不協調。一九九〇年時，它還被一片開闊的田野包圍著，雖然這個地點得到了保護和開發，但建築本身仍然需要關注，而且該地點也沒有得到很好的維護。與博格多汗的冬宮相比，這裡吸引的遊客人數更少。

吹仲喇嘛遺址上的建築並不古老，因為它們是蒙古最後一位傳統統治者博格多汗，即哲布尊丹巴呼圖克圖第八代轉世的弟弟，吹仲喇嘛羅卜桑海答布及其妻子修建的。它是一個由六座寺廟組成的建築群，建於一九〇四年至一九〇八年間。在它於一九三七年的反宗教運動高峰被關閉之前，它一直作為寺院使用，但沒有像大多數寺院和廟宇那樣被摧毀，而是作為宗教博物館保留了下來，蒙古人民革命黨領導層的理由是，它將有助於教育人們了解蒙古封建歷史的黑暗。這些寺廟被用於舉行祈禱和其他的佛教儀式，羅卜桑海答布會利用寺廟之間空曠中央空間來進行他在出神狀態中進行的通靈儀式。

今天的寺院還保留著一種寺院神聖空間的氛圍，但是它已經變成了一個博物館，保存和展示著非凡的藝術作品，其中大部分是十九世紀的銅雕塑。但是，用博物館館長歐特功蘇仁（D. Otgonuren）的話來說，在這些藏品裡有「十七件獨特、無可比擬的聖物，它們是札那巴札爾（Undur Gegeen Zanabazar，一六三五－一七二三）或他的學校裡製作出來的奇妙藝術品中的瑰寶」。正如我們在第一章裡提到的，這位十七世紀時的雕塑大師札那巴札爾也是哲布尊丹巴呼圖克圖的第一輩轉世化身；博物館裡有二〇一五年為紀念他三百八十週年誕辰而製作的十七件作品的品目。這些雕塑作品精美絕倫、巧奪天工，有高超的藝術成就，表現的都是佛教題材或是用來在宗教儀式中使用的。它們展現出印度和西藏佛教藝術對於蒙古人的影響，也說明了薩滿活動和佛教的重疊。對許多蒙古人而言，通過輪迴轉世原則，札那巴札爾和共產政權之前的最後一位統治者博格多汗（第八世哲布尊丹巴呼圖克圖）緊緊地連結在一起；隨著一九九〇年後佛教活動的復興，這種歷史連繫就變得更為重要了。在城市西南部的博格多汗宮殿中，也存在著一種與烏蘭巴托共產政權之前的歷史平行並更為世俗的連結。[18]

烏蘭巴托的轉變

許多在蘇聯時期建造的公寓樓現在仍在使用；到一九九〇年時，它們也出現了吸引人的白色和棕色，而不是有時候人們想像中千篇一律的灰色。各種顏色的新式住宅創造出更多樣的天際線，但是從舊國家百貨公司的頂層上望去，人們仍有可能在幾棟新建築的平頂上看到類似蒙古包的結構。開發商，特別是酒店開發商，都爭相建造首都最高的建築，但是，儘管藍天大廈已經不再是首都最高的建築，但這棟蘇赫巴托廣場南面的建築物仍然因為其位置和獨特風格而比任何競爭者都更加引人注目。

位於和平大道上，緊鄰藍天大廈的所望廣場（Somang Plaza）是一家韓國背景的企業，它是由磚塊和玻璃組成的長方體綜合建築，裡面經營的是時尚零售業和餐飲業，整個建築物對蒙古的藝術風格毫不在意。韓國人在蒙古的投資越來越多：首爾餐廳是眾多的韓餐選擇之一，它們的大廣告看板在烏蘭巴托隨處可見。在城南，博格多汗冬宮附近有一個比較樸實的購物中心，它也是韓國人出資建造的，看起來和世界各地的購物中心一模一樣。在這個現代的灰色玻璃建築物裡，有各式各樣的店鋪，其中包括韓國連鎖咖啡店「Tom n Toms」的分店：對於任何經常光顧發達國家的任何類似咖啡店的人來說，它的內部裝修都會立刻讓人感到熟悉起來。沿著馬路往下走不遠，就是當地的現代（Hyundai）汽車特許經營店，想買韓國車的人可以在這裡為烏蘭巴托日益嚴重的交通堵塞做出貢獻。對比鮮明的是，就在汽車展示大廳的外面，站著一系列的雕像，有大約十二座比真人尺寸大一些的雕像——它們描繪的是在久遠的歷史長河中一個穿越戈壁來到烏蘭巴托的駱駝商隊，裡面有滿載貨物的駱駝，騎著馬的商人和他們的狗。

烏蘭巴托的開發正在持續進行著，在一些地區，原有的建築正在被推平，給新的建設讓路。在我寫作本書期間，城東南巨大的納蘭圖市場仍然在給成千上萬的烏蘭巴托市民提供日常生活的商品和令人印象深刻的各種二手物品。這個區域的大部分地方已經被排進了重新開發的日程，而且在市中心到這座市場的路途中，已經能看到現代購物中心，更不必提的還有到處可見的愛爾蘭酒吧。

當代的成吉思汗崇拜

雖然蘇赫巴托廣場成功擺脫了更名為成吉思汗廣場的意圖，但是這位大汗的雕像仍然占據著廣場北端政府大樓前面的位置。長期以來，蒙古人一直尊崇成吉思汗是自己的開國先祖，即使是在政府由蒙古人民革命黨執掌，國家作為蘇聯的衛星國時也不例外。比如，蒙古郵政在一九六二年時曾發行了一套紀念成吉思汗一一六二年誕生的八百週年紀念郵票。這四枚郵票描繪了成吉思汗和他的軍事活動有關的文物。與當時的蒙古郵票不同的是，票面上除了有通常使用的俄文字母以外，還採用了傳統的蒙文字母。這次紀念活動因為凸顯了蒙古民族主義而不是社會主義和國際主義而招致了莫斯科方面的批評，但是蒙古人尊崇成吉思汗的事實已經表現得一目了然了。

自從蘇聯解體以後，成吉思汗的精神被更積極地使用並發揮出新的作用，它成為團結的象徵和蒙古特質的符號；慶祝成吉思汗的遺產表現出對於蒙古民族的歸屬和認同感。成吉思汗的生日成為國家驕傲日（民族自豪日，National Pride Day），並在蒙古傳統曆法中的冬季首日進行慶祝。在二〇一六年，這一天是落在西曆的十月三十一日星期一。在節日期間，政府頒布了禁止銷售酒精類飲料的禁令（沒有證據表明無論是成吉思汗，還是大多數當代蒙古人會認為此舉是合適的），大多數的市場仍然是關閉的，蒙中邊境上的檢查站也是關閉的，但是節日期間火車站和機場照常運行，日常的車輛牌照單雙號上路限制被臨時打開了。

更有節日氣氛的是在摔跤宮（Palace of Wrestling，位於和平大道靠近巴彥珠爾赫一端的烏蘭巴托城市博物館隔壁）舉行的全國摔跤比賽。這場比賽將百餘名各省、縣級摔跤冠軍選手齊聚一堂，在這項被公認為是蒙古傳統文化重要象徵的運動中爭奪全國冠軍。蒙古摔跤與賽馬、射箭一樣，是傳統那達慕大會的固定項目之一。

在同一慶典期間，有一家旅遊公司在首都以東約三十英里的土拉河畔成吉思汗雕塑園裡舉辦了一場成吉思汗節。參與者可以參觀雕塑園、參觀蒙古帝國博物館，及參加蒙古傳統書法展，這場展覽展出了用「長生天文字」書寫的傳統書法，這種文字在一九四〇年代被西里爾文字所取代，但民族主義者和傳統主義者正試圖恢復這種文字的使用；人們還可以觀看關於成吉思汗生平的歷史劇表演。凡是叫成吉思或鐵木真（成吉思汗的原名）的人都可以免費入場參觀。[19]

洽談新的區域和國際角色

蒙古的「衛星」地位在一九九〇年時戛然而止。在近幾十年來，儘管烏蘭巴托並沒有奴顏婢膝地照搬蘇聯生活的方方面面，而且兩者間也有許多衝突，但蒙古領導層大體上還是準備將自己的思想和行動與莫斯科的主流政治趨勢同步。這可以說是一種束縛，也可以說是一種安慰，但當這種關係走到盡頭的時候蒙古將會走向什麼方向，這絕不會是一個顯而易見的問題。儘管一九九〇年後烏蘭巴托所要面對的俄羅斯和中國政府與以前的表現形式有很大不同，但傳統上的難題再次出現了，也就是國家如何在與俄羅斯和中國關係的衝突需求之間取得平衡。

俄羅斯在國際上仍有相當大的影響，但在經濟和政治上的權威至少是暫時下降了，而且它已經退出了它以前在新俄羅斯聯邦邊界以外的許多承諾。中國是蒙古的主要歷史對手，仍然被認為對其主權有潛在威脅。然而，與俄羅斯相比，中國無疑處於優勢地位。鄧小平的改革開放政策正在結出碩果，中國開始積累大量資本，最終可以在其他國家大量投資。一九九〇年之後，蒙古急需的是資本。中國是顯而易見的資本來源，但資本支持自然會附帶政治條件，蒙古人發現自己很難相信中國共產黨的意圖。在二〇一二年習近平上台後，中華人民共和國政府的威權主義和民族主義越演越烈，這使得這種關係變得更加困難。蒙古的解決方案是接受從中國獲得投資和其他經濟利益的需求，同時採取「第三鄰國」的方式，擴大與該地區其他國家，尤其是日本和韓國的商業和金融合作。

國際和泛亞洲影響

與其他國家的外交和經濟連繫並不像與俄羅斯或中國的外交和經濟連繫那樣背負著同樣的歷史和政治包袱。然而，即使是這些不那麼令人生畏的關係，對蒙古人來說，也要付出一些代價，因為蒙古人的基本「蒙古特質（蒙古性，mongolness）」是如此重要。蒙古人的服飾、城市建設和許多其他日常生活的特點幾十年來一直受到蘇聯的壓力。在蘇聯統治時期，許多蒙古的民族、種族符號的使用受到了壓制，但它們從未被完全抹去，儘管它們可能被和普世「社會主義」文化的符號交織起來了。蒙古人的傳統符號是來自於蒙古人的歷史和傳說，以及成吉思汗的生平——他幾乎是全世界人所知道名字的唯一一位蒙古人，他仍然存在於人們的記憶和物質文化中，並且可以重現。

蒙古在二十一世紀的基本挑戰之一，是在擁抱現代性的同時，保留或重新發現自己的民族風格，抵禦西方或更直接的亞洲近鄰韓國和日本的誘惑性現代主義。韓國餐廳和咖啡館所展現的現代、簡潔的線條很有吸引力，對年輕蒙古上班族來說尤其如此，這樣的現象在中國和其他鄰國也一樣。國際咖啡和快餐文化是否會對傳統料理構成真正威脅還有待觀察。西式服裝，特別是休閒類服裝，對於城市裡的年輕一代來說已經有效地取代日常的蒙古袍，但這只是延續蘇聯時期開始的一個過程。腰帶和其他裝飾品的蒙古袍在儀式和其他正式場合仍然受到青睞，但在日常生活中穿著蒙古袍通常是貧窮或農村落後的標誌。

在蒙古人的生活和文化面向中似乎完全沒有受到這些劇烈變化威脅的是蒙古人的語言。蒙語的口語使用非常繁盛，大多數蒙古人，甚至是在首都，到處都是只會說蒙語的單一語言使用者。蒙語在二十一世紀受到英語威脅並不比它在二十世紀初受到漢語的威脅大。老一輩的蒙古人還保留著他們在學校或在蘇聯學習時學到的俄語，但英語正逐漸成為首選外語，儘管出於商業和文化的原因，年輕的蒙古人很有理由學習日語或韓語。這些新的語言現實表明在未來錯綜複雜的地區和國際關係中，蒙古的獨特文化很可能會這樣生存下去。

蒙古必須保持與俄羅斯和中國的關係。雖然在可預見的未來，這種關係在經濟上將嚴重偏向中國，但如果俄羅斯經濟改善，這種關係將變得更加平衡。蒙古還必須鞏固與鄰國日本和韓國的關係，目前這種關係在貿易和投資方面運作良好，但在政治和外交上必須加深。蒙古與北韓的關係問題較多，但如果平壤同意更全面地開放經濟的話，蒙古可以利用其與南韓現有的聯繫以及作為前「社會主義」國家的地位為北韓的經濟開放做出貢獻。蒙古人渴望扮演新的角色，成為一個永久中立的國家，在一個複雜而動盪的地區充當調解人和真誠的中間人。雖然他們尚未實現這一雄心壯志，但他們對此深信不疑。

註釋

自序與致謝

1 The most comprehensive account of Lattimore's life and career is Robert P.Newman, *Owen Lattimore and the 'Loss' of China* (Berkeley: University of California Press, 1992).

導論

1 E. D. Phillips, *The Mongols* (London: Thames and Hudson, 1969), pp.139-44 and *passim*; David Morgan, *The Mongols* (London: Blackwell, 1986), pp.199-206 and *passim*.

2 J. Boldbaatar. 'The State and Trends of Mongolian Historical Studies', *The Newsletter*, No.70 (Spring 2015), International Institute for Asian Studies https://iias.asia/sites/default/files/IIAS_NL70_28.pdf.

3 Data from Mongolian Office of National Statistics http://1212.mn/stat.aspx?LIST_ID=976_L03, accessed 21/2/2019.

4 *Montsame Mongolian News Agency*, 29 December 2015; Urgungge Onon (translator and with an introduction), *Chinggis Khan: The Golden History of the Mongols* (London: Folio Society, 1993), p.1.

5 Owen Lattimore, *Nomads and Commissars: Mongolia Revisited* (New York: Oxford University Press,

1962), p.7; Lattimore recorded interviews, University of Leeds April 1976; Baabar (Bat-Erdeniin Batbayar–edited by C. Kaplonski) *History of Mongolia: From World Power to Soviet Satellite* (Cambridge: White Horse Press, 1999), pp.399-402.

6 Lattimore, *Nomads and Commissars*, p. iv; *Mongol Journeys* (London: Travel Book Club, 1942); *The Mongols of Manchuria* (London: Allen and Unwin, 1935).

7 Royal Institute of International Affairs, Chatham House, London, 3 May 2015.

第一章：蒙古和蒙古人

1 Nicholas N. Poppe, *Buryat Grammar* (Bloomington, Indiana: Mouton and Co, 1960), pp.1-3.

2 Lattimore, *Nomads and Commissars*, pp.9-10.

3 Norman Howard-Jones, 'On the Diagnostic Term "Down's Disease" ', *Medical History*, Vol. 23, No.1 (1979): 102-4.

4 Charles R. Bawden, *The Modern History of Mongolia* (London: Weidenfeld and Nicolson 1968), p. xiii.

5 Nicholas Poppe, *Grammar of Written Mongolian* (Wiesbaden: Harrassowitz, 1991), pp.1-7; Nicholas Poppe, *Buryat Grammar*, pp.1-3; Jacques Legrand, *Parlons Mongol* (Paris: L'Harmattan, 1997), pp.29-30; interviews by author with Mongol language specialists, Gottingen, September 2014. Poppe had an extraordinary career, having fled the Soviet Union at the start of the Second World War, he worked with German army units and then in a research institute closely associated with the SS, before settling at the University of Washington. Although his associations with the Nazis raised eyebrows, there is no doubt about his status as the outstanding Western Mongol linguist of his generation.

6 Morgan, *The Mongols*, pp.16-23.

7 Morgan, *The Mongols*, pp.55-83.

8 John D. Langlois, Jr (ed.), *China under Mongol Rule* (Princeton: Princeton University Press, 1981).

9 Lattimore, *Mongol Journeys*, pp.34-8,39-60; Ferdinand D. Lessing, *Mongolian-English Dictionary* (London: Routledge, 2015), p.336; Sechin Jagchid and Paul Hyer, *Mongolia's Culture and Society* (Boulder, CO: Westview Press, 1979), pp.108-9,118,170; Shaman Byampadorj Dondog, *Reflections of a Mongolian Shaman* (Kathmandu: Vajra Books, 2014), pp.22-3.

10 Bawden, *Modern History of Mongolia*, p. xiii.

11 Owen Lattimore, *Nationalism and Revolution in Mongolia* (Leiden: E. J. Brill, 1955), pp.6-21.

12 Jagchid and Hyer, *Mongolia's Culture and Society*, pp.19-72,73-162, 297-310; Lattimore, *Nomads and Commissars*, pp.16-17.

13 Jagchid and Hyer, *Mongolia's Culture and Society*, pp.19-72.

14 Jagchid and Hyer, *Mongolia's Culture and Society* 979, pp.22-3; Ayalagu 'Preliminary survey of keiymori in Ordos' in Johannes Reckel (ed.) *Central Asian Sources and Central Asian Research*. Gottinger Biblioteksschriften, Band 39 (Gottingen: Universitatsverlag, 2016). pp.17-41.

15 Observations by the author in Ulaanbaatar, 1990.

16 Lattimore, *Nomads and Commissars*, pp.4-6.

17 Christopher Kaplonski, *The Lama Question: Violence Sovereignty and Exception in Early Socialist Mongolia* (Honolulu: University of Hawai'i Press, 2014), p.4 and *passim*.

18 Jagchid and Hyer, *Mongolia's Culture and Society*, p.299.

19 Jagchid and Hyer, *Mongolia's Culture and Society*, pp.175-88; Lattimore *Nomads and Commissars*, p.5.

20 Bawden, *Modern History of Mongolia*, p.xiii.

21 Lattimore, *Nomads and Commissars*, p.5; *Mongol Journeys*, pp.270-1,277-8.

22 Lattimore, *Mongol Journeys*, p.271.

23 Lattimore, *Nomads and Commissars*, p.65.

24 Observations by author, September 2016.

25 Giuseppe Tucci, *The Religions of Tibet* (Bombay: Allied Publishers, 1970), p.241.

26 Gombojab Hangin with John R. Krueger and Paul D. Buell, William V. Rozycki, Robert G. Service, *A Modern Mongolian Dictionary* (Bloomington: Indian University Research Institute for Inner Asian Studies, 1986), p.75.

27 Jagchid and Hyer, *Mongolia's Culture and Society*, pp.163-75; Jan Fontein, *The Dancing Demons of Mongolia* (Amsterdam: V&K, 1999), pp.24-31; Dondog, *Reflections of a Mongolian Shaman*, pp.1-23; Otgony Purev and Gurbadaryn Purvee, *Mongolian Shamanism* (Ulaanbaatar: Munkhiin Useg, 2006), pp.64-8,134-47 and *passim*; Tucci *The Religions of Tibet*, pp.241-2 and *passim*; Matthew T. Kapstein, *The Tibetans* (Oxford: Blackwell, 2006), pp.45-50; Jagchid and Hyer, *Mongolia's Culture and Society*, pp.163-75.

28 Tarab Tulku, *A Brief History of Academic Degrees in Buddhist Philosophy* (Copenhagen: NIAS, 2000), pp.18-24; Li Yao, 'Lamas Dance with the "Devil" at Beijing Temple', *China Daily*, 12 March 2013; Jagchid and Hyer, *Mongolia's Culture and Society*, pp.126-30,242,378.

29 Paul Hyer and Sechin Jagchid, *A Mongolian Living Buddha: Biography of the Kanjurwa Khutughtu* (New York: State University of New York Press, 1984), pp.58-9.

30 Morgan, *The Mongols*, pp.16-23.

31 Jutta Frings (ed.), *Dschingis Khan und Seine Erben: Das Weltreich der Mongolen* (Munich: Hirmer Verlag, 2005), pp.108-21.

32 Jagchid and Hyer, *Mongolia's Culture and Society*, pp.219, 238; Craig Clunas, 'The Preface to Nigen Dabqur Asar and Their Chinese Antecedents', *Zentralasiatische Studien*, Vol.14, No 1, (1981): 139-94.

33 Sonomin Lochin, *Tsendiin Damdinsüren* (Ulaanbaatar: Nepko Publishing, 2015), pp.28-33,317-38, 339-41 and *passim*; A. Munkhzul, 'Scholars share views on works of Ts. Damdinsuren', *Montsame Mongolian News Agency*, 22 October 2018.

34 Frings *Dschingis Khan*, pp.411-12.

35 N. Tsultem, *Mongolian Architecture* (Ulaanbaatar: State Publishing House, 1988) (pages not numbered); Frings, *Dschingis Khan*, pp.126-95.

36 Tsultem, *Mongolian Architecture* (pages not numbered).

37 Frings, *Dschingis Khan*, pp.357-79.

38 Baabar (B. Batbayar–edited by C. Kaplonski), *History of Mongolia: From World Power to Soviet Satellite* (Cambridge: White Horse Press, 1999), pp.72,82-3.

39 Fontein, *The Dancing Demons of Mongolia*, p.70.

40 D. Otgonsuren, *Őndör Gegeen Zanabazarin Khostui Unet Byytelyyd* (*Masterpieces of Undur Gegeen Zanabazar*) (Ulaanbaatar: Chojin Lama Museum, 2015; J. Saruulbuyan (ed.), *National Museum of Mongolia* (Ulaanbaaar: National Museum of Mongolia, 2009), pp.140-51; Frings, *Dschingis Khan*, pp.359-79.

41 Baabar, *History of Mongolia*, pp.72,82-3; Jagchid and Hyer, pp.184-5, 232; Otgonsuren, *Masterpieces*

of Undur Gegeen Zanabazar; Bayasgalan Bayanbat, *Ulaanbaatar Then and Now: Amazing Images of Ulaanbaatar's History* (Ulaanbaatar: Monosound and Vision, 2013), p.97; Fontein, *The Dancing Demons of Mongolia*, pp. 70-89. Some works of Zanzabar and his school were included in 'De Dansende Demonen van Mongolie (The Dancing Demons of Mongolia)', an exhibition at De Nieuwe Kerk, Dam, Amsterdam between June and October, 1999, which the present author was fortunate to be able to attend.

第二章：二十世紀初革命時期的蒙古

1 Christopher Kaplonski, 'Introduction', in David Sneath and Christopher Kaplonski (eds), *The History of Mongolia*, Vol. III (Folkestone: Global Oriental, 2010), pp.851-59.

2 Thomas E. Ewing, *Between the Hammer and the Anvil? Chinese and Russian Policies in Outer Mongolia 1911-1921* (Bloomington: Indiana University, 1980), p.32.

3 A. M. Pozdneyev, 'Mongolia and the Mongols, Presenting the Results of a Trip Taken in 1892 and 1893', excerpts from chapter 2, reprinted in Sneath and Kaplonski *The History of Mongolia*, Volume III, pp.794-824.

4 Frans August Larson, 'The Lamas of Mongolia', *Atlantic Monthly*, No.145 (1930): 368-78, reprinted in Sneath and Kaplonski, *The History of Mongolia* Volume III, pp.878-88.

5 Lattimore, *Nomads and Commissars*, p.53.

6 Lattimore, *Nomads and Commissars*, p.93; Ewing, *Between the Hammer and the Anvil*, pp.34-43.

7 Ewing, *Between the Hammer and the Anvil*, p.37.

8 Batsaikhan Emgent Ookhnoi, *The Bogdo Jebtsundamba Khutuktu: The Last Emperor of Mongolia, the Life and Legends* (Ulaanbaatar: Munkhiin Useg Publishing, 2016), pp.2-54; Lkhamsurengiin Dendev, *Mongolyn*

tobch tyyh (A Brief History of Mongolia) (Ulaanbaatar: Monsudar, 2012), p.12.

9 Lattimore, *Nationalism and Revolution*, p.49.

10 Ookhnoi, *The Bogdo Jebtsundamba Khutuktu*, pp. 2-54; Lattimore, *Nationalism and Revolution*, pp.53-4.

11 The painting is reproduced in Frings, *Dschingis Khan*, pp.396-7.

12 D. Altannavch, *Bogd Khan Palace Museum: A Brief Guide* (Ulaanbaatar: Interpress, 2001); D. Myagmardorj, *The Guide Book of Bogd Khan Palace Museum* [in Mongolian, Russian and English] (Ulaanbaatar, n.p., n.d.); Ookhnoi, *The Bogdo Jebtsundamba Khutuktu*. Other observations by the author in 2016.

13 Sir Charles Bell, *Tibet: Past and Present* 2nd edn. (London: Oxford University Press, 1927), pp.65,68.

14 Melvyn C. Goldstein, *The Snow Lion and the Dragon: China, Tibet and the Dalai Lama* (Berkeley: University of California Press, 1991), p. 27.

15 Bell, *Tibet: Past and Present*, pp. 64-72; Goldstein, *The Snow Lion and the Dragon*, pp. 27, 24-9; Hugh M. Richardson, *Tibet and Its History* (Boulder, CO: Shambala, 1984), pp.82-90; Ookhnoi, *The Bogdo Jebtsundamba Khutuktu*, pp.62-8; Kaplonski, ‘Introduction’, p.851.

16 Lattimore, *Nationalism and Revolution* pp. 3-90; Ewing, *Between the Hammer and the Anvil*, p.37.

17 Lattimore, *Nomads and Commissars*, pp.75-91.

18 Lattimore, *Nomads and Commissars*, p.79.

19 Owen Lattimore, ‘Introduction’, in Urgunge Onon (ed.), *Mongolian Heroes of the Twentieth Century* (New York: AMS Press, 1976), p. xviii.

20 Kh. Choibalsan, ‘A Brief History of the People’s Indomitable Hero Magsarjav’, in Urgunge Onon (ed.), *Mongolian Heroes of the Twentieth Century* (New York: AMS Press, 1976), pp.113-14.

21 Kh. Choibalsan, ‘A Brief History of the People’s Indomitable Hero Magsarjav’, pp.105-14.

22 Kh. Choibalsan ‘A Brief History of the People’s Indomitable Hero Magsarjav’, pp.105-14; Bawden, *The Modern History of Mongolia*, pp.195-8,204-5.

第三章：蒙古人民共和國的建立

1 L. Bat-Ochir and D. Dashjamts, ‘The Life of Sukhbaatar’, in Urgunge Onon (ed.), *Mongolian Heroes of the Twentieth Century* (New York: AMS Press, 1976), pp.143-92.

2 Baabar, *History of Mongolia*, pp. 101-3; Ochir and Dashjamts, ‘The Life of Sukhbaatar’, pp.143-92; Bawden, *Modern History*, pp.187-201.

3 Ochir and Dashjamts, ‘The Life of Sukhbaatar’, pp.143-92.

4 Bawden, *Modern History*, p. 188; Fujiko Isono, ‘The Mongolian Revolution of 1921’, *Modern Asian Studies*, Vol.10, No.3 (1976): 375-94; Ewing *Between the Hammer and the Anvil*, pp.160-71.

5 Fujiko Isono, ‘Soviet Russia and the Mongolian Revolution of 1921’, *Past and Present*, Vol.83, No.1 (May 1979): 375-94.

6 Isono, ‘The Mongolian Revolution of 1921’, p.383.

7 Hiroshi Futaki, ‘A Reexamination of the Establishment of the Mongolian People’s Party, Centring on Dogsom’s Memoir’, *Inner Asia*, Vol.2, No.1 (2000): 37-61, reprinted in Sneath and Kaplonski, *The History of Mongolia* Volume III, p.930-50.

8 Alan J. K. Sanders, *Historical Dictionary of Mongolia* (Lanham: Scarecrow Press, 1996), p.114.

9 Isono, ‘The Mongolian Revolution of 1921’, pp.382-6.

10 Isono, 'The Mongolian Revolution of 1921', p.131.

11 Isono, 'The Mongolian Revolution of 1921', pp.375-94; Isono, 'Soviet Russia and the Mongolian Revolution of 1921', pp. 116-40; Futaki, 'A Reexamination of the Establishment of the Mongolian People's Party', pp.37-61, reprinted in Sneath and Kaplonski *The History of Mongolia* Volume III, pp.930-50.

12 Isono, 'The Mongolian Revolution of 1921', p.389.

13 Sh. Nachukdorji, *Life of Sukebatur* in Lattimore *Nationalism and Revolution* pp.91-181.

14 Isono, 'The Mongolian Revolution of 1921', pp.389-92.

15 Sh. Nachukdorji, *Life of Sukebatur* which was published in 1943, translated from the Mongol by Owen Lattimore and Urgunge Onon and included in Lattimore's *Nationalism and Revolution*, pp.91-181, remains a key source for the life of Sukhbaatar. As Lattimore points out in his introduction, this was a 'political document', an official publication of the Mongolian state it emphasizes Sukhbaatar's role in the revolution and since 1991 Mongolian historians have attempted to redress the balance by publishing material on other revolutionary leaders; Lattimore, *Nomads and Commissars*, pp.82-4,86-91,104-5; Onon, *Mongolian Heroes of the Twentieth Century*; Bawden, *Modern History*, pp.201-37; Ewing, *Between the Hammer and the Anvil*, pp.160-71.

16 Isono, 'The Mongolian Revolution of 1921', pp.392-4.

17 Lattimore, *Nomads and Commissars*, pp.84-91.

第四章：掌權的人民革命黨

1 Sanders, *Historical Dictionary*, p.50.

2 Bawden, *Modern History*, pp.328-80.

3 Baabar, *History of Mongolia*, pp.326-7,364-5; Bawden, *Modern History*, pp.328-80, p.338; Robert A. Rupen, 'The Buriat Intelligentsia', *Far Eastern Quarterly*, Vol.15, No.3 (1956): 383-98, reprinted in Sneath and Kaplonski, *History of Mongolia*.

4 Baabar, *History of Mongolia*, p.227.

5 Baabar, *History of Mongolia*, p.285.

6 Baabar, *History of Mongolia*, p.285-8; Sanders, *Historical Dictionary*, p.48.

7 Baabar, *History of Mongolia*, pp.337-48,349-56.

8 Baabar, *History of Mongolia*, pp.353,371-5.

9 Baabar, *History of Mongolia*, pp.356-75,375-82.

10 Saruulbuyan (ed.), *National Museum of Mongolia*, p.170.

11 Saruulbuyan, p.172; Baabar, *History of Mongolia*, pp.201-5.

12 Saruulbuyan, p.173.

13 Lattimore, *Nomads and Commissars*, pp.114,117.

14 Lattimore, *Nomads and Commissars*, pp.84-91,97-121.

15 Lattimore, *Nomads and Commissars*, pp.102-3.

16 Lattimore, *Nomads and Commissars*, pp.99-105.

17 Lattimore, *Nomads and Commissars*, p.146.

18 G. R. Elton, *England under the Tudors* (London: Methuen, 1956), pp.149-50.

19 Kaplonski, *The Lama Question*, pp.3-4.

20 Kaplonski, *The Lama Question*, p.5.

21 Kaplonski, *The Lama Question*, p.5.

22 Onon, *Mongolian Heroes of the Twentieth Century*, pp.200-16.

23 Baabar, *History of Mongolia*, pp.285-8; Bawden, *Modern History*, pp.288-301.

24 Bawden, *Modern History*, p.308.

25 Baabar, *History of Mongolia*, pp.285-8; Bawden, *Modern History*, p.308.

26 Baabar, *History of Mongolia*, pp.292-4; Bawden, *Modern History*, p.290.

27 Saruulbuyan (ed.), *National Museum of Mongolia*, p.176.

28 Bawden, *Modern History*, pp.301-3,304-15; Baabar, *History of Mongolia*, pp.296-7,304-9.

29 Bawden, *Modern History*, pp.304-5.

30 Lattimore, *Nomads and Commissars*, p.123.

31 Baabar, *History of Mongolia*, pp.306-7.

32 L. Dugersuren 'The Policy of the New Turn Followed by the Mongolian People's Revolutionary Party and Its First Results (1932-4)', in *Forty Years of the Mongolian People's Party and the People's Revolution* Ulaanbaatar 1961, cited in Lattimore *Nomads and Commissars* p. 124.

33 Baabar, *History of Mongolia*, pp.309-17.

34 Lattimore, *Nomads and Commissars*, pp.122-47; Dugersuren, 'The Policy of the New Turn Followed by the Mongolian People's Revolutionary Party', p.124; Bawden, *Modern History*, pp. 346-59,304-15; Baabar, *History of Mongolia*, pp.317-25.

35 Onon, *Mongolian Heroes of the Twentieth Century*, pp.200-16.

36 Lattimore, *Nomads and Commissars*, pp.122-47.

37 Bawden, *Modern History*, pp. 304-15; Baabar, *History of Mongolia*, pp.296-7.

38 Svetlana Mironyuk (ed.), *Khalkyn-Gol 1939-2009* (Moscow: RIA Novosti, 2009), pp.5-22; Bawden, *Modern History of Mongolia*, pp.323,339; Baabar, *History of Mongolia*, pp.382-90.

39 Baabar, *History of Mongolia*, pp. 375-82; Bawden, *Modern History*, pp.328-46 and *passim*.

40 Lattimore, *Nomads and Commissars*, pp. 148-69; Baabar, *History of Mongolia*, pp.349-82; Bawden, pp.328-46. The most comprehensive analysis of this can be found in Kaplonski, *The Lama Question*.

41 Baabar, *History of Mongolia*, pp.349-82; Bawden, *Modern History*, pp.328-46.

42 Kaplonski, *The Lama Question*, p.231.

43 Morris Rossabi, *Modern Mongolia: From Khans to Communists to Capitalists* (Berkeley: University of California Press, 2005), p.6.

44 Lattimore, *Nomads and Commissars*, pp.148-69; Baabar, *History of Mongolia*, pp.349-82; Bawden, *Modern History*, pp.328-46.

45 Bawden, *Modern History*, p.328.

46 Lattimore, *Nomads and Commissars*, pp.149.

47 Lattimore, *Nomads and Commissars*, pp.148-69.

48 Baabar, *History of Mongolia*, pp.349-56,357-75,375-82; Bawden, *Modern History*, pp.187-201; Lattimore, *Nomads and Commissars*, pp.328-80.

第五章：二戰後的蒙古

1 Saruulbuyan, *National Museum of Mongolia*, p.183.

2 Saruulbuyan, *National Museum of Mongolia*, p.194; Baabar, *Yumjaagiiin Tsedenbal* (Ulaanbaatar: Nepko, 2016), pp.85-7.

3 Saruulbuyan, *National Museum of Mongolia*, p.188; Baabar, *History of Mongolia*, pp.410-13.

4 Baabar, *History of Mongolia*, pp.410-13; Saruulbuyan, *National Museum of Mongolia*, p.188.

5 Baabar, *History of Mongolia*, pp.410-13.

6 Baabar, *Yumjaagiiin Tsedenbal*, pp.85-7.

7 Bawden, *Modern History*, pp.325,333,375,400; Baabar, *History of Mongolia*, pp. 375-8; Baabar, *Yumzhagiin Tsedenbal*, pp.3-42,111-70.

8 Baabar, *Yumzhagiin Tsedenbal*, pp.101-5.

9 Saruulbuyan, *National Museum of Mongolia*, pp.190-5.

10 'Mongolia's Progress', *Soviet Weekly*, 30 June 1979, pp.6-7.

11 'Mongolia's Progress', *Soviet Weekly*, 30 June 1979, pp.6-7.

12 'Mongolia's Progress', *Soviet Weekly*, 30 June 1979, pp.6-7.

13 'Mongolia's Progress', *Soviet Weekly*, 30 June 1979, pp.6-7; Ole Bruun and Ole Odgaard (eds), *Mongolia in Transition: Old Patterns, New Challenges* (London: Curzon Press, 1996), pp.168,206,239.

14 Observations by the author, September 2016, and *Mongolian Observer* 26 April 2017, https://mongolianobserver.mn.

15 Lodon Tudev and Tseyen-Norov Jambalsuren, 'Tsedenbal and His Legacy', *The Mongolian Observer*,

No.18, 7 September 2016.

16 Sanders, *Historical Dictionary*, p. xxxvii.

17 George Ginsburgs, 'Mongolia's "Socialist" Constitution', *Pacific Affairs*, Vol.34, No.2 (Summer 1961): 141-56.

18 Tudev and Jambalsuren, 'Tsedenbal and his Legacy'; Baabar, *Yumjaagiin Tsdenbal*.

19 Robert A. Rupen, 'Mongolia in the Sino-Soviet Dispute', *China Quarterly*, No.16 (Oct.–Dec. 1963): 75-85; Michael Dillon, *China: A Modern History* (London: I.B. Tauris, 2010), pp.322-3,342-4.

20 Rossabi, *Modern Mongolia*, pp.6-7; Sanders, *Historical Dictionary*, pp.197-9.

21 Sanders, *Historical Dictionary*, p.20.

22 Rossabi, *Modern Mongolia*, pp.6-10.

23 Ole Bruun, 'The Herding Household: Economy and Organisation', in Ole Bruun and Ole Odgaard (eds), *Mongolia in Transition: Old Patterns, New Challenges* (London: Curzon Press, 1996), pp.66-7.

24 Bruun, 'The Herding Household: Economy and Organisation', pp.66-7.

25 Sergey S. Radchenko, 'Mongolian Politics in the Shadow of the Cold War', *Journal of Cold War Studies*, Vol. 8, No. 1 (Winter, 2006): pp.95-119; Szalontai Balazs, Tsedenbal's Mongolia and Communist Aid Donors: A Reappraisal', *Mongolian Journal of International Affairs*, No.12 (2005): pp.91-5.

26 Radchenko, 'Mongolian Politics in the Shadow of the Cold War', 95-119; Balazs, 'Tsedenbal's Mongolia and Communist Aid Donors', 91-5.

27 Observations by the author, 1990 and 2016.

28 Michael Dillon, 'Sinology in Mongolia', *Bulletin of the British Association of Chinese Studies*, (1991): 71-4.

第六章：民主革命

1 Saruulbuyan, *National Museum of Mongolia*, p.200.

2 Rossabi, *Modern Mongolia*; Christopher Kaplonski, 'Democracy Comes to Mongolia', in Sneath and Kaplonski (eds), *History of Mongolia*, Vol.III (Folkestone: Global Oriental, 2010), pp.1039-59.

3 Saruulbuyan, p.203; Rossabi, *Modern Mongolia*; Kaplonski, 'Democracy Comes to Mongolia', pp.1039-59.

4 Rossabi, *Modern Mongolia*, pp.4-6; Kaplonski, 'Democracy Comes to Mongolia', pp.1039-59.

5 Saruulbuyan, *National Museum of Mongolia*, p.203.

6 Office of the President of Mongolia, 10 December 2014 http://eng.president.mn/newsCenter/viewNews.php?newsId=1382.

7 Saruulbuyan, *National Museum of Mongolia*, pp. 200-14; Rossabi, *Modern Mongolia*, pp.4-6; Kaplonski, 'Democracy Comes to Mongolia', pp.1039-59.

8 Saruulbuyan, *National Museum of Mongolia*, pp.200-14; Rossabi, *Modern Mongolia*, pp.4-6; Kaplonski, 'Democracy Comes to Mongolia', pp.1039-59.

9 Rossabi, *Modern Mongolia*, pp.4-6; Kaplonski, 'Democracy Comes to Mongolia', pp.1039-59.

10 Rossabi, *Modern Mongolia*, pp.1-29. Bruun and Odgaard, *Mongolia in Transition*, p.23.

11 Ole Bruun and Ole Odgaard 'A Society and Economy in Transition', in Ole Bruun and Ole Odgaard (eds), *Mongolia in Transition: Old Patterns, New Challenges* (London: Curzon Press, 1996), p.23.

12 Observations by the author, Ulaanbaatar, 1990.

13 Rossabi, *Modern Mongolia*, pp.30-42.

14 BBC News, 11 July 2006.

15 Rossabi, *Modern Mongolia*, pp.24-7,49-50.

16 Rossabi, *Modern Mongolia*, pp.67-79.

17 Rossabi, *Modern Mongolia*, pp.88-96.

18 Rossabi, *Modern Mongolia*, pp.90-1.

19 Rossabi, *Modern Mongolia*, pp.80-114.

20 BBC News, 3 July 2008; *New York Times*, 8 July 2008.

21 BBC News, 6 November 2014.

22 Julian Dierkes 'Saikhanbileg Elected Prime Minister', *Mongolia Focus*, 20 November 2014.

23 D. Byambajav 'Speculation on a New Government and Factions in the Democratic Party', *Mongolia Focus*, 16 July 2012.

24 *South China Morning Post*, 24 June 2017.

25 BBC News, 8 July 2017; Lucy Hornby, 'Khaltmaa Battulga Wins Mongolian Presidency', *Financial Times*, 8 July 2017; Julian Dierkes, 'Battulga, What Kind of President?' *Mongolia Focus*, 27 July 2017; Marissa J. Smith, 'New PM and Cabinet, New Start with the IMF?' *Mongolia Focus*, 17 September 2017; Jessica Keegan, 'Beyond the Ballot–Mongolia's General Election Commission', *Mongolia Focus*, 16 August 2017.

26 http://www.phayul.com/news/article.aspx?id=39260.

27 http://en.kremlin.ru/events/president/news/55446 Bolor Lkhaajav, 'Previewing Mongolia's Presidential Election', *The Diplomat*, 26 May 2017; Julian Dierkes and Mendee Jargalsaikhan, 'Election 2017: Making Mongolia Great Again?' *The Diplomat*, 20 June 2017; AFP, Ulaanbaatar 'Anti-China Sentiment and Centuries-old Hostilities Take Centre Stage in Mongolian Election Campaign', *South China Morning Post*,

24 June 2017; 'S. Ganbaatar's Election Platform', *Mongolia Focus*, 9 June 2017.

28 Lkhaajav, 'Previewing Mongolia's Presidential Election',; Dierkes and Jargalsaikhan, 'Election 2017: Making Mongolia Great Again?'; AFP, Ulaanbaatar 'Anti-China Sentiment and Centuries-old Hostilities Take Centre Stage in Mongolian Election Campaign'; 'S. Ganbaatar's Election Platform',; 'Mongolia Welcomes Dalai Lama Over China's Objections', *Radio Free Asia*, 18 November 2016; *South China Morning Post*, 26 November and 22 December 2016; 'Neutral Mongolia Looks to Be Economic Link', *Global Times*, 8 November 2015.

第七章：蒙古經濟的崩潰和恢復

1 Bruun and Odgaard, 'A Society and Economy in Transition', pp. 23-41.

2 Rolf Gilberg and Jan-Olof Svantesson, 'The Mongols, Their Land and History', in Ole Bruun and Ole Odgaard (eds), *Mongolia in Transition: Old Patterns, New Challenges* (London: Curzon Press, 1996), p.20.

3 Rossabi, *Modern Mongolia*, p.115 and pp.30-42.

4 Rossabi, *Modern Mongolia*, p.115 and pp.30-42.

5 David Sneath 'Producer Groups and the Decollectivisation of the Mongolian Pastoral Economy', in Sneath and Kaplonski (eds), *History of Mongolia*, Vol.III (Folkestone: Global Oriental, 2010), pp.1067-88.

6 Bruun, 'The Herding Household: Economy and Organisation', pp.65-89; Rossabi, *Modern Mongolia*, pp. 114-31; Sneath, 'Producer Groups and the Decollectivisation of the Mongolian Pastoral Economy', pp.1067-88.

7 Rossabi, *Modern Mongolia*, pp.30-42,43-80; author's observations in Ulaanbaatar, October 1990; Punsalmagiin Ochirbat, *The Time of Heaven*, Mongolia Society Occasional Papers, Historical Series, No.28

(Bloomington: Mongolia Society, 2018), pp. 201-39.

8 Mongolian Embassy website www.mongolianembassy.us 21 May 2013; *CNN* website, 23 August 2016.

9 Neil Hume, 'Beneath the Mongolian Desert', *Financial Times*, 13 August 2018, p. 9; 'PM: Oyu Tolgoi Project Should Use Mongolian-produced Energy', *Mongol Messenger*, 2 September 2016, p.2.

10 Bruun and Odgaard, 'A Society and Economy in Transition', pp. 23-41; Mongolian Embassy website www.mongolianembassy.us 21 May 2013; *CNN* website, 23 August 2016; Tuvshintugs Batdelger, 'Mongolia's economic prospects and challenges', *East Asia Foruum*, www.eastasiaforum.org, 23 March 2014; World Bank www.worldbank.org, 28 September 2017.

11 M.Chimeddorj, 'Practicing Stricter Financial Discipline Is Important to Beat Economic Troubles', *Montsame Mongolian News Agency*, 28 October 2016.

12 Chimeddorj, 'Practicing Stricter Financial Discipline Is Important to Beat Economic Troubles'; 'Bailing out Mongolia: A Wrong Direction in the Steppe', *The Economist*, 29 October 2016, p. 56.

13 Carole Pegg, *Mongolian Music, Dance, & Oral Narrative: Performing Diverse Identities*, Volume 1 (Seattle: University of Washington Press, 2001), pp.253-5.

14 Interviews by author, Ulaanbaatar September 2016.

15 Lattimore, *Nomads and Commissars*, p.174.

16 Tsultem, *Mongolian Architecture*, illustrations 180, 181; visit by author to the *ger* district in October 1990; Peter Geoghegan, 'Tens of Thousands of Rural Migrants Live in "Ger" Tents on the Edge of Ulaanbaatar', *Guardian*, 3 September 2014; Terbish Bayartsetseg, 'Social Exclusion in the Ger Districts of Ulaanbatar' https://blogs.ucl.ac.uk/mongolianeconomy/2015/06/24/social-exclusion-in-the-ger-districts-of-ulaanbaatar;

David Lawrence, 'Mongolia's growing shantytowns: the cold and toxic ger districts' http://blogs.worldbank.org/eastasiapacific/mongolia's-growingshantytowns-the-cold-and-toxic-ger-districts'; Lattimore, *Nomads and Commissars*, pp.173-4.

第八章：蒙古國和新東亞秩序

1 Permanent Mission of Mongolia to the United Nations website, https://www.un.int/mongolia/mongolia/ulaanbaatar-dialogue.

2 Alicia J. Campi, 'Ulaanbaatar Dialogue on Northeast Asian Security', *Eurasia Daily Monitor*, 11 July 2014, www.jamestown.org; Permanent Mission of Mongolia to the United Nations, https://www.un.int/mongolia/mongolia/ulaanbaatar-dialogue.

3 Rossabi, *Modern Mongolia*, pp. 199—203; Lkhagva Erdene and Sergey Radchenko, 'The Mysterious Sale of Mongolia's Erdenet Mine', *The Diplomat*, 9 July 2016.; Ochirbat, *The Time of Heaven*, pp.241-276.

4 Owen Lattimore, *Inner Asian Frontiers of China* (Boston: Beacon Press, 1962), pp.167-8.

5 Bruun and Odgaard, 'A Society and Economy in Transition', pp.37-41.

6 'Mongolia Reportedly Ousts Thousands of Chinese', *New York Times*, 26 May 1983; 'Moscow Defends Mongolia on Repatriation of Chinese', *New York Times*, 3 June 1983.

7 Gabriel Banama, Review of *Sinophobia, Anxiety, Violence and the Making of Mongolian Identity* by Franck Bille, *Mongolian Studies*, Vol. XXXVI, 2014, pp.80-2.

8 'Mongolia Reportedly Ousts Thousands of Chinese'; 'Moscow Defends Mongolia on Repatriation of Chinese'.

9 Tsedenjav Sukhbaatar, 'Neutral Mongolia Looks to Be Economic Link', *Global Times*, 8 November 2015.

10 'Freight Train Service Linking N. China, Mongolia Launched', *Xinhua*, 27 March 2018.

11 'Mongolia-China Expo Great Opportunity for Mongolia to Diversify Exports to China: Official', *Xinhua*, 12 February 2019.

12 *Montsame Mongolian News Agency*, 12 September 2014.

13 Michael Lelyveld, 'China and Russia Eye Mongolian Gas Route', *Radio Free Asia*, 1 October 2018.

14 Rossabi, *Modern Mongolia*, pp.207-14.

15 'Japan's Assistance to Mongolia', Embassy of Japan in Mongolia website, http://www.mn.emb-japan.go.jp/news/ODAenglish.PDF. Undated but data cited for 2007.

16 Rossabi, *Modern Mongolia*, pp. 214-19; Bolor Lkhaajav, 'Mongolia's Small Country Diplomacy and North Korea', *The Diplomat*, 29 September 2016.

17 Rossabi, *Modern Mongolia*, pp. 219-20.

第九章：蒙古和中國

1 Lattimore, *Nomads and Commissars*, p xiii.

2 Lattimore, *Nationalism and Revolution*, p.22.

3 Lattimore, *Nationalism and Revolution*, p.29.

4 Interviews with Owen Lattimore, Leeds University, 1976.

5 Bawden, *Modern History*, pp.1-39 and *passim*; Baabar, *History of Mongolia*, p.9.

6 Colin Mackerras, *China's Minorities: Integration and Modernisation in the 20th Century* (Oxford: Oxford

University Press, 1994), pp.76-7,121-2.

7 Uradyn E. Bulag, *The Mongols at China's Edge: History and the Politics of National Unity* (Lanham: Rowman and Littlefield 2002), pp.141-8 and *passim*.

8 Poppe, *Grammar of Written Mongolian*, pp.1-7; Legrand, *Parlons Mongol*, pp. 29-30, 47-53; Author's interview with Mongol language specialists, Gottingen, September 2014.

9 Observations by author during visit to Alxa, October 2001; www.alsm.gov.cn/main/.

10 Observations by author during visit to Alxa, October 2001.

11 Michael Dillon, 'Unrest in Inner Mongolia May 2011: Implications for Central Government Policy on Ethnic Minority Areas and the Career of Hu Chunhua', briefing paper commissioned by Europe China Research and Advice Network (ECRAN) for European External Action Service, June 2011.

12 Mackerras, *China's Minorities*, pp.163-4; *China's Ethnic Minorities and Globalisation* (London: Routledge Curzon, 2003), pp.46-7.

13 *South China Morning Post* (SCMP), 2 April 2005. The Southern Mongolian Human Rights Information Centre is an emigre organization based in the United States.

14 SCMP, 7 June 2011; personal observations in Inner Mongolia in October and November 2001 confirm this analysis.

15 Dillon, 'Unrest in Inner Mongolia'.

16 SCMP, 26 May 2011.

17 SCMP, 29 May 2011.

18 Southern Mongolian Human Rights Information Centre, website, 30 May 2011, 4 June 2011.

19 SCMP, 31 May 2011; BBC News, 30 May 2011; *Global Times*, 4 June 2011.
20 SCMP, 9 June 2011; *Global Times*, 9 June 2011.
21 SCMP, 31 May 2011; Xinhua (New China News Agency), 2 June 2011; 3 June 2011.
22 Interviews by the author in Mongolia and Kazakhstan, 1990 and 1994.
23 *Ulan Bator Post,* 9 June 2011.
24 Xinhua, 9 June 2011; *Peoples' Daily*, 16 June, 2011.

第十章：面向未來

1 Author's observations, Gandan monastery, Ulaanbaatar September 2016.
2 Interviews with members of the Kazakh Academy of Sciences, Almaty, 1994.
3 Charles R. Bawden, *The Jebtsundamba Khutukhtus of Urga: Text, Translation and Notes* (Wiesbaden: Otto Harrassowitz, 1961), pp.1-4; Baabar, *History of Mongolia*, pp.71-3; Bawden, *Modern History*, pp.9,11-13; Gilberg and Svantesson, 'The Mongols, Their Land and History', pp.21-2.
4 Jagchid and Hyer, *Mongolia's Culture and Society*, p.67.
5 The Mongolian word *khüree* originally meant a 'compound' or 'enclosure', but by extension the enclosure that protected a monastery and then the monastery itself.
6 Gilberg and Svantesson, 'The Mongols, Their Land and History', pp.21-2.
7 Pozdneyev, 'Mongolia and the Mongols, Presenting the Results of a Trip Taken in 1892 and 1893', pp.794-824.
8 James Gilmour, *Among the Mongols* (London: The Religious Tract Society, 1888), pp.150-8 and *passim*.

9 Henning Haslund, *Tents in Mongolia* (London: Kegan Paul, Trench, Trubner, 1934), pp.68-9,154 and *passim*.

10 Haslund, *Tents in Mongolia*, p.154.

11 Gilberg and Svantesson, 'The Mongols, Their Land and History', pp.21-2.

12 Comparisons based on photographs taken by the author in 1990 and 2016.

13 Baabar, *History of Mongolia*, pp.262-71; Bayanbat, *Ulaanbaatar Then and Now*, pp.5-7 and *passim*; Bawden, *Modern History*, pp.10-11; Tsultem, *Mongolian Architecture*, illustrations 161-200 (text not paginated).

14 Alan J. K. Sanders, *The People's Republic of Mongolia: A General Reference Guide* (London: Oxford University Press, 1968), pp.16-31; Sanders, *Historical Dictionary*, pp.99-103.

15 B. Amarsaikhan, 'Central Square Re-named after D. Sukhbaatar', *Montsame Mongolian News Agency*, 16 September 2016.

16 Sanders, *The People's Republic of Mongolia*, pp.54,67.

17 Observation by author during visits to Gandan monastery in 1990 and 2016.

18 Otgonsuren, D. Ondor gegeen Zanabazaryn khosgui unet buteeluud (An edition of this volume was published by Admon in 2015.); observations by author during visits to Chojin Lama Temple museum in 1990 and 2016.

19 Dulguun Bayarsaikhan, 'What's Happening on Chinggis Khan's Birthday?' *UB Post*, 29 October 2016.

參考書目

Altannavch, D. *Bogd Khan Palace Museum: A Brief Guide*. Ulaanbaatar:Interpress, 2001.

Amarsaikhan, B. 'Central Square Re-named after D. Sukhbaatar', *Montsame Mongolian News Agency*, 16 September 2016.

Austin, William M., Gombojab Hangin and Urgunge Onon. *A Mongol Reader*. Washington, DC: American Council of Learned Societies, 1956.

Avery, Martha. *The Tea Road: China and Russia Meet Across the Steppe*.Beijing: China Intercontinental, 2004.

Baabar (B. Batbayar–edited by C. Kaplonski), *History of Mongolia: From World Power to Soviet Satellite*. Cambridge: White Horse Press, 1999.

Baabar, *Yumzhagiin Tsendenbal*. Ulaanbaatar: Nepko, 2016.

Balazs, Szalontai. 'Tsedenbal's Mongolia and Communist Aid Donors: A Reappraisal', *Mongolian Journal of International Affairs*, No. 12 (2005): 91-5.

Banama, Gabriel. Review of *Sinophobia, Anxiety, Violence and the Making of Mongolian Identity* by Franck Bille, *Mongolian Studies*, Vol. XXXVI (2014): 80-2.

Bat-Ochir, L. and D. Dashjamts. 'The Life of Sukhbaatar', in Urgunge Onon (ed.), *Mongolian Heroes of the Twentieth Century*. New York: AMS Press, 1976.

Bawden, Charles R. *The Modern History of Mongolia*. London: Weidenfeld and Nicolson, 1968.

Bawden, Charles R. *The Jebtsundamba Khutukhtus of Urga: Text, Translation and Notes*. Wiesbaden: Otto Harrassowitz, 1961.

Bayanbat, Bayasgalan. *Ulaanbaatar Then and Now: Amazing Images of Ulaanbaatar's History*. Ulaanbaatar: Monosound and Vision, 2013.

Bayarsaikhan, Dulguun. 'What's Happening on Chinggis Khan's Birthday?' *UB Post*, 29 October 2016.

Bell, Sir Charles. *Tibet: Past and Present*. London: Oxford University Press, 1927.

Bisch, Jorgen. *Mongolia: Unknown Land*. London: George Allen and Unwin, 1963.

Boldbaatar, J. 'The Eight-hundredth Anniversary of Chinggis Khan: The Revival and Suppression of Mongolian National Consciousness', in Sneath and Kaplonski (eds), *History of Mongolia*, pp. 1019-27.

Boldbaatar, J. 'The State and Trends of Mongolian Historical Studies', *The Newsletter* No.70, Spring 2015, International Institute for Asian Studies https://iias.asia/sites/default/files/IIAS_NL70_28.pdf.

Bruun, Ole, 'The Herding Household: Economy and Organisation', in Ole Bruun and Ole Odgaard (eds), *Mongolia in Transition: Old Patterns, New Challenges*. London: Curzon Press, 1996, pp. 66-7.

Bruun, Ole, and Ole Odgaard (eds). *Mongolia in Transition: Old Patterns, New Challenges*. London: Curzon Press, 1996.

Bulag, Uradyn E. *The Mongols at China's Edge: History and the Politics of National Unity*. Lanham: Rowman and Littlefield, 2002.

Byambajav, D. 'Speculation on a New Government and Factions in the Democratic Party', *Mongolia Focus*, 16 July 2012.

Campbell, C. W. *Travels in Mongolia*, 1902: A Journey by C. W. Campbell, the. British Consul in China. London: The Stationery Office, 2000.

Campi, Alicia J. 'Ulaanbaatar Dialogue on Northeast Asian Security', *Eurasia Daily Monitor*, 11 July 2014.

Chimeddorj, M. 'Practicing Stricter Financial Discipline Is Important to Beat Economic Troubles', *Montsame Mongolian News Agency*, 28 October 2016.

Choibalsan, Kh., 'A Brief History of the People's Indomitable Hero Magsarjav', in Urgunge Onon (ed.), *Mongolian Heroes of the Twentieth Century*. New York: AMS Press, 1976.

Clunas, Craig. 'The Preface to Nigen Dabqur Asar and Their Chinese Antecedents', *Zentralasiatische Studien*, Vol. 14, No. 1 (1981): 139-94.

Dendev, L. *Mongolyn tobch* tyyh (*A Brief History of Mongolia*). Ulaanbaatar: Monsudar, 2012.

Dierkes, Julian. 'Saikhanbileg Elected Prime Minister', *Mongolia Focus*, 20 November 2014.

Dierkes, Julian, and Mendee Jargalsaikhan. 'Election 2017: Making Mongolia Great Again?' *The Diplomat* 20 June 2017.

Dillon, Michael. 'Sinology in Mongolia' *Bulletin of the British Association of Chinese Studies*, (1991): 71-4.

Dillon, Michael. *China: A Modern History*. London: I.B. Tauris, 2010.

Dillon, Michael. 'Unrest in Inner Mongolia May 2011: Implications for Central Government Policy on Ethnic Minority Areas and the Career of Hu Chunhua', Europe China Research and Advice Network (ECRAN) for European External Action Service, June 2011.

Dillon, Michael. *Lesser Dragons: Minority Peoples of China*. London: Reaktion Books, 2018.

Dondog, Shaman Byampadorj. *Reflections of a Mongolian Shaman*. Kathmandu: Vajra Books, 2014.

Dendev, Lkhamsurengiin. *Mongolyn tobch tyyh* (A Brief History of Mongolia). Ulaanbaatar: Monsudar, 2012.

Erdene, Lkhagva, and Sergey Radchenko. 'The Mysterious Sale of Mongolia's Erdenet Mine', *The Diplomat*, 9 July 2016.

Ewing, Thomas E. *Between the Hammer and the Anvil? Chinese and Russian Policies in Outer Mongolia 1911-1921*. Bloomington: Indiana University, 1980.

Fontein, Jan. *The Dancing Demons of Mongolia*. Amsterdam: V&K, 1999.

Frings, Jutta (ed.). *Dschingis Khan und Seine Erben: Das Weltreich der Mongolen*. Munich: Hirmer Verlag, 2005.

Friters, Gerard M. *Outer Mongolia andIits International Position*. London: Allen and Unwin, 1951.

Futaki, Hiroshi. 'A Re-Examination of the Establishment of the Mongolian People's Party Centring on Dogsom's Memoir', in Sneath and Kaplonski (eds), *History of Mongolia*, pp. 930-50.

Geoghegan, Peter. 'Tens of Thousands of Rural Migrants Live in "ger" Tents on the Edge of Ulaanbaatar', *Guardian*, 3 September 2014.

Gilberg, Rolf and Jan-Olof Svantesson, 'The Mongols, Their Land and History', in Ole Bruun and Ole Odgaard (eds), *Mongolia in Transition: Old Patterns, New Challenges*. London: Curzon Press, 1996.

Gilmour, James. *Among the Mongols*. London: The Religious Tract Society, 1888.

Ginsburgs, George. 'Mongolia's "Socialist" Constitution', *Pacific Affairs*, Vol. 34 No. 2 (Summer 1961): 141-56.

Goldstein, Melvyn C. *The Snow Lion and the Dragon: China, Tibet and the Dalai Lama*. Berkeley: University of California Press, 1991.

Gronbech, Kaare, and John R. Krueger. *An Introduction to Classical (Literary) Mongolian*. Wiesdbaden: Otto

Harrassowitz, 1955.

Hangin, Gombojab, with John R. Krueger and Paul D. Buell, William V. Rozycki, Robert G. Service. *A Modern Mongolian Dictionary*. Bloomington: Indiana University Research Institute for Inner Asian Studies, 1986.

Haslund, Henning. *Tents in Mongolia*. London: Kegan Paul, Trench, Trubner & Co, 1934.

Haslund, Henning. *Mongolian Journey*. London: Routledge and Kegan Paul, 1949.

Howard-Jones, Norman. 'On the Diagnostic Term "Down's Disease" ', *Medical History*, Vol. 23, No. 1 (1979): 102-4.

Hume, Neil. 'Beneath the Mongolian Desert', *Financial Times*, 13 August 2018.

Hyer, Paul, and Sechin Jagchid, *A Mongolian Living Buddha: Biography of the Kanjurwa Khutughtu*. New York: State University of New York Press, 1984.

Isono, Fujiko. 'The Mongolian Revolution of 1921', *Modern Asian Studies*, Vol. 10, No, 3 (1976): 375-94.

Isono, Fujiko. 'Soviet Russian and the Mongolian Revolution of 1921', in Sneath and Kaplonski (eds), *History of Mongolia*, pp. 910-29.

Jagchid, Sechin, and Paul Hyer. *Mongolia's Culture and Society*. Boulder: Westview Press, 1979.

Kaplonski, Christopher. 'Democracy Comes to Mongolia', in Sneath and Kaplonski (eds), *History of Mongolia*, pp. 1039-59.

Kaplonski, Christopher. *The Lama Question: Violence sovereignty and Exception in Early Socialist Mongolia*. Honolulu: University of Hawai'i Press, 2014.

Kapstein, Matthew T. *The Tibetans*. Oxford: Blackwell, 2006.

Langlois, John D., Jr (ed.). *China under Mongol Rule*. Princeton: Princeton University Press, 1981.

Larson, Frans August. 'The Lamas of Mongolia', *Atlantic Monthly*, No. 145 (1930): 368-78, reprinted in Sneath and Kaplonski, *The History of Mongolia*, Volume III, pp. 878-88.

Lattimore, Owen. *The Mongols of Manchuria*. London: Allen and Unwin, 1935.

Lattimore, Owen. *Mongol Journeys*. London: Travel Book Club, 1942.

Lattimore, Owen. *Nationalism and Revolution in Mongolia*. Leiden: E. J. Brill, 1955.

Lattimore, Owen. *Nomads and Commissars: Mongolia Revisited*. New York: Oxford University Press, 1962.

Lattimore, Owen. *Inner Asian Frontiers of China*. Boston: Beacon Press, 1962.

Lattimore, Owen, 'Introduction', in Urgunge Onon (ed.), *Mongolian Heroes of the Twentieth Century*. New York: AMS Press, 1976, p. xviii.

Legrand, Jacques. *Parlons Mongol*. Paris: L'Harmattan, 1997.

Lelyveld, Michael. 'China and Russia Eye Mongolian Gas Route', *Radio Free Asia*, 1 October 2018.

Lessing, Ferdinand D. *Mongolian English Dictionary*. London: Routledge, 2015.

Li, Yao. 'Lamas Dance with the "Devil" at Beijing Temple', *China Daily*, 12 March 2013.

Lkhaajav, Bolor. 'Mongolia's Small Country Diplomacy and North Korea', *The Diplomat*, 29 September 2016.

Lkhaajav, Bolor. 'Previewing Mongolia's Presidential Election', *The Diplomat*, 26 May 2017.

Lochin, Sonomin. *Tsendiin Damdinsurin*. Ulaanbaatar: Nepko Publishing, 2015.

MacColl, Rene. *The Land of Genghis Khan: A Journey in Outer Mongolia*.London: Oldbourne Book Co. 1963.

Mackerras, Colin. *China's Minorities: Integration and Modernisation in the 20th Century*. Oxford: Oxford University Press, 1994.

Mackerras, Colin. *China's Ethnic Minorities and Globalisation*. London: Routledge Curzon, 2003.

Magsarjav, N. *Mongol ulsin shine tyyh* (*A New History of Mongolian*). Ulaanbaatar: Monsudar, 2010.

Mironyuk, Svetlana (ed.). *Khalkyn-Gol 1939-2009*. Moscow: RIA Novosti, 2009.

'Mongolia's Progress' *Soviet Weekly*, 30 June 1979.

Morgan, David. *The Mongols*. London: Blackwell, 1986.

Munkhzul. A.'Scholars Share Views on Works of Ts. Damdinsuren', *Montsame Mongolian News Agency*, 22 October 2018.

Myagmardorj, D. *The Guide Book of Bogd Khan Palace Museum* (in Mongolian, Russian and English). Ulaanbaatar: n.p., n.d.

Newman, Robert P. *Owen Lattimore and the "Loss" of China*. Berkeley: University of California Press, 1992.

Nordby, Judith. 'The Mongolian People's Republic 1924-1928 and the Right Deviation'. PhD. Dissertation, University of Leeds, May 1988.

Ochirbat, Punsalmagiin. *The Time of Heaven*, Mongolia Society Occasional Papers, Historical Series, No. 28, Bloomington: Mongolia Society, 2018.

Onon, Urgunge (ed.). *Mongolian Heroes of the Twentieth Century*. New York: AMS Press, 1976.

Onon, Urgungge (translator and introduction). *Chinggis Khan: The Golden History of the Mongols*. London: Folio Society, 1993.

Ookhnoi, Batsaikhan Emgent. *The Bogdo Jebtsundamba Khutuktu: The Last Emperor of Mongolia, the Life and Legends*. Ulaanbaatar: Munkhiin Useg Publishing, 2016.

Otgonsuren, D. *Őndör Gegeen Zanabazarin Khostui Unet Byytelyyd* (*Masterpieces of Undur Gegeen Zanabazar*). Ulaanbaatar: Chojin Lama Museum, 2015.

Parkes, Harry. 'Report on the Russian Caravan Trade with China', *Journal of the Royal Geographical Society of London*, Vol. 24 (1854): 306-12.

Pegg, Carole. *Mongolian Music, Dance, & Oral Narrative: Performing Diverse Identities*, Vol. 1. Seattle and London: University of Washington Press, 2001.

Phillips, E. D. *The Mongols*. London: Thames and Hudson, 1969.

Poppe, Nicholas N. *Buryat Grammar*. Bloomington, Indiana and The Hague: Mouton, 1960.

Poppe, Nicholas N. *Grammar of Written Mongolian*. Wiesbaden: Harrassowitz, 1991.

Pozdneyev, A. M. 'Mongolia and the Mongols, Presenting the Results of a Trip Taken in 1892 and 1893', excerpts from chapter 2, reprinted in Sneath and Kaplonski (eds), *The History of Mongolia*, Volume III, pp. 794-824.

Prawdin, Michael. *The Mongol Empire: Its Rise and Legacy*. London: Allen and Unwin, 1961.

Purev, Otgony, and Gurbadaryn Purvee. *Mongolian Shamanism*. Ulaanbaatar: Munkhiin Useg, 2006.

Radchenko, Sergey S. 'Mongolian Politics in the Shadow of the Cold War', *Journal of Cold War Studies*, Vol. 8, No. 1 (Winter 2006): 95-119.

Reckel Johannes (ed.). *Central Asian Sources and Central Asian Research*. Gottinger Biblioteksschriften, Band 39, Gottingen: Universitatsverlag, 2016.

Richardson, Hugh M. *Tibet and Its History*. Boulder, CO: Shambala, 1984.

Rossabi, Morris. *Modern Mongolia: From Khans to Communists to Capitalists*. Berkeley: University of California Press, 2005.

Rupen, Robert A. 'Mongolia in the Sino-Soviet Dispute', *China Quarterly*, No. 16 (Oct.-Dec. 1963): 75-85.

Rupen, Robert A. 'The Buriat Intelligentsia', *Far Eastern Quarterly*, Vol. 15, No. 3 (1956): 383-98, reprinted in Sneath and Kaplonski (eds), *History of Mongolia*, pp. 950-65.

Sanders, Alan J. K. *Historical Dictionary of Mongolia*. Lanham, Maryland and London: Scarecrow Press, 1996.

Sanders, Alan J. K. *Historical Dictionary of Mongolia*, 4th edn. Lanham: Rowman and Littlefield, 2017.

Sanders, Alan J. K. *The Peoples' Republic of Mongolia: A General Reference Guide*. London: Oxford University press, 1968.

Saruulbuyan, J. (ed.). *National Museum of Mongolia*. Ulaanbaaar: National Museum of Mongolia, 2009.

Sneath, David. 'Producer Groups and the Decollectivisation of the Mongolian Pastoral Economy', in Sneath and Kaplonski (eds), *History of Mongolia*, pp. 1067-88.

Sneath, David, and Christopher Kaplonski. *The History of Mongolia*. Vol. III, Folkestone: Global Oriental, 2010.

Sukhbaatar, Tsedebdav. 'Neutral Mongolia Looks to Be Economic Link', *Global Times*, 8 November 2015.

Tang, Peter S. H. *Russian and Soviet Policy in Manchuria and Outer Mongolia*. Durham, NC: Duke University Press, 1959.

Tsultem, N. *Mongolian Architecture*. Ulaanbaatar: State Publishing House, 1988.

Tucci, Giuseppe. *The Religions of Tibet*. Bombay: Allied Publishers, 1970.

Tudev, Lodon. and Tseyen-Norov Jambalsuren. 'Tsedenbal and His Legacy', *The Mongolian Observer*, Edition No.18, 7 September 2016.

Tulku, Tarab. *A Brief History of Academic Degrees in Buddhist Philosophy*. Copenhagen: NIAS, 2000.

Vietze, Hans-Peter. *Lehrbuch der Mongolischen Sprache*. Leipzig: VEB Verlag Enzyklopadie, 1969.

The following newpapers and periodicals have also been consulted:

Economist

Financial Times

Global Times

Mongol Messenger

Mongolia Focus

Radio Free Asia

South China Morning Post

The Diplomat

歷史與現場 301

蒙古國

一部土地與人民顛簸前行的百年獨立史

Mongolia

A Political History of the Land and Its People

作者	邁克・迪倫（Michael Dillon）
譯者	苑默文
主編	王育涵
責任編輯	王育涵
責任企畫	林進韋
封面設計	江孟達工作室
內頁設計	張靜怡
總編輯	胡金倫
董事長	趙政岷
出版者	時報文化出版企業股份有限公司 108019 臺北市和平西路三段 240 號 7 樓 發行專線｜02-2306-6842 讀者服務專線｜0800-231-705｜02-2304-7103 讀者服務傳真｜02-2302-7844 郵撥｜1934-4724 時報文化出版公司 信箱｜10899 臺北華江橋郵局第 99 信箱
時報悅讀網	www.readingtimes.com.tw
人文科學線臉書	http://www.facebook.com/jinbunkagaku
法律顧問	理律法律事務所｜陳長文律師、李念祖律師
印刷	紘億印刷有限公司
初版一刷	2021 年 8 月 27 日
定價	新臺幣 460 元

ISBN 978-957-13-9213-4 | Printed in Taiwan

時報文化出版公司成立於一九七五年，並於一九九九年股票上櫃公開發行，於二〇〇八年脫離中時集團非屬旺中，以「尊重智慧與創意的文化事業」為信念。

蒙古國：一部土地與人民顛簸前行的百年獨立史／邁克・迪倫（Michael Dillon）著；苑默文譯．
-- 初版．-- 臺北市：時報文化，2021.08 ｜ 368 面；14.8×21 公分．
譯自：Mongolia: a political history of the land and its people
ISBN 978-957-13-9213-4（平裝）｜ 1. 蒙古史 ｜ 734.92 ｜ 110010997